# INHALT

| | |
|---|---|
| **Vorwort** | 3 |
| **Zur Lage der Nation** | 6 |
| Die Bundesrepublik vor der Heckflossen-Zeit. | |
| **Formsache** | 14 |
| Die Entstehungsgeschichte der Heckflossen-Karosserien. | |
| **Detailfragen** | 38 |
| Die Entwicklung und Erprobung der Heckflossen-Technik. | |
| **Sackgasse** | 64 |
| W 122 – Der Versuch, einen kleinen Mercedes-Benz zu bauen. | |
| **Artenkunde** | 76 |
| Die Heckflossen-Mercedes in ihrer Zeit – Typologie und Historie. | |
| Die 2,2-Liter-Sechszylinder: 220 b, 220 Sb und 220 SEb. | 78 |
| Die Vierzylinder: 190 c, 190 Dc, 200 und 200 D. | 94 |
| Der 2,3-Liter-Sechszylinder W 110: 230. | 108 |
| Der 2,3-Liter-Sechszylinder W 111: 230 S. | 114 |
| Der Dreiliter W 112: 300 SE. | 118 |
| Die Coupés und Cabriolets der Heckflossen-Mercedes. | 132 |
| **Baukunst** | 146 |
| Die Sondermodelle der Heckflossen-Mercedes. | |
| **Alltags-Geschichten** | 170 |
| Die Heckflossen-Mercedes im täglichen Gebrauch – Ergebnisse demoskopischer Untersuchungen. | |
| **Drucksache** | 180 |
| Die Heckflossen-Mercedes in der Presse. | |
| **Sportschau** | 190 |
| Die Heckflossen-Mercedes im Rennsport. | |
| **Daten & Fakten** | 208 |
| Technische Daten und Grafiken der Heckflossen-Mercedes. | 210 |
| Die Produktionszahlen der Heckflossen-Mercedes. | 244 |
| Die Verkaufspreise der Heckflossen-Mercedes. | 248 |
| Die Sonderausstattungen der Heckflossen-Mercedes. | 250 |
| Die Modellpflege der Heckflossen-Mercedes. | 258 |
| Die Lackierungen der Heckflossen-Mercedes. | 260 |
| **Die Mercedes-Benz InteressenGemeinschaft** | 266 |
| **Literaturverzeichnis** | 268 |

VORWORT

# Ein Freund, ein guter Freund …

„Ein Freund, ein guter Freund, das ist das Beste, was es gibt auf der Welt. Ein Freund bleibt immer Freund, auch wenn die ganze Welt zusammenfällt", trällern drei lebenslustige Kerle in der Tonfilmoperette „Die Drei von der Tankstelle" aus dem Jahr 1930. Lilian Harvey als Lilian Cossmann in ihrem Mercedes-Benz 460 Nürburg Roadster verdreht den drei Lebenskünstlern Willy, Kurt und Hans, dargestellt von Willy Fritsch, Oskar Karlweis und Heinz Rühmann, die Köpfe. Und ein Happy End gibt es auch.

Mercedes-Benz und Happy End können wir auch: Als ich vor gut 25 Jahren das Material für mein erstes Buch „Mercedes-Benz Heckflosse", das in der Reihe „Autos, die Geschichte machten" im Motorbuch Verlag Stuttgart erschien, recherchierte, war mir oft danach, diesen Gassenhauer zu vor mich hinzusummen. Nur mit Hilfe guter Freunde, die sich allesamt als engagierte und ausdauernde Liebhaber – Auto-Liebhaber – entpuppten, konnte ich das 164-seitige Werk erstellen. Das war 1991, und ich verfasste das Buch als Heckflossen-Fan auch aus Frustration darüber, dass ich für eine Titelstory in der Zeitschrift „Motor Klassik" viel zu viel Material zusammengetragen hatte, das ich nur zum Bruchteil in der Story unterbringen konnte. Die Frustration hielt jedoch auch nach Erscheinen des Buchs noch an: Nicht alles konnte ich unterbringen und die Worte eines guten Freundes – „In dem Buch stecken so viele Infos, dass sie in der kleinen Buchreihe unter Wert verkauft sind!" – hallten mir stets im Hinterkopf nach.

Und jetzt waren es wieder Freunde, die mich dazu brachten, das Werk zu überarbeiten, zu ergänzen und mit der MBIG Clubservice GmbH der Mercedes-Benz InteressenGemeinschaft e.V. als Verlag und mit Gestaltung der Grafikerin Dagmar Bengs von Warlich Druck RheinAhr GmbH als Nachfolgemodell des Erstlings neu zu erstellen. Das Nutzungsrecht war nach den langen Jahren an mich zurückgegangen, so dass ich munter ans Werk gehen konnte – und wollte –, als mich Peter Formhals, bis vor kurzem noch Vorsitzender der MBIG, und Carsten Becker, ebenso bis vor kurzem in seiner Eigenschaft als stellvertretender Vorsitzender gleichzeitig Geschäftsführer der MBIG Clubservice GmbH, fragten, ob ich mein Heckflossenbuch mit Hilfe des Clubs erneuern möchte.

Peter und Carsten erwiesen sich als ebenso gute Auto-Liebhaber wie die Freunde, die mir schon beim Vorgänger-Modell halfen – und mehr noch: Sie aktivierten weitere Freunde, die tatkräftig dazu beitrugen, aus dem 164-seitigen Büchlein ein Standard-Werk mit 272 Seiten über die Heckflosse zu fertigen. Die Hilfe kam in bester Clubfreunde-Manier oder auch in kollegialer und kameradschaftlicher Hilfe, wie es heute im Berufsleben zu verkümmern droht. Und wieder wurde mir bewusst, wie wichtig der kleine Refrain in dem 1937 von den Nazis auf den Index gesetzten Film ist: „… ein guter Freund ist das Beste auf der Welt." Und wie schon bei dem Urmodell aus dem Motorbuch Verlag halfen sie alle ohne viel Federlesen. Da sind außer Carsten Becker, dessen Ruhe und Besonnenheit ich zu schätzen gelernt habe,

## VORWORT

zwei Günter – ohne th: Günter Engelen, mit dem mich seit über 30 Jahren eine tiefe Freundschaft verbindet und der als wandelnde Mercedes-Benz-Enzyklopädie viele Sachpunkte geklärt, mein Manuskript gründlich geprüft und mir aus seinem Fundus wertvolle Infos zur Verfügung gestellt hat. Da ist Günter Lehmann, aus dessen profundem Wissensschatz als Heckflossen-Typreferent und Restaurierer ich viele Antworten auf Detailfragen schöpfen durfte. Da ist Jörg Hermann, der die alten Word-Star-Textdateien restaurierte. Da ist Hans-Peter Lange, der mir als Club-Archivar der MBIG nicht nur wertvolles Material zur Verfügung stellte, sondern mich auch bei der Erstellung der Tabellen unterstützte und mir seine mit wissenschaftlicher Akribie erstellten Tabellen zur Verfügung stellte. Da sind aus dem Mercedes-Benz Classic Archiv der Daimler AG Maria Feifel und Gerhard Heidbrink, die bei ihrer Unterstützung meines – unseres – Werks weit über das hinausgegangen sind, was ihre berufliche Pflicht erfordert hätte. Da ist der Motor-Klassik-Chefredakteur Hans-Jörg Götzl, seit den späten 1980er-Jahren ein guter Freund, der mir zusammen mit der für die Bildrechte der Motor Presse Stuttgart zuständigen Michaela Plangg bei den Veröffentlichungsrechten der Weitmann-Fotos half. Da ist Mathias Lempp, der knifflige Bildbearbeitungen durchführte. Da ist Dieter Großblotekamp, der mir das faszinierende Foto auf den Seiten 6/7 zur Verfügung stellte. Da ist Markus Bolsinger, wie Günter Engelen seit über 30 Jahren ein stets verlässlicher Freund (und nebenbei ein Super-Fotograf), von dessen tollen Fotos ich leider nur eines unterbringen konnte.

Ihnen allen sage ich meinen aus tiefstem Herzen kommenden Dank! Aber ihre Unterstützung hätte nicht die Wirkung gehabt, wenn da nicht die Freunde gewesen wären, die mir bereits bei der Urfassung des Heckflossenbuchs riesige Hilfe geleistet hatten – und damit in großem Maße beitrugen, das Fundament für dieses Buchs zu mauern. Auch ihnen sage ich an dieser Stelle „Dankeschön" und nenne sie – wie vor 25 Jahren – in der Reihenfolge ihres Auftretens und mit ihren damaligen Funktionen. Zu Hilfe kamen mir damals Max-Gerrit von Pein, Classic-Direktor bei Mercedes-Benz, Dr. Harry Niemann, Leiter des Mercedes-Benz Archivs, Uschi Kettenmann, Diplom-Bibliothekarin im Mercedes-Benz Archiv (die mir sogar noch nach Feierabend mit Genehmigung von Mercedes-Benz Pressechef Uwe Brodbeck Vorstandsprotokolle kopierte), Maria Feifel, Mitarbeiterin im Mercedes-Benz Archiv, Walter Schock, ehemaliger Mercedes-Rennfahrer, Eugen Böhringer, ehemaliger Mercedes-Rennfahrer, Dieter Ritter, Mercedes-Benz Museums-Chef, Hans Brommer, Chef des Mercedes-Oldtimer-Service, Martin Wünsche, Assistent von Professor Dr. Guntram Huber, Hans Jooß, Abteilungsleiter Design-Modellbau, Bruno Sacco, Mercedes-Benz Design-Chef, Professor Dr. Guntram Huber, Chef der Karosserie-Entwicklung, Hans Bittmann aus dem Mercedes-Archiv Sindelfingen, Martin Röder, damals wie heute Typreferent Heckflosse der MBIG, Hartmut Frey, Chef der MBIG.

Ohne sie wäre das erste Heckflossenbuch – und damit auch das aktuelle Nachfolgemodell – nie zustande gekommen.

Apen, im Oktober 2016

# Zur Lage der Nation

## Die Bundesrepublik vor der Heckflossen-Zeit

Deutschland, zirka ein Jahr vor Erscheinen der ersten Mercedes-Benz Heckflossen-Typen 220 b, 220 Sb und 220 SEb: Marktbesteller und Kunden teilen sich beim Münstermarkt in Freiburg den Münsterplatz.

Gleich rechts unten neben diesem Text erkennt man einen Opel Rekord CaraVan der Ponton-Reihe, links dahinter einen 56er Opel Kapitän, weiter oben einen Opel Olympia und einen BMW 502, zwei VW Käfer, eine Opel Rekord Ponton-Limousine und einen weiteren VW Käfer. Daran anschließend parken ein DKW Schnell-Laster mit Pritschen-Aufbau und dahinter ein Goli-Dreirad der Bremer Goliath-Werke.

Diese sind genauso wie die dreirädrigen Lastesel der Marke Tempo zahlreich auf dem Münsterplatz vertreten – insgesamt neun Dreiräder. Schauen Sie mal genau hin: Wie viele Autos welcher Marken entdecken Sie? Der Verfasser hat 23 Käfer, 13 Opel, sechs Mercedes (davon ein Ponton), acht Ford und sechs DKW (davon drei 3=6) gezählt …

Mercedes-Benz **HECKFLOSSE** 7

## DIE BUNDESREPUBLIK VOR DER HECKFLOSSEN-ZEIT

Noch nie ging es uns Deutschen – zumindest im Westen – so gut wie ab dem zweiten Drittel der 1950er-Jahre. Das Wirtschaftswachstum war zur Wirtschaftsexplosion geworden. Nichts schien mehr unerreichbar.

Prof. Dr. Ludwig Erhard, Bundesminister für Wirtschaft, beschrieb den prosperierenden Wohlstand in seinem Rapport im Tätigkeitsbericht der Bundesregierung für das Jahr 1957 eher zurückhaltend, aber in seiner Sachlichkeit sehr treffend: „Die vergangenen vier Jahre brachten eine weitere Aufwärtsentwicklung unserer Wirtschaft, die selbst von Optimisten in diesem Ausmaß nicht für möglich gehalten wurde." Was in der offiziellen Verlautbarung so nüchtern klingt, war in der Realität ein bisher nie gekannter Aufschwung, der, anfangs noch unterstützt durch Auslandshilfe (Care-Pakete und Wirtschaftshilfe), durch den von nichts zu erschütternden sprichwörtlichen Fleiß der Deutschen hart erarbeitet wurde.

▶ Bild mit Symbolcharakter: Ludwig Erhard, von 1949 bis 1963 Bundesminister für Wirtschaft, 1957 mit seinem programmatischen Buch „Wohlstand für Alle", das die Grundlagen der Sozialen Marktwirtschaft beschreibt.

Wir konnten uns wieder alles leisten: Butter statt Margarine hieß die Devise, Persianer-Lamm war der bevorzugte Pelzbesatz auf den Kamelhaar-Mänteln, Nylons gehörten schon längst zur Grundausstattung und aus den in Mode kommenden Kofferradios plärrte Elvis mittelwellen-verzerrt „Love me tender".

Seit 1953 registrierten Wirtschaftswissenschaftler eine Zunahme des Sozialprodukts um 45 Prozent – 1957 wurde zum ersten Mal die 200-Milliarden-Mark-Grenze überschritten. Gegenüber 1950 stieg die reale volkswirtschaftliche Gesamtleistung gar um 70 Prozent. „Noch deutlicher, als es sich mit statistischen Globalziffern ausdrücken läßt, zeigt sich die Mehrung des allgemeinen Wohlstandes darin, daß sich immer breitere Bevölkerungsschichten Güter des gehobenen Bedarfs leisten können und vor allem auch für Reise und Erholung mehr als je zuvor ausgeben", lautete des Wirtschaftsministers Kommentar.

Für die Erholung gab es auch mehr Zeit: Seit 1956 setzte sich eine Verkürzung der Arbeitszeit von 48 auf 45 Wochenstunden unaufhaltsam durch. Dennoch waren Lohnsteigerungen möglich, und es herrschte praktisch Vollbeschäftigung. Die Arbeitsämter registrierten 250.000 offene Stellen und 368.000 Arbeitslose. Bei einer Arbeitslosenquote von nur 1,9 Prozent in deutschen Landen mussten im Jahre 1957 sogar 105.000 Ausländer mithelfen, die anfallende Arbeit zu bewältigen.

Doch für die Automobil-Industrie waren die Zeiten nicht mehr ganz so einfach. 1957 flachte die Kurve der Neuwagen-Zulassungen merklich ab: 7,7 Prozent mehr Neuwagen als im Jahr 1956 registrierten die Zulassungsbehörden – gegenüber den vorherigen Steigerungsraten um 10,9, 11,0 und gar 20 Prozent (im Jahr 1954 gegenüber 1953) bedeutete dies einen spürbaren Rückschritt.

Auch bei Daimler-Benz war diese Wachstums-Verringerung zu bemerken. Zwar gab es immer noch Lieferfristen von mehreren Monaten für einige Ponton-Typen, doch die Nachfrage für Personenwagen der Marke Mercedes-Benz flaute merklich ab. Die Ponton-Mercedes der Baureihen W 120 (180, 180 D), W 121 (190, 190 D), W 180 (220, 220 S), W 105 (219) und W 128 (220 SE) hatten zwar einen guten Ruf: Sie galten als langlebig, solide und zuverlässig. Doch ihre rundlichen Karosserien wirkten mittlerweile hausbacken. Und die Stern-Wagen waren im Vergleich zur Konkurrenz und zum Gebotenen zu teuer.

## ZUR LAGE DER NATION

Schon 1956 reifte im Daimler-Benz-Vorstand die Erkenntnis, dass die Ponton-Baureihe in die Jahre gekommen war. Das Bild zeigt einen Mercedes-Benz 180 (W 120) in einer neuzeitlichen Foto-Komposition von Markus Bolsinger.

▶ Auch der 220 a (W 180) mit Sechszylindermotor war trotz seiner gediegenen Erscheinung technisch nicht mehr up to date.

Bei einer Vorstandssitzung am 20. Juni 1956, also nur knapp drei Jahre nach Produktionsbeginn der Baureihe W 120, nannte Rudolf Uhlenhaut einige Schwachpunkte der Ponton-Modellreihe, plädierte aber für deren Beibehalt. Am 220 S sei viel zu ändern, so Uhlenhaut. Der Wagen entspräche nicht mehr den neuesten technischen Erkenntnissen. Ebenso müsse der Typ 190 bereits in relativ kurzer Frist verbessert werden. Mit den derzeitigen Typen in der vorliegenden Konstruktion komme man auf längere Sicht gesehen kaum durch. Ein völlig neuer Typ müsse

Mercedes-Benz **HECKFLOSSE** 9

## DIE BUNDESREPUBLIK VOR DER HECKFLOSSEN-ZEIT

Die Konkurrenz schläft nicht: Opel baute ab 1953 moderne Oberklasse-Automobile – wie den Kapitän mit Pontonkarosserie amerikanischen Stils.

Mit dem unter 10.000 D-Mark kostenden Kapitän P-LV (1959 bis 1963) war Opel Marktführer auf dem Gebiet der Sechszylinder-Limousinen.

daher, wenn auch zu einem späteren Zeitpunkt, gebracht werden – das ist jedenfalls dem Besprechungsprotokoll jener Sitzung zu entnehmen.

In die gleiche Kerbe schlug Vorstands-Vorsitzender Dr. Fritz Könecke: Er hielt es für richtig, das damalige Mittelklasse-Programm durch Verbesserungen und Verbilligungen verkaufsfähig zu halten und sich dafür zu entscheiden, frühestens 1960 ein technisch hochentwickeltes und preislich günstig liegendes Programm zu bringen.

Die Konkurrenz hatte währenddessen nicht geschlafen: Opel brachte in rascher Folge formal gelungene Sechszylinder-Typen auf den Markt und führte mit dem Kapitän die Zulassungsstatistiken in der Sechszylinder-Kategorie klar an. Ab Modelljahr 1954 (November 1953) gab es das Opel-Flaggschiff in

## ZUR LAGE DER NATION

Die Konkurrenz aus Bayern konnte den Autos aus Stuttgart weder mit dem BMW 501 noch mit dem 502 gefährlich werden – im Hintergrund eine Lockheed Constellation.

neuer Pontonform und weicher, fast schwammiger Fahrwerksabstimmung. Laufend wurde der Kapitän verbessert, das von 1955 bis 1957 gebaute Modell war darüber hinaus der preisgünstigste Oberklasse-Wagen auf dem deutschen Markt. Er kostete in der Grundversion 1957 gerade mal 9.350 D-Mark. Auch die Nachfolge-Modelle P und P-LV waren nicht nennenswert teurer. Der erste mit Panoramascheiben gebaute Kapitän kostete 10.250 D-Mark, der mit Heckflossen üppig verzierte P-LV (Bauzeit 1959 bis 1963) war so knapp kalkuliert, dass Opel ihn bis 1962 zum Preis von unter 10.0000 D-Mark anbieten konnte: 9.975 D-Mark kostete die viertürige Limousine mit 90 PS starkem 2,6-Liter-Sechszylinder.

Da konnte lediglich der von 1956 bis 1959 gebaute Mercedes-Benz Typ 219 mithalten: Er kostete ohne besondere Extras 10.500 D-Mark. Verglichen mit dem luxuriöseren 220 S, der als Nachfolger des 220 a von 1956 bis 1959 gebaut wurde, spielte der 219 jedoch nur eine Nebenrolle: Von ihm verkaufte die Daimler-Benz AG insgesamt 27.845 Exemplare, während der 220 S genau 55.279 Käufer fand. Zum Vergleich: Opel verkaufte im gleichen Zeitraum (1956 bis 1959) 131.397 Einheiten vom Kapitän.

BMW spielte mit seinem Sechszylinder 501, der aus zwei Litern Hubraum 65 PS holte, nur eine Statistenrolle. Der aus dem Vorkriegs-BMW 326 entwickelte Zweiliter war den 1.340 Kilogramm des von 1952 bis 1958 gebauten Luxus-BMW nicht gewachsen, selbst eine Leistungssteigerung auf 72 PS machte den Wagen nicht viel flotter. Zusammen mit dem hohen Preis von 12.500 D-Mark (ab April 1955, ab Juli 1956: 11.500 D-Mark) sorgte diese Tatsache für einen Gesamtabsatz von nur 8.951 Stück des im Volksmund „Barockengel" genannten Autos aus München. Die noch teureren – aber auch deutlich agileren – Achtzylinder-501 und -502 mit 2,6-Liter- (95 und 100 PS) respektive 3,2-Liter-V90°-Maschinen (120 und 140 PS) brachten es mit Preisen zwischen 13.950 und 21.240 D-Mark in der Limousinen-Ausführung auf immerhin rund 13.500 Exemplare.

Auch Borgward musste sich mit einer Nebenrolle begnügen. Der von 1955 bis 1958 gebaute Borgward Hansa 2400 litt unter dem schlechten Ruf seines Vorgängers und brachte es nur auf eine Auflage von 356 Stück. Mit besseren Voraussetzungen startete dagegen der Borgward P 100 mit Luftfederung zum Preis von 12.350 D-Mark. Genau 2.500 Exemplare dieses Oberklasse-Autos aus Bremen mit Panoramascheiben und Heckflossen produzierte Borgward von 1960 bis zur Firmenschließung anno 1961.

## DIE BUNDESREPUBLIK VOR DER HECKFLOSSEN-ZEIT

Aus Frankreich kam zum Preis von 10.500 D-Mark ein Konkurrent, der den deutschen Oberklasse-Wagen technisch eine gute Nasenlänge voraus war: der Citroën DS. Mit seiner hydropneumatischen Federung und seiner avantgardistischen, aerodynamisch gestalteten Karosserie machte der große Citroën seit seiner Vorstellung anno 1955 in Paris kräftig Furore. Zwei Faktoren sorgten jedoch für einen relativ geringen Verbreitungsgrad in der Bundesrepublik. Unter seiner gigantischen Motorhaube arbeitete lediglich ein Vierzylinder-Motor.

Und die Tatsache, dass er ein Auslands-Import war, dem zudem der Ruf anhaftete, unzuverlässig zu sein, sorgte dafür, dass der DS in der Bundesrepublik ein Wagen für die Avantgarde mit geringer Verbreitung blieb.

Bei der Daimler-Benz AG waren die Vorteile des DS durchaus bekannt. In dem Protokoll der o. g. Vorstandssitzung vom 20. Juni 1956 wird eine Stellungnahme Rudolf Uhlenhauts zu den Federungsqualitäten der Mercedes-Fahrzeuge im Vergleich zum Citroën wiedergegeben: „Die Federung [gemeint ist die des Ponton-220, d. Verf.] würde heute von den Kunden angenommen, ob aber noch in einiger Zeit, sei fraglich. Selbst der billigere Citroën habe eine bessere Federung."

Der Borgward P 100 konnte trotz progressiver Technik – wie der Luftfederung – von 1960 bis zur Werksschließung 1961 in nur 2.500 Exemplaren gebaut werden.

## ZUR LAGE DER NATION

Schon 14 Tage vorher war der DS 19 das Maß der Dinge bei einer Vorstandssitzung. Uhlenhaut warf am 6. Juni 1956 die Frage auf, ob die Mercedes-Federung ausreiche. Sie sei besser als bei Ford und Opel, aber zur Zeit finde ein Umbruch in der Automobilindustrie statt, was sich insbesondere beim Citroën DS 19 erwiesen habe. Die Federung sei revolutionierend und besser als bei den Dreiliter-Wagen von Mercedes. Es könnte sein, dass in den nächsten zwei bis drei Jahren auch von anderen Herstellern etwas wesentlich Neues erscheine, was auch preiswert angeboten werden könne.

Die Erkenntnis, dass Daimler-Benz mit seinem Mittelklasse-Programm schon in wenigen Jahren nur noch mühsam up to date sein konnte, hatte sich schon lange im Bewusstsein des Vorstandes eingenistet. Der Ponton-Mercedes war mit seinen Modellen 180, 180 D, 190, 190 D und 220 seit 1953 respektive 1954 im Programm, 1956 kamen der 219 und der 220 S dazu, ab 1958 gab es einen Einspritzmotor im 220 SE. Ein grundlegend neues Auto musste her, um für die 1960er-Jahre gerüstet zu sein.

Dieses neue Auto war der Heckflossen-Mercedes.

In der oberen Mittelklasse lieferte Citroën ab 1955 ein Automobil, das den deutschen Produkten technisch um mehrere Nasenlängen voraus war: der DS. Sein schlechtes Importwagen-Image und sein dünnes Werkstattnetz verhinderten einen großen Verkaufserfolg in Deutschland. Er blieb ein Auto für die Avantgarde. Das Bild zeigt die ab 1957 gebaute einfach ausgestattete Version des DS, den ID 19.

**FORMSACHE**

# Die Entstehungsgeschichte der Heckflossen-Karosserien

**An drei Tagen im September 1956 fiel beim Daimler-Benz-Vorstand die Entscheidung für eine neue Baureihe als Nachfolger der Ponton-Mercedes. In Marathon-Sitzungen mit fünf-, elf- und zehnstündiger Dauer beschlossen acht Vorstände unter der Leitung des Vorstandsvorsitzenden Dr. Fritz Könecke, dass die ersten Versuchswagen bereits im Mai 1957 fertiggestellt sein sollten.**

Pose für den Fotografen:
Die Form des 220 Sb/220 SEb stand bereits fest, da demonstrierten Mercedes-Stilisten, wie in den späten 1950er-Jahren Karosserien entworfen wurden – an riesigen Zeichenbrettern mit Stift und Lineal und manchmal auch kniend auf dem Studioboden …

14 Mercedes-Benz **HECKFLOSSE**

## DIE ENTSTEHUNGSGESCHICHTE DER HECKFLOSSEN-KAROSSERIE

Als dem Mercedes Heckflossen wuchsen: Zunächst wurde ein Ponton-Mercedes mit den namensgebenden Anbauteilen ausgerüstet. Das Datum der Fotos ist unbekannt.

Eines vorweg: In keiner Mercedes-Veröffentlichung taucht die Vokabel „Heckflosse" als offizielle Bezeichnung auf. „Heckflosse" wurde der Nachfolger der Ponton-Baureihe zu seiner Bauzeit weder offiziell noch inoffiziell genannt. Es hätte auch nicht zum Stil des Hauses Daimler-Benz gepasst, ein äußerliches Merkmal besonders hervorzuheben – selbst wenn dieser Designer-Gag durchaus praktischen Nutzen hat.

Der Pressetext zur Vorstellung der neuen Sechszylinder 220 b, 220 Sb und 220 SEb anno 1959 hebt diesen praktischen Aspekt besonders hervor: „Die niedrige und gestreckte Karosserie mit der breiten Kühlermaske läßt die Handschrift einer straffen Linienführung erkennen, die als modern nur das akzeptiert hat, was zugleich auch zweckmäßig ist. Stilgefühl und die Rücksichtnahme auf die funktionelle Bedeutung aller Aufbauelemente haben bemerkenswert harmonische Lösungen gefunden. Das gilt für die großzügig gehaltenen Vollsichtfenster [gemeint sind die Panorama-Scheiben, d. Verf.] ebenso wie die wuchtigen, glatten Doppelstoßstangen oder die horizontal auslaufenden – als Peilsteg beim Rückwärtsfahren und Parken im Rückspiegel noch erkennbaren – hinteren Kotflügel."

Der Ausdruck „Heckflosse" ist eine Schöpfung der heutigen Zeit und stellt nur eines der vielen besonderen Merkmale der Mercedes-Baureihen W 111 (220 b, 220 Sb, 220 SEb, 230, 230 S), W 110 (190 c, 190 Dc, 200, 200 D und W 112 (300 SE) besonders heraus. Der Neue hätte ebenso gut wegen seines eigenwillig geformten Tachos „Fieberthermometer-Mercedes" heißen können, oder wegen seines riesigen Kofferraums „Möbelwagen". Aber der Spitzname Heckflosse beschreibt den Typ sehr treffend – in diesem Buch wird er anstelle der offiziellen Werks-Bezeichnungen deshalb häufig verwendet.

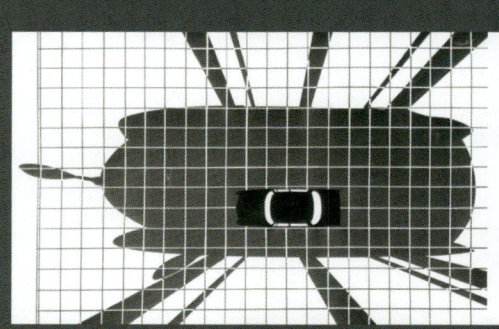

Panoramascheiben: Die Skizze zeigt den großen Sichtwinkel der Vollsichtfenster des W 111 – eine im Auto untergebrachte Lichtquelle macht die Schatten der Pfosten in der Skizze sichtbar.

Bei Daimler-Benz liefen die Heckflössler intern unter der Bezeichnung „Mittelklasse-Wagen". Obwohl die gesamte Heckflossen-Palette aus dem üblichen deutschen Mittel-

# FORMSACHE

Treibende Kraft bei der Heckflossen-Entstehung: Chefingenieur Prof. Dr. Fritz Nallinger

Am 13., 17. und 18. September 1956 stellten die Daimler-Benz-Vorstände Otto Jacob, Dr. Wilhelm Langheck, Dr. Hans-Heinrich Moll, Prof. Dr. Hans Scherenberg, Fritz Schmidt, Dr. Rolf Staelin und Arnold Wychodil unter der Leitung des Vorstandsvorsitzenden Dr. Fritz Könecke (von links nach rechts) die Weichen für den Bau einer neuen Mercedes-Benz Mittelklasse-Limousine – der späteren „Heckflosse".

klasse-Programm herausragte, wählten die Mercedes-Vorstände diese Bezeichnung – sie bezieht sich auf die Lage im Mercedes-Gesamtprogramm unterhalb der alten, bis 1962 gebauten 300er-Baureihe.

Und dieses Mittelklasse-Programm stand auf der Tagesordnung von drei Marathonsitzungen des Daimler-Benz-Vorstandes. Am 13., 17. und 18. September des Jahres 1956 trafen sich die Vorstände Otto Jacob, Dr. Wilhelm Langheck, Dr. Hans-Heinrich Moll, Prof. Dr. Fritz Nallinger, Prof. Dr. Hans Scherenberg, Fritz Schmidt, Dr. Rolf Staelin und Arnold Wychodil unter der Leitung des Vorstandsvorsitzenden Dr. Fritz Könecke zu fünf-, elf- und zehnstündigen Sitzungen. Es ging um ein wichtiges Thema: die Zukunft der Daimler-Benz AG. Wichtigster Tagesordnungspunkt war das Mercedes-Programm der 60er Jahre.

Chefingenieur Prof. Dr. Fritz Nallinger gab damals einen umfassenden Überblick über den Entwicklungsstand auf dem Pkw-Gebiet und erläuterte ein neues Konzept, dessen Inhalt im Protokoll so dargestellt wird: „Er hält es für erforderlich, sich zunächst mit der Verbilligung des derzeitigen Pkw-Programms zu befassen, um die verbilligten Typen zur Ausstellung in Frankfurt im Herbst 1957 zeigen zu können. Darüber hinaus müsse er den Schwerpunkt seiner Arbeit auf die Schaffung des neuen Mittelklasse-Programms legen, um die neuen Typen entweder zur Frankfurter Ausstellung 1959 oder aber auch früher bzw.

später, je nach Marktlage, herausbringen zu können. Er beabsichtige, dem Mittelklasse-Programm eine gemeinsame Grundrohbaukarosserie zu geben, die an der Spritzwand aufhöre und an welche man nach vorne verschiedene Vorbauten und nach hinten differenzierte Heckteile anbauen könne, um den einzelnen Wagen ein verschiedenes Aussehen zu geben. Die Außenbreite der Karosserie würde der des heutigen Typs 220 entsprechen, wobei die Innenmaße etwas breiter seien, die Länge aber etwas kürzer sei als heute. Das Programm müsse in der Preisklasse zwischen 8.000 bis 14.000 Mark liegen."

## DIE ENTSTEHUNGSGESCHICHTE DER HECKFLOSSEN-KAROSSERIE

Professor Dr. Fritz Nallinger, Chefingenieur bei Daimler-Benz und von 1940 bis 1965 Vorstandsmitglied, initiierte die neue Mittelklasse-Generation von Mercedes. Mitte September 1956 hatte er seinen Vorstandskollegen sein Konzept mit Einheitskarosserie vorgestellt. Auf dem Foto, das zirka 1958 entstand, bespricht er mit Karl Wilfert (links), Friedrich Geiger (Mitte stehend) und Paul Bracq (rechts) Details der Karosserie-Gestaltung.

In diesem Backsteinbau war in den 1950er-Jahren die noch kleine Abteilung Stilistik/Konstruktion in Sindelfingen untergebracht.

Einen vorläufigen Zeitplan konnte Nallinger auch gleich präsentieren: Im Mai 1957 wollte er die ersten zwei Versuchswagen bringen. Im Herbst 1957, spätestens Februar 1958, müsse die Formentscheidung fallen, so Nallinger, die Fabrikation könne dann im Sommer 1959 aufgenommen werden, um die Fahrzeuge im Herbst 1959 auf der Ausstellung zu präsentieren. Die Vorschläge Nallingers wurden vom Vorstand gutgeheißen. Diese drei Tage im September 1956 waren also die etwas lang geratene Geburtsstunde der Heckflossenbaureihe von Daimler-Benz.

Neben dieser grundsätzlichen Entscheidung stand seinerzeit ein weiterer wichtiger Punkt zur Beschlussfassung auf der Tagesordnung. Das Projekt W 122, bei dem es um die Entwicklung des „kleinen" Mercedes ging, wurde vorläufig zu den Akten gelegt (um was es sich beim W 122 konkret handelte, erfahren Sie in Kapitel 4 „Sackgasse", ab Seite 64). Die Maßkonzeption des Chefingenieurs Nallinger für die neue Mittelklasse stand schon. Sie beinhaltete die wichtigsten Maße der Karosserie, der Innenraum- und Kofferraumverhältnisse sowie des Radstandes und der Spur. In der Abteilung Stilistik/Konstruktion in Sindelfingen konnten die Techniker

## FORMSACHE

und Stilisten derzeit schon mit den ersten Entwürfen für die neue Mittelklasse beginnen. Damals war diese Abteilung noch völlig anders gegliedert als heute. Die Stilistik (heute: Design) gehörte noch zur Versuchsabteilung. Rund zehn bis 15 Mitarbeiter kümmerten sich dort um die Optik künftiger Mercedes-Modelle. Handwerker und Karosserie-Ingenieure arbeiteten ebenso in dieser Abteilung – insgesamt waren es rund 50 Mitarbeiter. Designer, die sich ausschließlich mit zweidimensionalen Entwürfen beschäftigten, gab es seinerzeit nicht. Erst mit Paul Bracq (Eintritt im Oktober/November 1957) und Bruno Sacco (Eintritt Februar 1958) stießen die ersten reinen Designer zur Daimler-Truppe. Paul Bracq indes sah sich nie als Designer. „Ich bin kein Designeur", sagt er in stark durch seinen französischen Akzent gefärbtem Deutsch im Gespräch mit dem Autor und: „Ich bin Carossier, Karosserie-Gestalter! Und ich kämpfe für die Kunst der Karosserie-Gestaltung!" Als Bracq und Sacco nach Sindelfingen kamen, standen Konzept und Design der Heckflossen-Modelle jedoch schon. Und die beiden frischgebackenen Profis hatten die Gelegenheit, sich zu wundern, mit welchen Methoden bei Mercedes neue Karosserien entworfen und entwickelt wurden.

Kleine Ton- oder Gips-Modelle spielten bei der Formfindung der Heckflossen-Mercedes-Baureihe nur eine untergeordnete Rolle. In der frühesten Phase hatte Karosseriebauer Walter Feucht zwei Miniaturen in einem Grundkörper mit unterschiedlichen Hälften als Anschauungsstudien modelliert, die in ihrer Formgebung sehr dem damaligen Ford Fairlane ähnelten.

Zu Beginn der Formgebung hatte Karosseriebauer Walter Feucht kleine Gipsmodelle nach Skizzen des Stilisten Friedrich Geiger erschaffen.

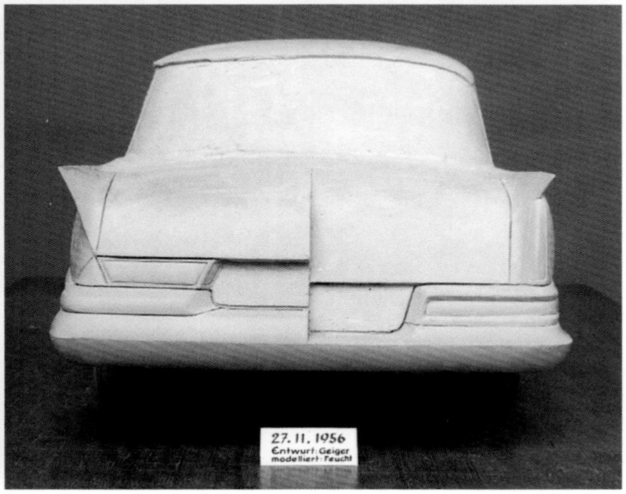

Mercedes-Benz **HECKFLOSSE** 19

**DIE ENTSTEHUNGSGESCHICHTE DER HECKFLOSSEN-KAROSSERIE**

Grundlage für die perfekte Illusion: Die Design-Studien in der Frühphase der Heckflossen-Karosseriegestaltung waren Gipsmodelle, die auf einfachen Holzkisten modelliert wurden.

Danach gab es noch einige Modell-Studien im verkleinerten Maßstab, um die Grundform festzulegen. Fast die gesamte formale Entwicklung der Mercedes-Baureihen W 110, W 111 und W 112 ging jedoch mit 1:1-Modellen in Gips, Ton und Kunststoff vor sich. Unter der Gipsschicht bestanden die Attrappen aus Holzgestellen. Stoff, Glas, Lack, Scheinwerfer und Rückleuchten sowie provisorisch befestigte Zierstreifen ließen die Entwürfe wie echte Autos wirken. Diese Methode der Arbeit am lebensgroßen Modell brachte Vorteile: Änderungen, die am Morgen beschlossen wurden, konnten schon am Nachmittag in die gipserne Realität umgesetzt und kritisiert werden. Da spielte es keine Rolle, dass von den Innenräumen nur die Sitzoberteile zu sehen waren: Die Karosserie-Künstler hatten das darunter befindliche Holzgestell mit einem grauen Tuch abgedeckt. Die Illusion war perfekt, die lackierten Gips-Attrappen ließen sich von richtigen Autos erst auf den zweiten Blick unterscheiden.

Doch bevor es an die Stuckateur-Feinarbeiten ging, veranstaltete Chefingenieur Nallinger noch einen hausinternen Konkurrenzkampf. Er ließ die ersten Karosserie-Entwürfe für die neue Mittelklasse-Baureihe von zwei Teams unabhängig voneinander zeichnen. Keiner der jeweiligen Mitarbeiter wusste Details von der Arbeit der Konkurrenz aus derselben Abteilung.

Eine Gruppe arbeitete unter der Leitung von Ahrens und Häcker. Hermann Ahrens leitete vor dem Krieg die Abteilung Sonderwagenbau bei Daimler-Benz, die seinerzeit auch die Karosserien konzipierte. Nach dem Krieg zeichnete er für die Pkw-Karosserie-Konstruktionen verantwortlich, anschließend für alle Aufbau-Konstruktionen, also auch für Lkw. Wichtigster Mann neben Ahrens war Oberingenieur Walter Häcker, Karosserie-Konstruktionschef Pkw.

## DIE ENTSTEHUNGSGESCHICHTE DER HECKFLOSSEN-KAROSSERIE

Und so sah es hinter den Kulissen aus: Die wie echte Autos aussehenden „Mock-ups" waren mit Gips, Ton und Kunststoffen ausgekleidete Holzgerippe.

Stuckateur-Handwerk: Die Mercedes-Modellbauer waren echte Künstler.

Außen hui, innen pfui: Hinter dem Scheinwerfer des 220-Mock-up verbirgt sich getrockneter Gips und Kunststoff.

Perfekte Illusion: Die 1:1-Modelle sahen aus wie echte Autos. Das Bild zeigt frühe Entwürfe aus dem Jahr 1957.

FORMSACHE

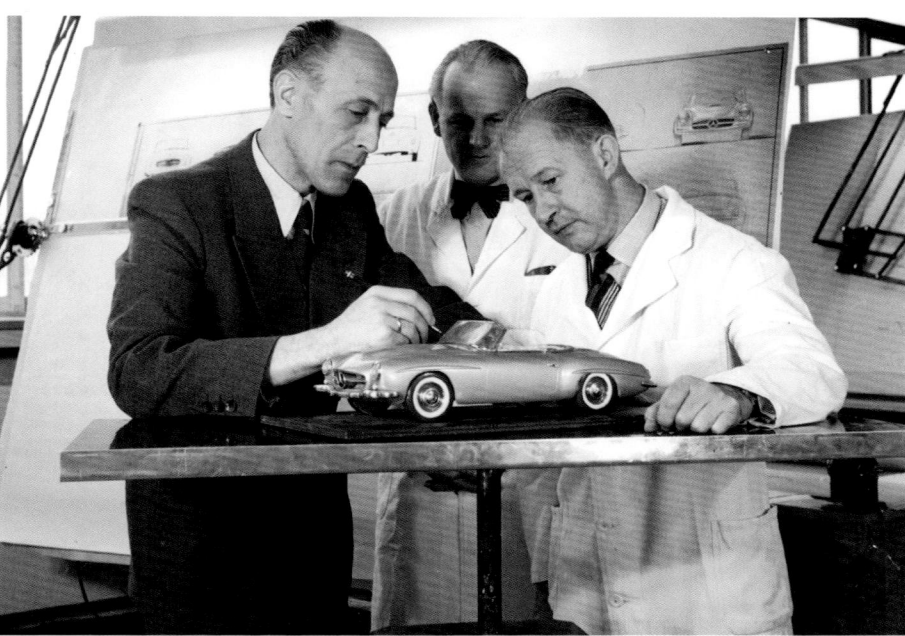

Zwei konkurrierende Designer-Teams gestalten in der Anfangszeit die ersten Heckflossen-Entwürfe: Hermann Ahrens (links) und Walter Häcker (rechtes Bild links mit den Konstrukteuren Günther und Ebnet mit einem Modell des 190 SL) führten das erste Team.

Dem anderen Team stand Karl Wilfert vor. Der 1907 in Wien geborene Wilfert stand seit 1935 bei Daimler-Benz der Abteilung Einzelwagenbau vor. Er leitete später den Karosserieversuch und den Musterwagenbau. 1949 kam er als Oberingenieur in die Abteilung „Vorentwicklung und Karosserieversuch" und richtete dort 1953 eine Stilistik-Abteilung ein. Ab 1956 war Wilfert Direktor für Versuch und Konstruktion und leitete ab 1960 die Entwicklung Pkw-Aufbauten. Wilfert, dem nachgesagt wird, dass er einen unaufgeräumten Schreibtisch seiner Mitarbeiter schon mal aufräumte, indem er ihn mit dem Unterarm gekonnt leer fegte, brachte auch Vordenker Béla Barényi zu Daimler-Benz. Die rechte Hand Wilferts war Friedrich Geiger, der letztendlich die Grundform der Heckflossen-Baureihe entwarf.

Zwei unterschiedliche Versionen der neuen Mittelklasse hatte Nallinger also in der Hinterhand, bevor es an die endgültige Ausführung und zur Diskussion in den Vorstand ging. Und beide Versionen wurden gleichzeitig im Juni 1957 in einer Vorbesichtigung präsentiert, an der Prof. Dr. Nallinger, Dr. Könecke und Dr. Langheck (Produktionsvorstand für das Werk Sindelfingen) teilnahmen. Die Ahrens-Häcker-Version löste sich optisch zu wenig vom Vorgänger Ponton-Mercedes und wirkte reichlich hausbacken. Der Entwurf von Geiger aus dem Wilfert-Team fand jedoch sofort Zuspruch. Geiger war eindeutig der modernere Entwurf geglückt. Schließlich waren noch gut drei Jahre bis zur ersten öffentlichen Vorführung Zeit – und bis dahin sollte der neue Mittelklasse-Mercedes noch zeitgemäß und modern erscheinen.

Das zweite Designer-Team arbeitete unter Direktor Karl Wilfert (links). Seine rechte Hand war Friedrich Geiger (Bild aus den 1980er-Jahren).

Mercedes-Benz **HECKFLOSSE** 23

## DIE ENTSTEHUNGSGESCHICHTE DER HECKFLOSSEN-KAROSSERIE

Der Ahrens-Häcker-Entwurf für die neue Mercedes-Mittelklasse von 1957 fiel bei der Vorstands-Präsentation durch, …

… da half auch die protzig wirkende Lampen-Batterie an der Wagenfront nicht weiter …

Die Ablehnung des Ahrens-Entwurfs war der Beginn des Sinkens seines Mercedes-Sterns – zumindest auf dem Pkw-Sektor. 1960, als Wilfert die Entwicklungsleitung für Personenwagen-Aufbauten übernahm, wurde Ahrens die Entwicklung der Lkw-Aufbauten übertragen, die er bis zu seiner Pensionierung anno 1971 leitete (und in der er einige wichtige, noch lange Jahre verwendete Lkw-Karosserien initiierte).

Nachdem das Karosserie-Konzept der neuen Mittelklasse in seinen Grundzügen feststand, ging es zur Sache: Das kleine Sindelfinger Karosserie-Entwicklungsteam zeichnete, diskutierte, gipste, probierte und testete, verwarf, plante neu. Die Stilistik war damals noch eine Abteilung des Versuchs. Prof. Guntram Huber, später Leiter der Karosserie-Entwicklung, Hans Jooß, später Abteilungsleiter Design-Modellbau, und Prof. Werner Breitschwerdt, von 1983 bis 1989 Vorstandsvorsitzender, saßen nach Feierabend häufig noch zusammen, jeder kannte jeden. Jooß, der im April 1958 zum Stilistik-Team stieß und dessen erste Aufgabe es war, die noch unharmonisch großen Heckflossen zu stutzen, berichtete in einem ausführlichen Gespräch am 10. Juli 1990 – zusammen mit Bruno Sacco, dem Sindelfinger Archiv-Leiter Hans Bittmann und dem Assistenten von Prof. Guntram Huber, Martin Wünsche – dem Autor: „Wir haben sogar zusammen in einer Fußballmannschaft gespielt – der junge Guntram Huber, Werner Breitschwerdt und ich. Wir arbeiten ja auch beruflich eng zu-

… und selbst der Breitmaulfrosch-Kühlergrill konnte nicht punkten.

24 Mercedes-Benz **HECKFLOSSE**

Techniker und Stilisten an einem Tisch (hier ein späteres Foto mit Pagoden- und W 108-Modell): Guntram Huber, Béla Barényi, Walter Häcker, Willi Reidelbach, Karl Wilfert, Friedrich Geiger und Werner Breitschwerdt. Auch wenn die Mienen der Herren den Eindruck nicht aufdrängen: Kollegiale, fast freundschaftliche Zusammenarbeit wurde großgeschrieben.

sammen, und die Abteilung Stilistik bestand nur aus einem kleinen Team von zehn bis 15 Mann. Die Abteilung Stilistik war der Konstruktion und dem Versuch angegliedert. Man hatte damals erst begonnen, sich bewusst mit ‚Design' zu beschäftigen."

In der Tat: Die Vokabel „Design" war noch ungebräuchlich: Technik- und Entwicklungs-Vorstand Nallinger sah sich als reiner Techniker, der für die Optik nicht viel übrig hatte. Wenn einer einen Sinn für ansprechendes Design zeigte, war es der Ästhet Wilfert. Wichtig war zur Entwicklungszeit des Heckflossen-Mercedes nur eines: Die Form muss dem Ruf der Marke Mercedes gerecht werden. Unter dieser Prämisse erscheint die Heckflossen-Baureihe mit den ausladenden hinteren Kotflügeln, den Panorama-Scheiben und der niedrigen, gestreckten Gürtellinie reichlich gewagt.

Jeden Donnerstag erschien Nallinger zur Konzept-Besprechung, und häufig gab es für die Gipser anschließend viel zu tun, wenn wieder einmal Änderungswünsche in die Praxis umgesetzt werden sollten. Die Zeit drängte, Nallinger hatte dem Vorstand die ersten Versuchswagen schon für den Mai des kommenden Jahres versprochen.

Am 26. Juni 1957 gab Nallinger bei einer Vorstandssitzung in Untertürkheim bekannt, dass der Termin für die endgültige Formentscheidung des neuen Mittelklasse-Programms durch den Vorstand zwischen dem 20. und 25. Juli 1957 in Sindelfingen anberaumt werden könne. Zu diesem Anlass sollten alle neuen Mittelklasse-Modelle (Sechszylinder, Vierzylinder und 300) bereitstehen. Schon in diesem frühen Planungsstadium sah der Entwurf des Wilfert-Teams vor, dass die Pressteile ab Spritzwand nach hinten für die Typen von 1,9 bis 3,0 Liter gleich seien. Und

noch etwas war schon im Anfangs-Stadium geplant: Die bei der Studie vorgesehene Heckflosse musste nicht unbedingt in der ausgeprägten Form beibehalten werden. Die Coupé- und Cabriolet-Heckpartien waren also schon damals vorgeplant. „Nach gewisser Zeit", so Nallinger bei der Besprechung im Vorstand, „lassen sich die Heckpartien der Fahrzeuge wandeln, so daß man nach weiteren zwei bis drei Jahren eine neue Linie herausbringen kann."

Zu jener Zeit hatte die Abteilung Stilistik/Konstruktion schon diverse Vorschläge für die Gestaltung der Heckpartie durchgespielt – teils mit Flossen, die heute auf den Betrachter wie Mercedes-Karikaturen wirken. Die genaue Heckleuchten-Konfiguration stand noch nicht fest, vorgesehen war lediglich, die Leuchten waagerecht anzuordnen. Mit dieser Lösung wurde die Heckflosse zum Trendsetter: Bis dato hatten nahezu alle anderen

## DIE ENTSTEHUNGSGESCHICHTE DER HECKFLOSSEN-KAROSSERIE

Ein früher Entwurf aus dem Team Wilfert/Geiger: Die Heckflossen waren anfangs noch überproportional groß, die linke Flanke trug reichlich Chromschmuck und wirkte deshalb überladen.

Die Heckansicht zeigt die Flossen, die noch an amerikanische Straßenkreuzer erinnern. Die waagerechten Rückleuchten entsprechen in ihren Grundzügen der späteren Serienversion.

Diese Version war ein weiterer Schritt in Richtung der späteren Coupé-/Cabriolet-Versionen mit flachem Kühler. Die Hörner auf den noch zu wuchtigen Stoßstangen.

Seitenansichten desselben Autos: Auch mit weniger Chromschmuck auf der rechten Seite des Gipsmodells wirkt das Heck unförmig und schwer

Derselbe Entwurf in der Totalansicht: Er kam der endgültigen Version bis auf das durch die großen Flossen zu schwer wirkende Hinterteil sehr nahe.

Automobile senkrecht übereinander angeordnete Rückleuchten, Bremslichter, Blinker und Rückfahrscheinwerfer. Erst als der neue Mittelklasse-Mercedes es vormachte, dass es auch anders geht, setzte sich die Bauweise durch und hat sich bis heute gehalten – neben vielen anderen Design-Spielereien.

Auch an der Frontpartie werkelten die Karosseriebauer noch emsig herum, probierten diverse Scheinwerfer- und Blinker-Kombinationen und schreckten auch nicht vor gewagten Verzierungen der Seitenteile zurück. Fest standen jedoch schon die grundsätzlichen Formen.

Für die Vierzylinder-Typen war schon der kürzere Vorbau als bei den Sechszylinder-Typen geplant, ebenso die runden Scheinwerfer zur Unterscheidung gegenüber den länglichen Lampen der Sechszylinder. Auch die Anordnung der Blinker auf den vorderen Kotflügeln der kleinen Modelle, als Gegensatz zur Scheinwerfer-Leuchteinheit bei den Großen, war schon beschlossene Sache.

Das Thema Heckflosse war 1957 noch nicht endgültig durchgespielt: Einige Entwürfe maßen sich gar am Ford Fairlane, Jahrgang 1957 (Mitte).

Hier eine Ansicht, die uns letztendlich auf der Straße erspart blieb: Die Serien-Flosse war deutlich ästhetischer.

Die Fotos vom 13. Februar 1958 zeigen die stilistisch fast fertige Heckflosse als Design-Modell. Die Heckflossen wurden jedoch vor Produktionsbeginn noch etwas gestutzt. Auf jeder Seite probierten die Designer unterschiedliche Chromschmuck-Varianten aus.

# DIE ENTSTEHUNGSGESCHICHTE DER HECKFLOSSEN-KAROSSERIE

Dass die „kleine Flosse" mit Vierzylindermotoren runde Scheinwerfer tragen sollte, war schon in früher Entstehungsphase beschlossene Sache, obwohl der W 110 erst 1961 erschien. Allerdings standen die Größe der Lampen und die Form des Kühlers noch nicht fest.

Auch an der Heckgestaltung des W 110 wurde 1957 noch fleißig experimentiert.

Allen Modellen gemeinsam war jedoch eines: der riesige Kofferraum. Nallinger hatte zu jener Zeit einen neuen Norm-Koffersatz konzipiert, der aus mehreren Koffern inklusive Hutschachtel bestand. Die Maße der einzelnen Behältnisse orientierten sich am durchschnittlichen Reisegepäck – und an der Breite von Hoteltreppen (!). Der Mercedes-Koffersatz sollte so gebaut sein, dass der größte Koffer ohne Probleme durch die Gänge und Treppenhäuser von Mittelklasse-Hotels bugsiert werden konnte, ohne anzuecken. Und in den Kofferraum der neuen Mittelklasse sollte der größte Koffer mindestens zweimal längs hineinpassen. Die Sindelfinger Karosserie-Schneider lösten die Forderung bravourös: Drei große, zwei kleine Koffer und die Hutschachtel ließen sich im Heckflossen-Heck bequem unterbringen. Für Zahlen-Fanatiker: Der Kofferraum der neuen Mittelklasse-Limousine war mit einem Volumen von 0,64 m³ um 50 Prozent größer als der Gepäckraum des Ponton-Vorgängers.

**FORMSACHE**

Vordenker: Die Heckflossen-Karosserie existierte noch nicht einmal in ihrer endgültigen Form, da hatte Prof. Nallinger bereits einen ausgeklügelten Koffersatz entwerfen und entwickeln lassen, der sogar auf die Breite von Mittelklasse-Hotelgängen abgestimmt war. Das Bild demonstriert: Rund 50 Prozent mehr Kofferraumvolumen wies der Heckflossen-Mercedes gegenüber seinem Ponton-Vorgänger auf.

Wie weit die Karosserie-Entwicklung Ende 1957 vorangeschritten war, zeigt eine Antwort Nallingers auf den Vorschlag von Vorstandsmitglied Dr. Hans Moll, dem Gesamtvorstand zeitiger neue Modelle vorzustellen, sodass innerhalb des Gremiums ausführlich diskutiert werden könne – Nallinger wies darauf hin, dass die neuen Mittelklasse-Modelle rechtzeitig vorgestellt wurden, und dass die Wagen in ihrer endgültigen Form in der ersten Dezemberhälfte in Sindelfingen noch einmal gezeigt werden können. „Formänderungen", so Nallinger, „sind dann zwar keine mehr möglich, aber über Stoßstangen, Rücklichter und derartige Dinge läßt sich noch diskutieren."

Im Vorhof der Stilistik: Karosserie für Versuchswagen, abgeändert mit anderen Heckleuchten, fotografiert am 5. September 1957.

Mercedes-Benz **HECKFLOSSE** 29

# DIE ENTSTEHUNGSGESCHICHTE DER HECKFLOSSEN-KAROSSERIE

Noch vor der Entscheidung zum Bau der neuen Mittelklasse-Modelle experimentierten die Mercedes-Stilisten mit diversen Möglichkeiten zur Armaturenbrett-Gestaltung. Das Bild vom 20. Juli 1956 zeigt eine Variante mit Säulentacho.

Nach dieser Besichtigung durch den Vorstand am 19. Dezember 1957 erläuterte Nallinger gegenüber seinen Kollegen den Stand der Dinge beim neuen Mittelklasse-Projekt. Alle Änderungswünsche nach der letzten Besichtigung der Gips-Autos waren ausgeführt worden. Schwierigkeiten gab es allerdings beim W 110, dem Typ 190 c. Trotz der geplanten größeren Karosserie sollte dieser Wagen preislich nicht über dem Ponton-190 angesiedelt sein – eine nur schwer zu erfüllende Forderung, zumal der W 110 mit dem gleich großen Innenraum wie der W 111 ausgestattet werden sollte. Nallinger hielt ein großes Innenraumvolumen für besonders wichtig, da auch Opel und Ford die Innenräume ihrer Mittelklasse-Limousinen vergrößert hatten. In Sachen Konkurrenzvergleich ergab sich außerdem, dass beispielsweise die Sichtverhältnisse beim neuen Mercedes ähnlich günstig waren wie beim neuen Rekord und besser als beim Ford 17M.

Anfangs diente noch ein Ponton-Mercedes als Herberge für die Armaturenbrett-Versuche. Die Bilder zeigen Säulentacho-Designs aus verschiedenen Perspektiven.

Die Motorhaube des W 110 gestalteten die Sindelfinger Karosseriebauer um Wilfert etwa 110 Millimeter kürzer als die des Sechszylinders W 111. Ursprünglich plante Nallinger, beim W 110 um die verchromte Kühlerattrappe herumzukommen, um so Kosten zu sparen – die Abänderung erwies sich jedoch als teurer als die Verwendung der 220er Chrom-Verkleidung, der Kleine behielt seinen Gesichtsschmuck.

Dennoch wirkte der kleine W 110 gegenüber seinem Sechszylinder-Pendant weniger luxuriös und zierlicher. Grund dafür waren die geplanten runden Scheinwerfer und die gegenüber dem W 111 fehlenden Chromstreifen an der Wagenflanke. Zu jenem Zeitpunkt sahen die Mercedes-Stilisten übrigens noch eine einfache Stoßstange vorn und hinten, sowohl beim Vierzylinder als auch beim Sechszylinder, vor. Lediglich der Dreiliter-W 112 sollte eine doppelte Stoßstange erhalten (in der Serienproduktion bekamen alle Sechszylinder die durch Ansetzen eines weiteren Elements entstandene Doppel-Stoßstange, dagegen entfielen die im Planungsstadium vorgesehenen Stoßstangen-Hörner). Ebenso viel Mühe gaben sich die Designer bei der Gestaltung des Innenraums, besonders des Armaturenbretts: Einerseits sollte es funktionell konstruiert sein, andererseits aber auch hohe ästhetische Ansprüche erfüllen und – ganz wichtig – alle bekannten Sicherheits-Aspekte erfüllen. Die Bilder zeigen – in chronologischer Reihenfolge – einige Versuche, den Instrumententräger nach diesen Prämissen zu gestalten.

# FORMSACHE

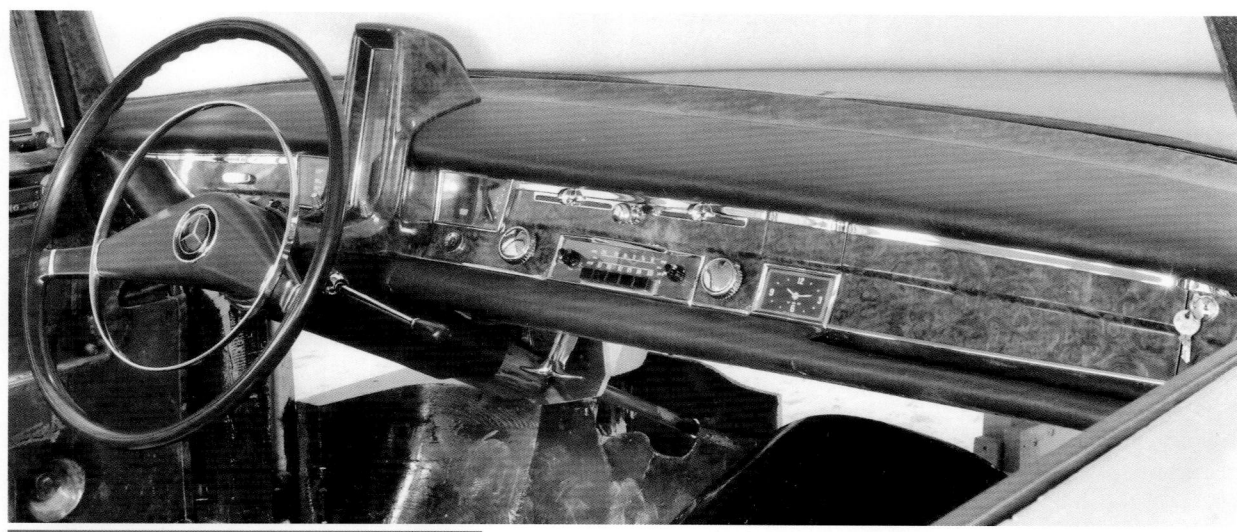

So weit war diese Armaturenbrett-Variante am 2. Mai 1958 gediehen – man beachte das Lenkrad.

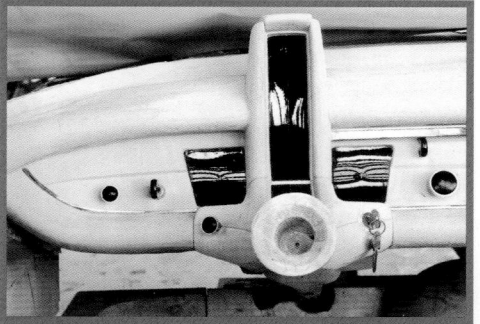

Armaturenbrett-Versuche, Stand Januar 1958: Vorschlag der Stilisten für einen schlanken Säulentacho. Die beiden schwarzen Felder unten neben der Tacho-Säule waren für Druck- und Temperatur-Instrumente vorgesehen.

Am selben Tag stand die Ausführung mit waagerechtem Tacho zur Debatte – sie wäre dem schließlich serienmäßig eingebauten Tacho in Sachen Ablesbarkeit und Übersichtlichkeit überlegen gewesen.

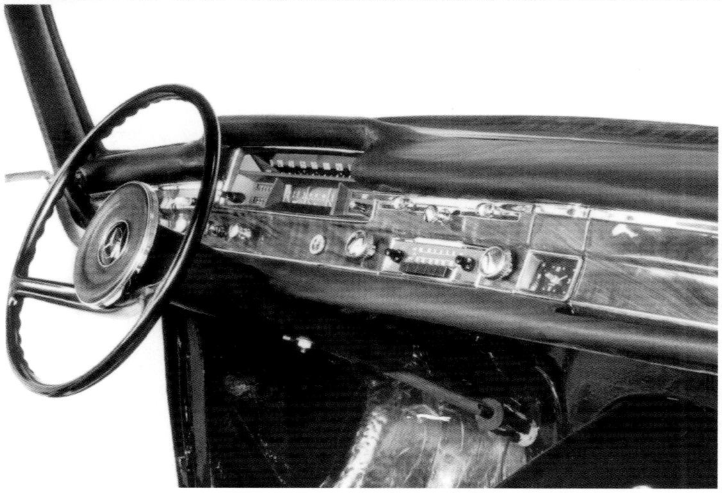

Dasselbe Arrangement aus anderer Perspektive – das Lenkrad wirkte reichlich ungewöhnlich. Es entspricht aber im grundsätzlichen Aufbau dem späteren Serienlenkrad – bei dem ist die waagerechte Speiche etwas höher angeordnet, es hat einen Chromring für die Betätigung der Hupe und die Prallplatte ist dicker gepolstert.

## DIE ENTSTEHUNGSGESCHICHTE DER HECKFLOSSEN-KAROSSERIE

Während es an der Form der neuen Mercedes-Modelle kaum Reibungspunkte gab, erwies sich die Terminfrage als besonders heikel: Schon im März 1957 hatte Nallinger zum Ausdruck gebracht, dass es aus technischen Gründen für das Sindelfinger Werk unmöglich sei, alle Typen vom 190 und 220 oder gar 300 bis Herbst 1959 herauszubringen. Seinerzeit schlug Nallinger vor, im Mai 1959 mit der Vorserie des 220 und im Juli mit der Hauptserie zu beginnen, sodass zur IAA genügend Wagen für die erwarteten Bestellungen zur Verfügung stünden. Der 300 sollte im Juli mit der Vorserie und im September mit der Hauptserie beginnen, die kleinen Typen könnten im September 1959 in die Vorserie und ab Dezember 1959 in der Hauptserie laufen.

Obwohl Nallinger immer wieder auf die Schwierigkeiten bei der Umstellung aller Mittelklasse-Typen auf das neue Modell hingewiesen hatte, beschloss der Vorstand, mit „allen Mitteln zu versuchen, das gesamte Programm vorzuziehen, so daß selbst bei einer Abstufung die gesamte Umstellung auf das neue Mittelklasseprogramm zur Ausstellung 1959 abgeschlossen ist."

> Da war die Heckflosse zu ihrer Form gelangt. Dieses Foto von Julius Weitmann muss nach Abschluss der grundlegenden Design-Arbeiten für eine ausführliche Reportage in der „Motor Revue" aus der Motorpresse Stuttgart entstanden sein: Es zeigt die fertige Heckflosse in zweifacher Ausfertigung – mit dem für fast alle damaligen Foto-Autos verwendeten Kennzeichen BB - A 716*. Professor Fritz Nallinger und Karl Wilfert schauen sich die Prachtexemplare an: Sie können stolz auf „ihr" Werk sein ...

*\* 716 ist übrigens die Nummer der Kostenstelle der Stilistik-und Entwicklungsabteilung.*

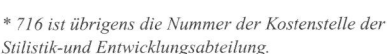

# DIE ENTSTEHUNGSGESCHICHTE DER HECKFLOSSEN-KAROSSERIE

Einer der Coupé-Vorläufer könnte der zunächst als Mercedes-Benz 300 SE gedachte W 112 gewesen sein, der in einem im Juni 1957 als Modell verwirklichten Entwurf erste optische Coupé-Anklänge zeigte. Beachtenswert der flachere und breite Kühler – ähnlich der Form, in der er ab 1971 die Fronten des 280 SE 3.5 Coupés und Cabriolets schmückte.

In der Dezember-Vorstandssitzung musste Nallinger dann berichten, dass die ursprünglich geplanten Termine nicht zu halten seien. „Wir werden uns aber bemühen, wenigstens zu erreichen, daß zur IAA 1959 in Frankfurt die Wagen zur Verfügung stehen und daß zu diesem Zeitpunkt bereits ein gewisser Bestand für den Verkauf vorhanden sei."

Vorstandsvorsitzender Könecke wies darauf hin, dass der W 110 bereits im August 1959 in 3.300er-Auflage produziert werden sollte, der W 111 im Oktober mit 2.500 Einheiten.

# FORMSACHE

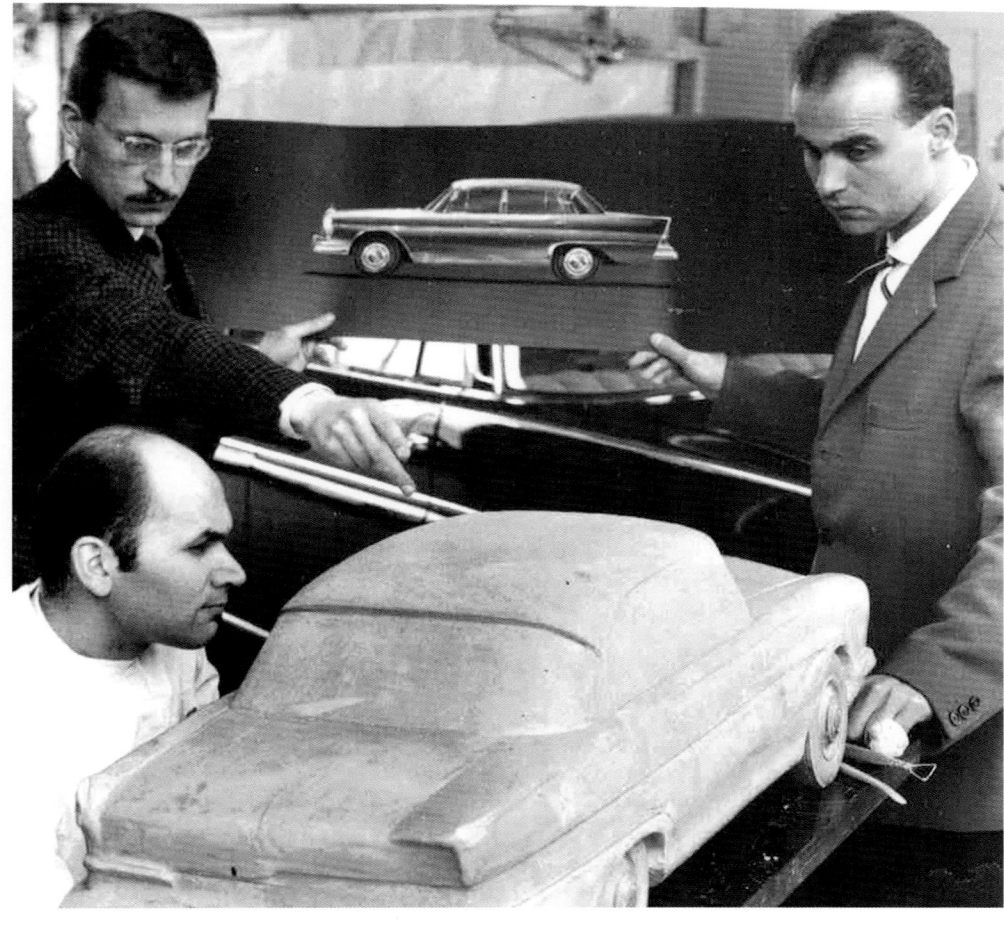

Auf diesem von Starfotograf Julius Weitmann im Jahr 1959 gestellten Foto diskutieren Paul Bracq, Bruno Sacco und ein weiterer Designer über die Gestaltung des Coupés. Das asymetrische Tonmodell zeigt zwei verschiedene Heckflossen-Formen.

Er hielt es für unbedingt erforderlich, die Termine so einzuhalten, dass zum Zeitpunkt der Ausstellung das komplette Programm nicht nur gezeigt werden könne, sondern auch einige Tausend Wagen dem Verkauf zur Verfügung stünden. Abschließend kam der Vorstand einstimmig zur Auffassung, dass es für die Firma zu großen Schwierigkeiten kommen würde, wenn das Mittelklasseprogramm erst nach der IAA 1959 gebracht werden könne.

Doch Anfang 1959 kristallisierte sich immer deutlicher heraus, dass die Vorstellung der neuen Mittelklasse-Modelle bei der IAA in Frankfurt nicht in der beabsichtigten Form stattfinden werde. Nachdem noch in der Vorstandssitzung am 14. Januar 1959 beschlossen wurde, dass der W 110 ohne Aufpreis für die Käufer mit einer Scheibenwaschanlage bestückt werden sollte, bereitete Nallinger in der Vorstandssitzung am 17. März 1959 seine Vorstandskollegen darauf vor, „daß im Laufe der nächsten Monate der Umstellungstermin der Vierzylinder-Typen auf die neuen Model-

le revidiert werden muß, da die Konkurrenz im Laufe dieses Jahres mit sehr vielen Neuheiten herauskommt".

Und in der Vorstandssitzung vom 14. April 1959 wurde der Vorstellungstermin des W 110 endgültig verlegt: „Bezüglich der Umstellung der Vierzylindertypen auf die neuen Modelle ist der Vorstand der Meinung, daß die Umstellung aller Vierzylindertypen zu einem anderen Termin erfolgen müsse, und es wird das 3. Quartal 1960 als Termin einstimmig beschlossen."

# DIE ENTSTEHUNGSGESCHICHTE DER HECKFLOSSEN-KAROSSERIE

Fast zweieinhalb Jahre liegen zwischen diesem Bild und dem Produktionsanlauf des 220er Coupés: Schon im Januar 1958 stand die Form in Grundzügen, die Typbezeichnung lautete 300 SX. Die Heckflossen soll übrigens Paul Bracq verkleinert haben.

Was diesen Sinneswandel im Daimler-Benz-Vorstand bewirkt hat, ist dem Verfasser nicht bekannt: Vorstandssitzungsprotokolle mit entsprechenden Passagen aus der Zeit zwischen dem 17. März und 14. April sind bei Mercedes-Benz nicht vorhanden. Einige theoretisch mögliche Erklärungen bieten sich an: Entweder waren Kapazitätsprobleme bei der Produktion in Sindelfingen für die Verschiebung des Vorstellungstermins ausschlaggebend, oder es traten Probleme bei der Erprobung des Vierzylinders auf. Eine andere Erklärung wären die zu hohen Investitionskosten für die Umstellung auf das komplette Programm, zumal die Übernahme der Auto Union durch Daimler-Benz eine Stange Geld kostete. Eine andere Erklärung drängt sich beim Blick auf die Produktionszahlen des Ponton 180 auf: Vom 180 a und vom überarbeiteten 180 a (180 b) produzierte Daimler-Benz 1959 noch 14.044 Exemplare, 1960 waren es noch 14.384 Stück. Nicht ganz so gut lesen sich die Diesel-Verkaufszahlen: Der bis 1959 gebaute 180 Db und der ab 1959 gebaute 180 Dc verkauften sich 1959 genau 18.057 Mal, 1960 sank die Zahl auf 11.151 Stück.

Der große Moment: Am 14. Januar 1959 besichtigte der Daimler-Vorstand den neuen Mittelklasse-Mercedes in Sindelfingen und befand ihn für gut. Auf dem Bild sind von rechts nach links die Herren Wilfert, Geiger, Nallinger, Langheck, Ahrens, Held und Fiala zu erkennen. Wer sich vor dem Auto versteckt, ist nicht bekannt.

Solche Verkaufszahlen zwingen ein Werk nicht unbedingt dazu, die Vorstellung eines neuen Typs übers Knie zu brechen, zumal Nallingers Befürchtung, die Konkurrenz in Form von Opel, Ford und Fiat könne dem W 110 zu schaffen machen, noch im Raum stand. Jedenfalls wurden sämtliche neue Vierzylinder-Typen (dazu gehörten auch die überarbeiteten Ponton-180 und 180 D (W 120), die noch bis 1962 parallel zum 190 c und 190 Dc (W 110) liefen) erst 1961 bei der IAA in Frankfurt präsentiert. In der Öffentlichkeit entstand der Eindruck, diese Vorstellungstaktik sei von langer Hand geplant gewesen – denn dass der Daimler-Vorstand die Vorstellung der kleinen Heckflossen-Modelle ursprünglich schon für 1959 geplant hatte, war weithin unbekannt. Weithin unbekannt ist auch die Tatsache, dass bereits die Coupé-Variante weitgehend durchgestylt war: Im Januar 1958 hatten die Stilisten schon Dummies fertiggestellt, die bereits starke Ähnlichkeit mit dem zweieinhalb Jahre später vorgestellten W 111 Coupé aufwiesen. Der 300er sollte mit raffinierter Technik (u. a. Luftfederung) eine Sonderrolle spielen. Mit seinem flacher auslaufenden Dach ging sein Styling-Konzept ursprünglich etwas in die Richtung des Coupés, das für später geplant war. Die Vorstellung der 300 SE Limousine war ursprünglich zeitgleich mit dem W 111 für die IAA 1959 terminiert. Er erschien jedoch ebenso wie das Coupé und das Cabriolet erst im Jahr 1961 – in derselben Form wie die 220 b, 220 Sb und 220 SEb Limousinen, jedoch mit mehr Chrom-Lametta behängt. Coupé und Cabriolet indes nahmen Design-Elemente der 300er-Entwürfe auf. An einem Tag im Januar 1959 – ziemlich genau zwei Jahre und vier Monate nach den denkwürdigen drei Septembertagen des Jahres 1956, als der Daimler-Vorstand den Beschluss zum Bau eines neuen Mercedes-Mittelklasse-Automobils fasste – fand in Sindelfingen ein ähnlich denkwürdiges Ereignis statt: Um einen Mercedes-Benz 220 Sb scharten sich am 14. Januar 1959 neun Herren in Wintermänteln. Sie betrachteten das Auto aus allen Blickwinkeln, umrundeten es, knieten sich nieder, nickten mit den Köpfen und unterhielten sich angeregt. Es waren Daimler-Benz-Vorstandsmitglieder sowie Karl Wilfert, Friedrich Geiger (Leiter der Stilistik-Abteilung) und der Techniker Ernst Fiala. Schließlich ging man auseinander – der Überlieferung nach in guter Laune: Der Vorstand hatte das Design des neuen Autos für gut befunden. Dies war der endgültige Startschuss zum Bau jenes Personenwagens, das als „Heckflosse" in die Geschichte eingehen sollte …

DETAILFRAGEN

# Die Entwicklung und Erprobung der Heckflossen-Technik

Die Heckflossen-Mercedes waren die ersten Personenwagen, deren Karosserien konsequent nach Sicherheits-Aspekten konstruiert, gebaut und erprobt wurden. Ihre Technik stammte ursprünglich von den Vorgänger-Modellen der Ponton-Baureihen W 120, W 121 und W 180, wurde aber im Laufe der Entwicklung so stark überarbeitet, dass sie im Grunde genommen eine eigenständige Neukonstruktion war.

Hart im Nehmen: In der Entwicklungs- und Erprobungsphase wurde den Heckflossen-Prototypen nichts geschenkt. Auf der Teststrecke in Untertürkheim – der sogenannten Einfahrbahn – rasten die Testfahrer bis zur Kippgrenze in die Böschung.

## DIE ENTWICKLUNG UND ERPROBUNG DER HECKFLOSSEN-TECHNIK

Während die Karosserien der neuen Mercedes-Mittelklasse mit den Vorgänger-Typen kaum noch etwas gemeinsam hatten, änderte sich das Bild auf dem Gebiet der Technik: Die wichtigsten Aggregate und der grundsätzliche Aufbau der Heckflossen-Technik entstammten den Ponton-Vorgängern.

Deren Fahrwerke, Kraftübertragungen und Motoren genügten den Anforderungen an die Technik der 50er-Jahre noch. Allerdings: Was sie nötig hatten, um den hohen Mercedes-Standard zu halten, war eine gründliche Überarbeitung. Denn der Vorsprung gegenüber der Konkurrenz schrumpfte zusehends. Sehr krass drückte ein interner Versuchsbericht (Nr. 13 707) vom 9. März 1956 Kritik an Ponton-Details aus. Unterschrieben wurde er von Professor Arthur Mischke (damals noch Diplom-Ingenieur) und Direktor Rudolf Uhlenhaut. In dem Bericht geht es um das Fahrverhalten der mit Pendelachsen ausgerüsteten Ponton-Modelle auf winterlichen Straßen. Dieser Bericht zeigt einerseits das penible, systematische Vorgehen der Mannschaft um den Leiter der Versuchsabteilung Uhlenhaut, andererseits birgt er zwischen den Zeilen viele interessante technische Zusammenhänge, sodass es sich lohnt, sich durch den in großen Teilen hier wiedergegebenen Rapport durchzuarbeiten: „Es ist eine häufig zu hörende Beanstandung, daß unsere Typen, insbesondere der W 180 [Typ 220 a, 220 S, d. Verf.] auf Schneeglätte und Eis schlechter zu fahren sind als unsere Konkurrenzfabrikate". Schon gleich zu Beginn des Versuchsberichts stellten Mischke und Uhlenhaut fest: „Bei den gegebenen Witterungs- und Straßenverhältnissen der letzten Monate waren auf Schneeglätte die Starrachser (DB-Typen und Fremdwagen) erheblich besser zu fahren. Alle probierten, konstruktiv möglichen Maßnahmen zur Verbesserung der Pendelachse im W 180 bezüglich Gieren und Pendeln bringen nicht so viel, daß sich der Aufwand lohnen würde. Es wird vermutet, daß bei unabhängiger Aufhängung der Hinterräder nur die Parallelführung, also geringe oder keine Spuränderung, neben anderen Vorteilen bezüglich der Straßenlage auch das Verhalten auf glatter Fahrbahn verbessern würde."

Die Versuchsmannschaft verglich die Fahreigenschaften unter den verschiedensten winterlichen Bedingungen. Hier einige Kommentare: „Es ist weniger das sogenannte ‚Gieren' des Fahrzeugs (leichte Drehbewegung um die Hochachse bei konstanter Fahrgeschwindigkeit), was dem Kunden unangenehm auffällt, sondern das ‚Pendeln' (Drehbewegung um die Hochachse durch seitliches Weggehen der Hinterachse), was bei Straßenglätte immer dann auftritt, wenn man durch Gasgeben die Adhäsion zwischen Reifen und Straße auch nur geringfügig überschreitet. Die Starrachse ist auf glattgefahrenem Schnee und auf Eis der Pendelachse ein ganzes Stück überlegen. Beim Beschleunigen kann man eine Starrachse, ob das der Kapitän, W 122, W 121 oder BMW ist, selbst mit durchdrehenden Rädern mit geringen Lenkkorrekturen geradeaus halten, während bei der Pendelachse die Fahrzeuge sofort ins Pendeln kommen, so daß man den Beschleunigungsvorgang unterbrechen und auskorrigieren muß."

„Das Gieren trat bei den gegebenen Schneeverhältnissen (große Kälte) erst bei relativ hohen Geschwindigkeiten auf, es wären deshalb die Unterschiede auf der Landstraße nur sehr schwer zu bestimmen (Autobahn gestreut). Eindeutig besser auch hier die Starrachsen. Gefahren auf der Strecke Feldstetten-Donnstetten wurden mit dem Kapitän, W 122, BMW und W 121 ca. 125 km/h bei leichtem Gefälle und 113 – 115 km/h bergauf erreicht. (...) Die Pendelachswagen waren im Durchschnitt ca. 10 – 15 km/h langsamer und erforderten mehr Konzentration und Lenkradkorrektur. (...)"

„Diese Ergebnisse weisen darauf hin, daß der Radstand und die Verteilung der Masse das Gieren beeinflussen. Bestätigt erscheint das durch die zu erzielende Verbesserung, wenn man zusätzlich eine Masse im Heck des W 180 (möglichst weit hinten) anbringt (...). Mit 55 kg Blei im Kofferraum und Wyresole-Reifen ist die W 180 Serie nicht mehr zu beanstanden und fährt sich sehr sicher. (...)

## DETAILFRAGEN

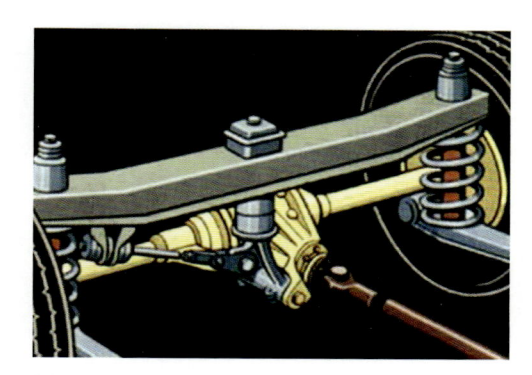

Die Erkenntnisse zum Fahrverhalten der Pendelhinterachse auf Schnee: Auf Schneeglätte waren die Starrachser der Konkurrenz den Mercedes-Benz Versuchswagen überlegen. Das Bild zeigt die Hinterachse des Ponton-Mercedes.

Der Vorwurf, mit der Eingelenk-Pendelachse nicht alles unternommen zu haben, was technisch möglich war, kam gar nicht erst auf – zu imposant war die Palette der an den Vergleichsfahrten teilnehmenden Versuchswagen und -anordnungen:

- Mercedes-Benz W 180 Serie,
- W 180 mit 2 Parallel-Längslenkern wie Rennwagen,
- W 180 mit Doppelgelenkachse,
- W 180 mit hochgelegtem Momentanzentrum an V-Achse,
- W 180-Hinterachse mit 2 tiefgelegten Drehpunkten,
- W 121 Serie (Typ 190),
- W 121 mit Starrachse, Längslenker, Schraubenfedern und Dreiecks-Seitenabstützung,
- W 122 [Prototyp kleiner Mercedes, d. Verf.] mit Eingelenkachse an 2 Dreieckslenkern,
- W 121 mit Starrachse und Blattfedern,
- W 105 (Typ 219),
- Opel Kapitän,
- BMW 502,
- DKW,
- Fiat 600,
- W 180 mit Wyresoles [Wyresole ist ein Reifen mit einvulkanisierten Drahtspiralen, die ähnlich wie die späteren Spikes wirkten, d. Verf.],
- W 180 mit Wyresoles und Ballast.

Die Doppelgelenkachse, obwohl im Prinzip eine Starrachse, verhält sich wie die Pendelachse. (...) Die 2-Gelenkachse tiefgelegt ist im Gieren gegenüber der Eingelenkachse nur geringfügig besser. Beim Beschleunigen scheint das Pendeln besser zu sein, doch bricht das Fahrzeug plötzlich sehr stark aus. Die Eingelenkachse mit zwei über Kugelgelenke angelenkten Schubstreben ist lediglich im Pendeln etwas besser. Der DKW benimmt sich auf glatter Fahrbahn sehr gut, wenn man ihn so fährt, wie ein Frontantrieb gefahren werden muß."

Soweit der kleine Exkurs in die Fahrwerkstechnik, der die Nachteile der beim Ponton-Mercedes eingebauten Eingelenk-Pendelachse unter extremen Bedingungen zeigen soll. Unter Normalbedingungen galt nach wie vor das, was Uhlenhaut zusammen mit Direktor Dr. Scherenberg und Prokurist Müller in einer Veröffentlichung zur Vorstellung dieser Achse im Mercedes 220 a am 19. September 1955 schrieb: „In der Mercedes-Benz Eingelenk-Achse mit tiefgelegtem Drehpunkt

Die Rahmenbodenanlage des Ponton-Mercedes ohne die verformbaren Front- und Heckpartien.

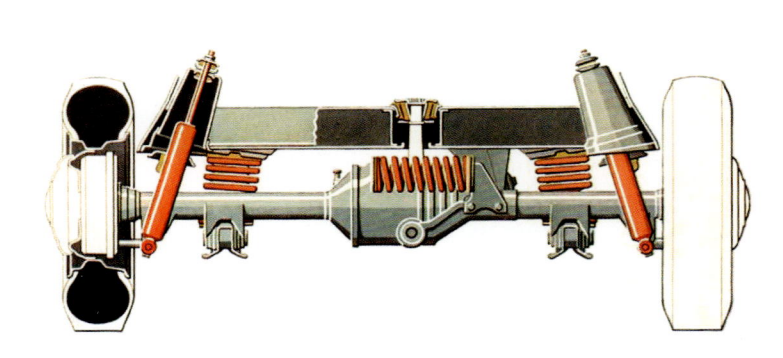

# DIE ENTWICKLUNG UND ERPROBUNG DER HECKFLOSSEN-TECHNIK

Für den Mercedes-Benz W 111 sahen die Konstrukteure die Eingelenk-Pendelhinterachse des Ponton-Modells W 120 vor, versahen sie jedoch mit einer zusätzlichen – waagerechten – Ausgleichsfeder. Die Stoßdämpfer arbeiteten (im Gegensatz zum Ponton-Mercedes) …

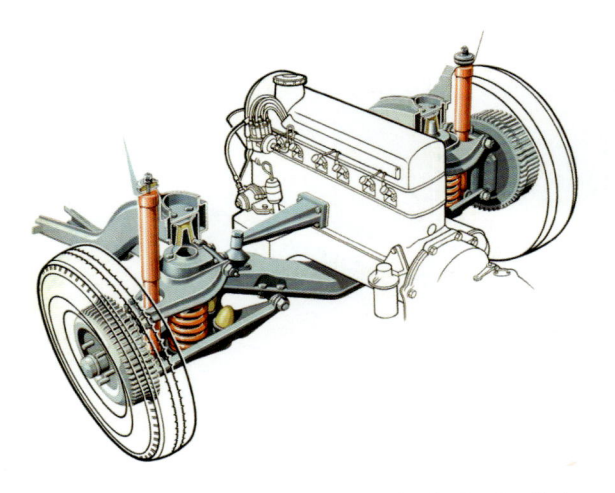

… auch an der Vorderachse außerhalb der Schraubenfedern. Motor- und Radaufhängungen waren vorne an einem kräftigen Fahrschemel befestigt.

liegt eine Achsentwicklung vor, die durch unermüdliche Anstrengung und Kleinarbeit in Bezug auf die Straßenlage einen vorläufigen Höchststand erreicht und sich in dem Typ 220 a bestens bewährt hat und somit auch bei den anderen Mercedes-Pkw-Typen eingeführt wird."

Dem ist eigentlich nur wenig hinzuzufügen – lediglich die Bemerkung, dass diese Achse wohl für die neuen Heckflossen-220er übernommen wurde, jedoch mit einer zusätzlichen Ausgleichsfeder. Eine solche Feder ist Mercedes-Kennern schon aus dem 300 SL geläufig. Diese dritte Schraubenfeder an der Hinterachse ist waagerecht über dem Differenzial angeordnet und stützt sich auf beiden Pendelarmen der Hinterachse ab. Sie bewirkt, zusätzlich zum tiefen Rollzentrum der neuen Eingelenk-Pendelachse, dass beim einseitigen Durchfedern eine weiche Federung erreicht wird, während bei gleichzeitigem Durchfedern beider Räder die volle Federhärte zur Verfügung steht. Beim Gaswegnehmen in Kurven vermindert diese Ausgleichsfeder überdies das Aufrichtmoment der Hinterachse – das heißt, dass beim Gaswegnehmen in schnell gefahrenen Kurven eine weniger starke Lastwechselreaktion einsetzt. Gegenüber der Vorläufer-Baureihe wurde die Spur der Heckflossen-Hinterachse um 15 Millimeter verbreitert, die Stoßdämpfer erhielten einen neuen Arbeitsplatz. Statt wie beim Ponton innerhalb der Schraubenfedern zu dämpfen, wanderten sie ganz nach außen und in Richtung Wagenheck hinter das Achsrohr, während die Schraubenfedern sich vor den Achskörpern auf die Längsträger stützten – im Vergleich zum Ponton geringfügig weiter nach innen gerückt.

Auch an der Vorderachse gab es Einiges zu tun, um den Wagen auch für 60er-Jahre mit zeitgemäßer Technik auszurüsten. Der neu konstruierte Fahrschemel für Radaufhängung, Motor und Getriebe bestand bei der Heckflosse nunmehr aus einem stabilen Stahlblech-Querträger. Im Gegensatz zum Ponton-Fahrschemel, der aus einem kompliziert geformten Blechteil bestand, das an drei Punkten mit der Karosserie verbunden wurde, war der Querträger des neuen Mittelklasse-Wagens in zwei Gummielementen aufgehängt und stützte sich über zwei elastische, blattfederartige Streben an den vorderen Längsträgern der Rahmenbodenanlage ab.

Wie bei der Hinterachse wanderten die Teleskopstoßdämpfer der einzeln an Dreiecksquerlenkern aufgehängten Vorderräder aus den Schraubenfedern nach außen zu den Rädern hin, um eine bessere Dämpfung der Radschwingungen zu erreichen. Insgesamt wurde bei der Konzipierung des Fahrschemels durch die reichlich gummibestückte Aufhängung und durch die elastische Abstützung nach vorne darauf geachtet, möglichst wenig störende Geräusche und Schwingungen bis in den Aufbau zu lassen.

An weiteren Veränderungen gegenüber dem Ponton-Vorgänger sahen die Fahrwerks-Konstrukteure die Verbreiterung der Spur um satte 40 Millimeter und die Erhöhung des Momentanzentrums an der Vorderachse um 100

## DETAILFRAGEN

Die Schema-Zeichnung aus dem Mercedes-Prospekt zeigt, wie die Rahmenbodengruppe in die Karosserie integriert war.

Millimeter durch Veränderung der Querlenker-Anlenkpunkte vor (das Momentanzentrum gibt die Lage des Aufbau-Drehpunkts an). Zusammen mit einem neuen Stabilisator sorgten diese Maßnahmen für eine deutliche Verbesserung des Kurvenverhaltens.

In ihren Grundzügen gleich geblieben war die Rahmenbodenanlage aus dem Vorgänger. Die aus einem stabilen, nach unten offenen Mittelträger, kräftigen Querholmen und Längsträgern mit eingeschweißten Bodenblechen versehene Bodengruppe hatte sich schon im Ponton-Mercedes bewährt. Allerdings wurde sie in wichtigen Details für die Heckflossen-Mercedes geändert, so dass sie zu den wichtigsten Grundlagen der ersten Sicherheitskarosserien gerieten: Die vorderen Längsträger wurden mit einer „Sollknickstelle" versehen, so dass sie sich, ähnlich wie auch die mit einer ähnlichen verformbaren „Knickstelle" versehenen hinteren Längsträger, im Falle eines Unfalls energieabsorbierend verformen konnten.

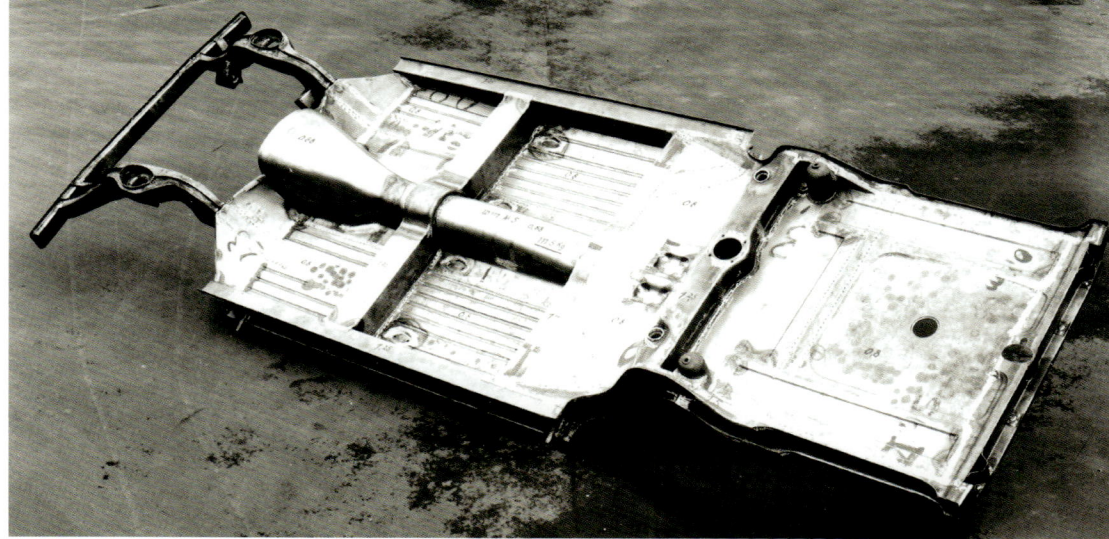

Die Rahmenbodenanlage der Heckflossen-Mercedes war eine gründlich überarbeitete Version der Ponton-Bodengruppe mit geänderten vorderen und hinteren Längsträgern, die im Fall eines Crashs durch „Sollknickstellen" Energie absorbieren konnten.

Mercedes-Benz HECKFLOSSE 43

## DIE ENTWICKLUNG UND ERPROBUNG DER HECKFLOSSEN-TECHNIK

*Mit nur wenigen Veränderungen wurde der Sechszylinder des Ponton-Mercedes in die Heckflosse transplantiert.*

Wer die werksinternen Typenbezeichnungen der Heckflossen- und Ponton-Motoren betrachtet, dem fällt auf den ersten Blick auf, dass es sich bei den neuen W 111-Sechszylinder-Motoren um alte Bekannte (M 180) handelt, die schon unter den Hauben des 220 a, 219 und 220 S für Leistungen zwischen 90 PS und 106 PS (und als M 127 im alten 220 SE für 115 PS) sorgten. In den Vergaser-Ausführungen des Heckflossen-Vorgängers trägt er die Typbezeichnung M 180, zusätzlich durch römische Ziffern näher definiert (beispielsweise M 180 II im 219 und 220 a). Der Einspritzer des alten 220 SE, der bis 1960 gebaut wurde, trug die Bezeichnung M 127 I. In den Heckflossen-Modellen trägt der kurzhubige Sechszylinder folgende Bezeichnungen: 220 b: M 180 IV, 220 Sb: M 180 V, 220 SEb: M 127 III.

Beim 220 b (W 111) waren es vor allem die beiden Solex 34 PJCB-Vergaser, die für eine Leistungssteigerung um fünf auf 95 PS gegenüber der 219er-Maschine mit einem Solex-Fallstrom-Doppelvergaser 32 PAATJ sorgten. Der 220 Sb-Motor erbrachte gegenüber seinem Vorgänger vier PS bei einer um 200/min erhöhten Nenndrehzahl mehr, möglich durch zwei 34 PAJTA-Solex-Vergaser anstelle des 32 PAJTA und eine geänderte Nockenwelle, die auch im M 180 IV des 220 b und im M 127 III des Einspritzers 220 SEb für etwas mehr Biss sorgten. Auch die Ventilsteuerung erfuhr eine Überarbeitung, um die Drehzahlfestigkeit zu erhöhen (Einzelheiten siehe Vierzylindermotoren). Auch die 220 SEb-Maschine präsentierte sich leicht getunt: Auch die 120 PS anstelle der 115 PS des M 127 I im alten 220 SE gingen zum Teil auf die geänderte Ventilsteuerung zurück.

Soweit die konstruktive Seite der Sechszylinder-Heckflossen. An den Vierzylinder-Typen wurde, wie schon erwähnt, bis zum Frühjahr 1958 fleißig gearbeitet. Bei ihrer Vorstellung bei der IAA 1961 präsentierten sie sich fahrwerksmäßig bis auf kleine Unterschiede genauso wie die Sechszylinder. Auffällig war jedoch der um insgesamt 145 Millimeter verkürzte Vorderwagen, der den kleinen Heckflossler wegen des im Vergleich zum hinteren Überhang recht kurz geratenen vorderen Überhangs formal weniger geglückt erscheinen ließ.

Über die neuen, alten Motoren des 190 und des 190 Diesel informierte unter dem Vermerk „Streng vertraulich" die Technische Information Nr. 53 vom 21. April die Herren des Vorstandes, des Verkaufs, des Versuchs, der Werksleitungen und der Presseabteilung: „In den neuen Typ 190 c wird im Prinzip derselbe Vierzylinder-Vergaser-Motor M 121 eingebaut, wie in dem heutigen Typ 190 b

Unter den Motorhauben der 190er-Heckflosse nichts Neues: Der 190 Dc bezog seine Kraft aus dem OM 621, der nur leicht überarbeitet aus dem Ponton übernommen wurde. Das Gleiche gilt übrigens auch für den M 121 Benzinmotor im Heckflossen-190 c

[Ponton, d. Verf.], jedoch mit folgenden Abweichungen: Weiterentwickelte Ventilsteuerung: Bei dieser weiterentwickelten Ventilsteuerung, die im Prinzip gleich ist wie die weiterentwickelte Ventilsteuerung bei den 2,2 Ltr.-Typen (...), ist jeder Schwinghebel zur Ventilbetätigung auf seinem Lagerbock abgestützt (keine gemeinsame Schwinghebelwelle mehr). Anstatt des bisherigen Register-Fallstromvergasers kommt ein normaler Fallstromvergaser zum Einbau. Die Verdichtung wird von bisher 8,5:1 auf 8,7:1 erhöht. Der Luftfilter des Motors ist beim Typ 190 c fest am Wagenaufbau montiert und mit einem elastischen Schlauchstück mit dem Motor verbunden. Die Höchstleistung des Motors beträgt wie bisher 80 PS."

Und über den 190 Dc heißt es: „In den 190 Dc wird der weiterentwickelte OM 621 eingebaut. Hauptcharakteristikum dieser Weiterentwicklung ist die Vergrößerung der Bohrung von 85 auf 87 mm. Dadurch erhöht sich das Hubvolumen des OM 621 im Typ 190 Dc auf 1.988 cm³, also auf rund 2 Ltr. Durch das größere Hubvolumen sowie durch eine neue Nockenwelle und eine neue Einspritzpumpeneinstellung ergibt sich eine Höchstleistung von 55 PS bei 4.200/min. Die Höchstdrehzahl (Abregeldrehzahl), die auch bei Bergabfahrt nicht überschritten werden soll, beträgt 4.300/min." Dieser OM 621 trieb übrigens auch den Mercedes-Kleinlaster L/O 319 D an.

## DIE ENTWICKLUNG UND ERPROBUNG DER HECKFLOSSEN-TECHNIK

Soviel zur Technik-Konzeption der neuen Mercedes-Mittelklasse (auf den 300 SE wird in einem Extra-Kapitel eingegangen).

Die Erprobung der Technik und die Fahrversuche oblagen dem Team um Versuchschef Direktor Rudolf Uhlenhaut. Hauptsächlich ging es dabei um Feinabstimmungen, denn schon nach der großen Sommer-Alpenfahrt im Juni/Juli 1958, bei der die neue Mittelklasse auf Herz und Nieren geprüft wurde, konnte Professor Nallinger am 7. Juli bei einer technischen Vorstandssitzung zu Protokoll geben, dass die Fahrt trotz teilweise schlechten Wetters sehr interessante Ergebnisse brachte. Zum Testprogramm gehörten unter anderem ausgiebige Fahrten am Stilfser Joch und auf dem Reschenpass sowie auf der Strecke zwischen dem Reschenpass und Meran. Nallingers Fazit: „Auf Grund dieser Versuche kann festgestellt werden, daß bei den zukünftigen Mittelklassewagen Fahrschemel, grobe Federungscharakteristik, Stoßdämpfer und Lenkungseigenschaften (Nachlauf der Vorderräder) weitgehend geklärt sind. Die erleichterte Ausführung des W 110 zeigte gute Fahrleistungen und Straßenlage. Gegenüber normalen Versuchswagen dieses Typs wurden etwa 100 kg eingespart. Diese Einsparung wird nicht ganz gehalten werden können, doch ist damit zu rechnen, daß der zukünftige W 110 auf das ungefähre Gewicht des heutigen W 120 kommt." Damit sollte Nallinger fast Recht behalten, denn als der Heckflossen-190er zwei Jahre später als geplant erschien, wog er mit 1.250 kg nur etwa 40 kg mehr als der Ponton-180 mit 1.210 kg.

Doch gab es Mitte 1958, also rund ein Jahr vor der geplanten Präsentation, noch ungeklärte Fragen mit der neuen Mercedes-Mittelklasse: Das größte Fragezeichen stand hinter der Bremsenfrage. Bei der Alpenfahrt testen die Mannen um Nallinger und Uhlenhaut verschiedene Bremsen-Versionen (normale Trommelbremsen, Bremsen mit parallel geführten Backen und Scheibenbremsen). Das von Uhlenhaut protokollierte Ergebnis war eindeutig: „Die besten Ergebnisse zeigten die Scheibenbremsen bezüglich Weichheit und spurgenauer Bremsung. Die Bremsen mit parallel geführten Backen arbeiteten im Großen und Ganzen einwandfrei. Für beide Bremskonstruktionen sind größere Servoeinrichtungen als bisher üblich notwendig."

Nie zuvor wurde ein Mercedes-Modell solchen ausführlichen und harten Fahrerprobungen unterzogen wie die Heckflosse. Im Verband ging es auf Langstreckenfahrten, und häufig nahmen Konkurrenzfabrikate (wie hier ein Opel Kapitän, bei einer Rast auf dem Raticosa-Pass zwischen Florenz und Bologna) und Ponton-Modelle an den Quälereien teil. Dieses undatierte Foto muss nach dem 1. Juni 1958 entstanden sein, denn der Kapitän wurde erst ab diesem Datum gefertigt.

## DETAILFRAGEN

Auf der Untertürkheimer Teststrecke – im Werksjargon Einfahrbahn genannt – wurde den Versuchswagen nichts geschenkt: Ob beim Belastungstest mit drei (seefesten) Personen an Bord …

… oder mit Versuchschef Rudolf Uhlenhaut im Renntempo – der W 111 wurde unter allen Bedingungen geprüft.

Unter seiner Ägide wurden der W 110, W 111 und W 112 erprobt, verfeinert und zur Serienreife gebracht: Direktor Rudolf Uhlenhaut, seit April 1949 Leiter der Abteilung Pkw-Versuch, galt nicht nur als extrem schneller Autofahrer, sondern hatte auch ein ausgeprägtes Gefühl für Automobile und war auch seinen Mitarbeitern gegenüber stets Gentleman.

## DIE ENTWICKLUNG UND ERPROBUNG DER HECKFLOSSEN-TECHNIK

Bei kurzen Zwischenaufenthalten diskutierten die Techniker die gesammelten Erfahrungen. Zu den prominenten Testpiloten gehörte auch Professor Nallinger (Bildmitte mit heller Jacke), der regelmäßig bewies, dass er nicht nur ein guter Techniker war, sondern auch schnelles Autofahren perfekt beherrschte.

Die Normalbremsen haben wenig befriedigt und neigen stark zum Schreien." Dennoch wurden die Heckflossen-Mercedes zu Beginn ihrer Bauzeit mit Trommelbremsen rundum ausgestattet, Ausnahme war der 300 SE, der 1961 mit Scheibenbremsen an allen vier Rädern vorgestellt wurde.

Unbefriedigend war seinerzeit auch das Problem der Geräuschdämpfung gelöst: Motor- und Windgeräusche drangen noch zu stark in den Innenraum. Darüber hinaus genügte die Wirkung der Lüftungs- und Heizungsanlage, insbesondere die Entfrostung, längst nicht mehr den Anforderungen. Nallinger gab Anweisung, die Heizungs- und Lüftungsanlage sofort umzukonstruieren.

Interessant ist vor allem die in dem Bericht genannte Typen-Aufschlüsselung der zukünftigen Mittelklassewagen. Nallinger stellte sich das Programm damals noch so vor: Vom Typ 190 solle es zwei Versionen geben – eine Normalversion, die in der Ausstattungsklasse dem Ponton-180 entsprach, mit der Leistungskurve des Ponton-190, dazu eine 190 S-Version, die in der Ausstattungsklasse dem Ponton-220 S entsprach und einen Superkraftstoff-Motor mit etwas höherer Leistung als der Ponton-190 hatte. Analog dazu sollten die beiden 220-Typen ausgestattet sein – der eine mit Normalbenzin-Motor, der luxuriösere mit Superbenzin-Sechszylinder.

Anfang des Jahres 1959 schließlich fuhren die Mercedes-Tester mit Versuchswagen auf öffentlichen Straßen, die auch optisch schon weitgehend dem geplanten Serienmodell entsprachen – zumindest wurde Professor Nallinger in der Vorstandssitzung vom 7. Januar

## DETAILFRAGEN

Freund und Helfer: Manchmal unterstützte die Polizei die Mercedes-Techniker bei ihren Testfahrten. In jenen Jahren war es einfacher und unbürokratischer, auf öffentlichen Straßen Autos zu testen …

1959 gebeten, „darauf hinzuwirken, daß der Versuch mit den Versuchsfahrzeugen in neuer Form die strengen Geheimhaltungsbestimmungen beachtet."

Denn neben den Tests auf der Einfahrbahn in Untertürkheim hatte die Versuchsabteilung einen regelrechten Pendelverkehr auf öffentlichen Straßen zwischen Stuttgart und den Alpen eingerichtet, drifteten deren Testingenieure auf der Schwäbischen Alb und im Hohenlohischen. Die Testfahrten reichten dabei bis hinunter nach Neapel, und zu den prominentesten Testpiloten gehörten die Direktoren Nallinger, Uhlenhaut, Wilfert und Konstruktionschef Müller.

Heute sind die rundlichen Kühlermasken der Heckflossen-Erlkönige zumindest Insidern bekannt, doch seinerzeit wusste kaum jemand die in der Frontansicht recht plump wirkenden Autos mit den Neu-Ulmer (NU) Kennzeichen einzuordnen. Teilweise huschten sie im Verbandsflug mit einem Opel Kapitän über die Autobahn Stuttgart-München, und manchmal saßen Frauen auf den Beifahrersitzen. Es waren die Gattinnen der Versuchsingenieure, die somit zur Tarnung der Wagen und zum Test der Familientauglichkeit beitrugen. Die Tarnung war indes nicht ganz perfekt – und es gab Pannen. Zwei Wagen aus der Testflotte wurden in schwere Unfälle verwickelt, und drei getarnte Prototypen sollten plötzlich vor einer Gruppe Journa-

Um Spazierfahrten handelte es sich bei den Italien-Touren nicht: Wie das leicht unscharfe Foto von Julius Weitmann zeigt, heizten die Daimler-Testfahrer unter der Regie von Rudolf Uhlenhaut volles Rohr – bis nach Süditalien.

Mercedes-Benz **HECKFLOSSE** 49

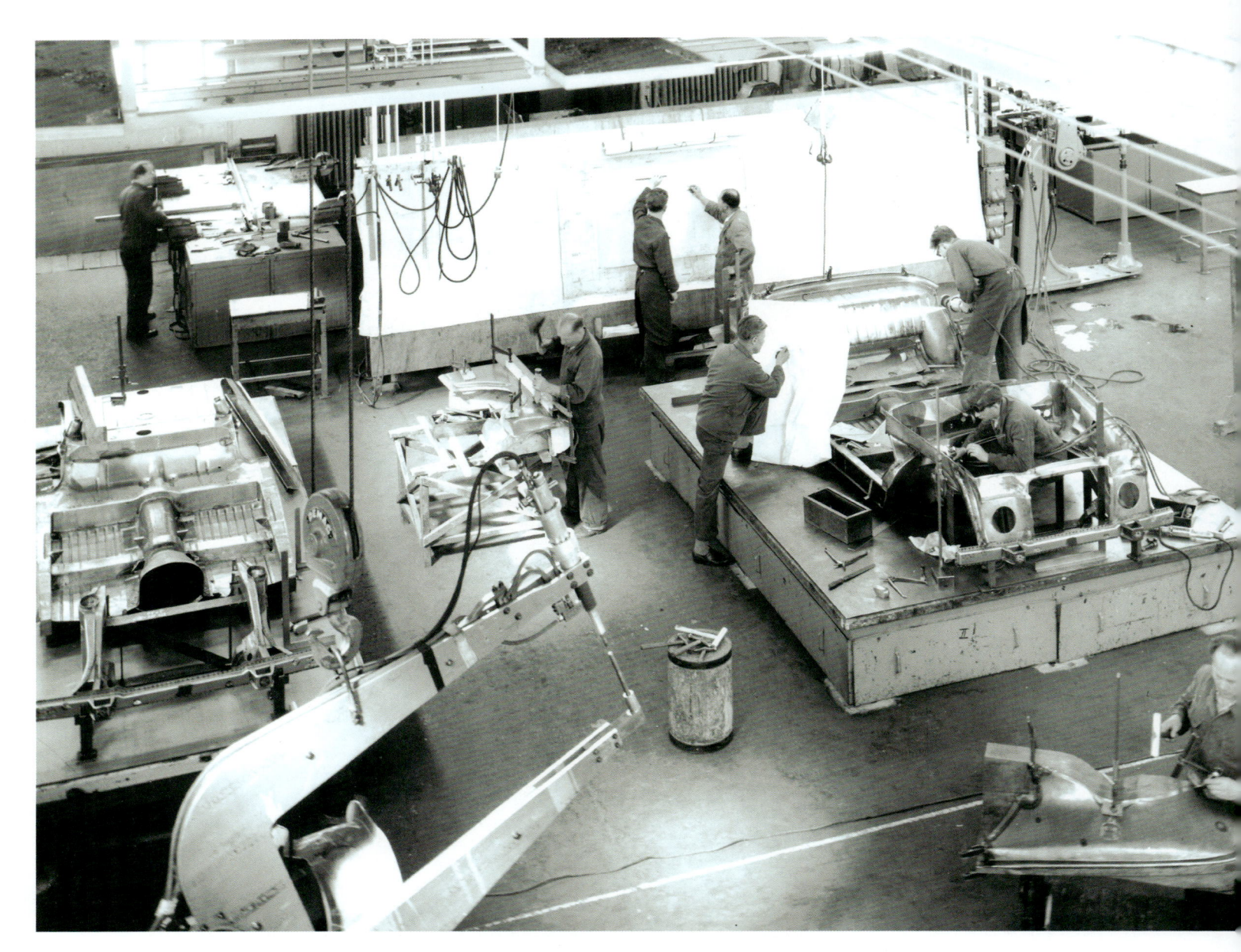

## DIE ENTWICKLUNG UND ERPROBUNG DER HECKFLOSSEN-TECHNIK

▲ Dieses Foto von Julius Weitmann zeigt die Sindelfinger Versuchsbau-Werkstatt, in der die ersten Testfahrzeuge und Prototypen der Heckflossen-Baureihe entstanden.

Bei den Langstreckentestfahrten saßen zur Erprobung der Familientauglichkeit auch schon mal die Gattinnen der Versuchsingenieure auf den Beifahrersitzen, die damit als Nebeneffekt zur Tarnung der Wagen beitrugen.

listen aufgetaucht sein, die während eines Seminars über Winterreifen im Engadin unterwegs waren. Doch die Mercedes-Tester hatten Glück: Es wurden keine spektakulären Erlkönig-Fotos in der Presse veröffentlicht.

Lediglich nach der offiziellen Vorstellung der neuen Heckflossen-Baureihe erschien in der „Motor Revue" aus den Vereinigten Motor Verlagen Stuttgart (heute: Motor Presse Stuttgart) ein umfangreicher Artikel über die Entstehung der Heckflosse mit Fotos, die der unvergessene „Erfinder der professionellen Automobil-Fotografie", Julius Weitmann, während der Prototypen-Phase exklusiv schießen durfte. Einige der nur selten veröffentlichten Aufnahmen sind mit freundlicher Genehmigung der Motor Presse Stuttgart auf diesen Seiten reproduziert. Die Weitmann-Fotos zeigen sehr deutlich, was alles angestellt wurde, um die Autos bis an die Grenze des Möglichen zu belasten. Auf der Einfahrbahn in Untertürkheim scheuchten Testfahrer die Heckflossen in Schräglage auf Böschungen, um die Kippsicherheit zu testen – auch um zu demonstrieren, wie sehr ein tiefer Wagenschwerpunkt die Kippgefahr vermindert.

Besonders unbeliebt bei den Fahrern war die sogenannte Heidestrecke – eine Rüttelstrecke, die einem extrem ramponierten Wegabschnitt eines Sträßchens in der Lüneburger Heide nachempfunden gewesen sein soll. Das Versuchsprogramm kannte keine Gnade: Da mussten alle unter Dauerlaufbedingungen durch.

Wenn's gefährlich wurde, setzten die Versuchs-Ingenieure auch schon mal die Helme auf – wie bei diesem Kippversuch an der Böschung der Untertürkheimer Einfahrbahn.

## DIE ENTWICKLUNG UND ERPROBUNG DER HECKFLOSSEN-TECHNIK

◀ Messtechnik: Zur Zeit der Heckflossen-Entwicklung setzten sich so langsam exakte – elektro-mechanische und erste zaghafte elektronische – Messverfahren durch. Einige der Probanden wurden für Testfahrten mit an Bord befindlichen Messgeräten verkabelt …

Neben dem reinen Fahrversuch setzte sich während und nach der Entwicklung der neuen Mercedes-Mittelklasse die Erprobung durch wissenschaftlich geführte Tests, durch reproduzierbare Laborversuche und durch genau definierte Belastungsproben immer mehr durch. Zwar kann noch heute nicht auf Testfahrten durch Lappland, durch die Sahara, auf Passfahrten und andere Praxis-Versuche auf öffentlichem Terrain verzichtet werden, doch ermöglichen es die Tests unter Laborbedingungen, etwaige Schwachstellen schon in der Konstruktionsphase zu entdecken.

So wurde im Sindelfinger Karosserieversuch zur Zeit der Heckflossen-Entwicklung der erste hydrodynamische Dauerlauf abgefahren. Mit hydraulischen Prüfzylindern, auf die sich ein komplett ausgestattetes Fahrzeug montieren ließ, konnten die Versuchsingenieure den Probanden einem genau definierten Schwingungsmodus unterwerfen. Ziel war, die Festigkeit gegenüber Ermüdungsbrüchen zu testen. Ohne dabei einen Testfahrer zu schlauchen, war es möglich, Dauerläufe über 2.000 Kilometer auf der Untertürkheimer Heidestrecke zu simulieren.

◀ Die sogenannte Heidestrecke war ein Abschnitt auf der Untertürkheimer Teststrecke, die einer besonders üblen Strecke in der Lüneburger Heide genau nachempfunden worden war. Hier mussten die Heckflossen bis zur Bruchgrenze – und die Fahrer bis zur Brechgrenze – erbarmungslos drüber. Auch die späteren 200 wurden hier erprobt.

52 Mercedes-Benz **HECKFLOSSE**

▶ ... manchmal aber auch mit dem legendären 300er-Messwagen. Diese Methode hatte den Vorteil, dass die damals noch sehr schweren Messgeräte nicht im Testwagen mitgeführt werden mussten und damit wegen ihres hohen Gewichts die Messergebnisse nicht mehr verfälschen konnten.

„Das Überstehen der Simulierung eines Dauerlaufs über 2.000 Kilometer Heidestrecke ist auch heute noch eine unserer Forderungen an moderne Mercedes-Automobile", erläuterte Prof. Dr. Guntram Huber, Leiter des Karosserieversuchs bei Mercedes-Benz in Sindelfingen, in einem Gespräch mit dem Verfasser im Jahr 1990. „Natürlich sind die heutigen, computergesteuerten Messmethoden deutlich feiner und anspruchsvoller geworden. Auch sind die heutigen Automobile verwindungssteifer. In den letzten Jahren hat man durch systematische Forschungsarbeiten gelernt, das Blech noch besser auszunützen und die selbsttragende Bauweise so weit zu optimieren, dass das, was an Außenhautblechen und Säulen sichtbar ist, gleichzeitig auch optimal zum Tragen verwendet wird." Prinzipiell hat sich von 1990 bis heute und von der Entwicklung der Heckflosse bis 1990 nichts Grundlegendes geändert. Nur steckte die systematische Erforschung des Automobils noch in den Kinderschuhen. Und der neue Heckflossen-Mercedes war das erste Automobil in der Geschichte, das konsequent unter Sicherheitsaspekten gebaut wurde.

Noch genauere und vor allem jederzeit reproduzierbare Ergebnisse als Fahrten auf öffentlichen Straßen oder auf Prüfstrecken lieferten die Laborversuche. Mit diesem Prüfstand fuhren die Techniker des Sindelfinger Karosserieversuchs die ersten hydrodynamischen Dauerläufe durch, mit denen die Festigkeit gegenüber Ermüdungsbrüchen getestet werden konnte.

## DIE ENTWICKLUNG UND ERPROBUNG DER HECKFLOSSEN-TECHNIK

Techniker der Versuchsabteilung bereiten eine W 111-Rohkarosserie für die Messung der Verwindungssteifigkeit vor.

So sieht die Vorrichtung in Betrieb aus: Die angehängten Gewichte belasten die Karosserie an definierten Partien.

**DETAILFRAGEN**

Prof. Guntram Huber war einer der Vorreiter der systematischen Karosserie-Erprobung und einer der wichtigen Gestalter der Sicherheit im Automobilbau. Die Entwicklung der Heckflossen-Karosserie gehörte mit zu seinen ersten großen Werken. Das Foto vom 24. November 1962 zeigt ihn bei der Messung von Karosserieverwindungen – damals noch per Wasserwaage.

Ein Blick zurück klärt die Zusammenhänge. Am 1. September 1939 trat Béla Barényi, der sich schon damals als automobiler Vor- und Querdenker profiliert hatte, durch Vermittlung von Karl Wilfert in die Firma Daimler-Benz ein. Dr. Wilhelm Haspel, damals zweiter Mann bei Daimler-Benz, stellte Barényi die Aufgabe, lediglich neue Lösungen in Sachen Automobil zu erfinden. Das tat er in der Folge ausgiebig: Rund 2.500 Patente gehen auf sein Konto – rund 1.500 Patente mehr, als das Erfinder-Genie Thomas Edison vorweisen kann. Was aber hat Barényi mit der Heckflosse zu tun? Ganz einfach: 854 157 lautet die Antwort. Diese Ziffern bezeichnen das Patent des 1907 in Hirtenberg/Niederösterreich geborenen Erfinders, in dem er für Daimler-Benz die Zellenkarosserie mit festem Mittelteil und nach den Enden abnehmender Steifigkeit am 23. Januar 1951 anmeldete. Die Knautschzone war geboren.

Béla Barényi: Vordenker und Erfinder. Er ist der Vater der Sicherheits-Karosserie mit verformbaren Knautschzonen. Das Bild zeigt ihn vor Ordnern mit seinen Patentschriften.

Mercedes-Benz **HECKFLOSSE** 55

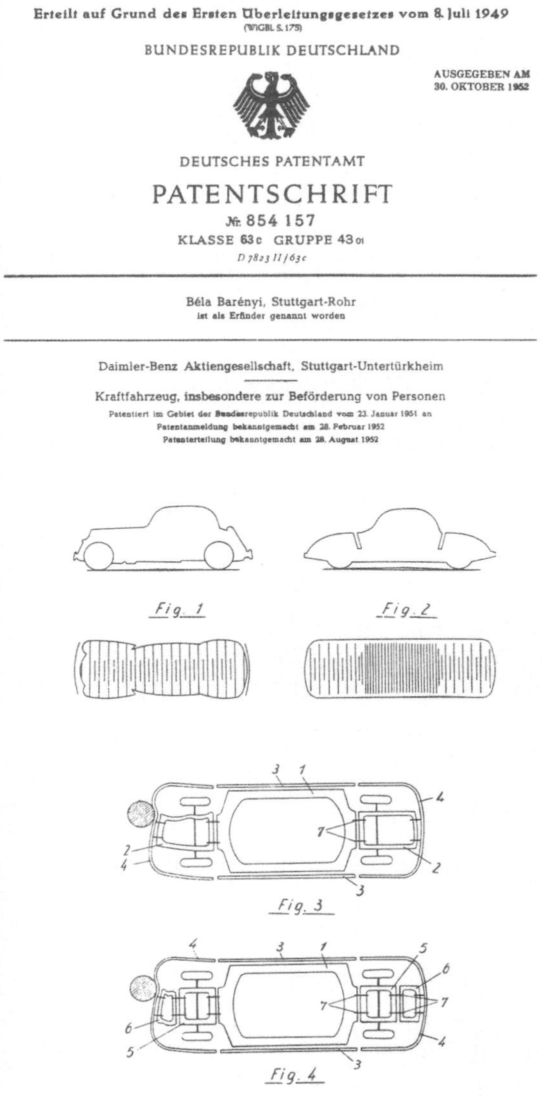

## DIE ENTWICKLUNG UND ERPROBUNG DER HECKFLOSSEN-TECHNIK

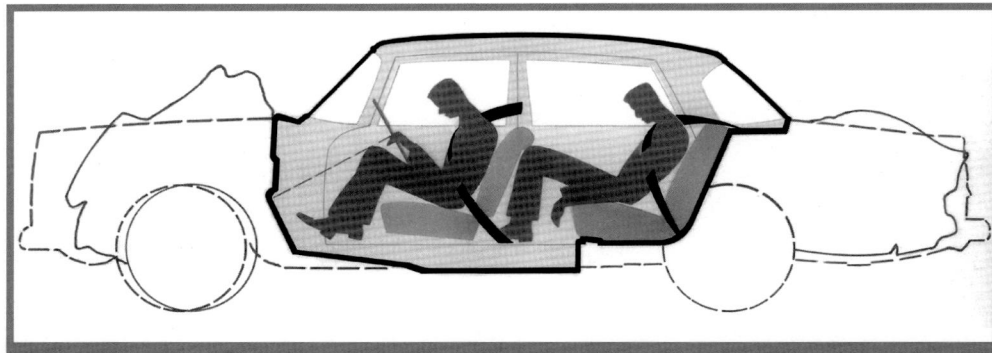

Das Schema zeigt die Verwirklichung der Barényi-Patente bei der Heckflosse: Die steife Fahrgastzelle ist von stoßabsorbierenden Knautschzonen umgeben.

Dieses Patent des automobilen Vor- und Querdenkers Béla Barényi aus dem Jahr 1951 bildete die Grundlage für die Sicherheits-Fahrgastzelle des Heckflossen-Mercedes und machte ihn zum ersten konsequent nach Sicherheits-Gesichtspunkten konstruierten Großserien-Personenwagen der Welt.

In der Heckflosse wurde das Patent des Zellenfahrzeugs mit vorderen und hinteren energieverzehrenden Knautschzonen erstmalig konsequent in die Realität umgesetzt. Damit jedoch keine Missverständnisse entstehen: Systematische Crash-Tests wurden während der Konstruktion und Entwicklung der neuen Mittelklasse-Mercedes nicht durchgeführt. Allein Barényis Patente und das Können der Daimler-Benz Ingenieure zusammen waren bei der Konstruktion dafür verantwortlich, dass die Heckflosse das erste konsequent durchdachte Sicherheits-Automobil in Großserie wurde.

Denn – abgesehen von wenigen Einzeluntersuchungen – wurden systematische Aufprallversuche bei Daimler-Benz erst im Jahr 1959 durchgeführt. Damals kam der junge Ingenieur Guntram Huber neu in die Firma. Im März 1977 übernahm er von Werner Breitschwerdt die Direktion „Entwicklung Pkw-Aufbauten" und trug ab 1994 neben der Leitung der Karosserieentwicklung auch die Verantwortung für die Entwicklung von Achsen, Bremsen und Lenkungen für Mercedes-Benz Personenwagen. Huber: „Ich kam genau zu dem Zeitpunkt als Versuchsingenieur, zuständig für Steifigkeit und Festigkeit, in unser Haus, als die neue Mittelklasse auf den Markt kam. Damals haben wir mit den ersten systematischen Crash-Versuchen begonnen. Und da hat sich das Konzept Barényis in der Praxis als richtig erwiesen."

Mit heutigen Crash-Tests hatten die ersten Aufprallversuche nur wenig gemeinsam. Teilweise ging die Zerstörung der Versuchswagen in recht abenteuerlicher Art und Weise über die Bühne – am Rande des Sindelfinger Werksgeländes. Prof. Huber: „Die ersten Crash-Versuche führten wir mit einer Segelflugwinde durch. Die haben wir uns vom Böblinger Flugsportverein ausgeliehen. Wir mussten dann aber rasch erkennen, dass mit der Winde zu enge Grenzen gesetzt sind: Wir konnten nicht schnell genug beschleunigen, um die gewünschte Geschwindigkeit zu erzielen. Man konnte mit der Winde nur Autos bis zu einem bestimmten Gewichtslimit testen, und außerdem war die Einhaltung der beabsichtigten Test-Geschwindigkeit fraglich. Deshalb haben wir noch im selben Jahr begonnen, einen Raketen-Antrieb zu konzipieren, der dann über viele Jahre hinweg das Antriebssystem für unsere Crash-Versuche war."

**DETAILFRAGEN**

Dieser Raketenantrieb bestand aus einem Stahlkessel, einem Druckkessel auf Rädern. (Die Rakete existiert übrigens heute noch – sie steht im Crash-Zentrum als Museumsstück.) Der Kessel war mit Wasser gefüllt, Heizstäbe mit hohen Leistungen erhitzten das Wasser nach Tauchsieder-Prinzip. Dadurch entstand ein Druck von rund 200 bar. Hinten war eine Ausströmdüse angebracht, die anfangs per Seilzug mit einem einfachen Drehschieber-Ventil geöffnet wurde. Der unter hohem Druck stehende Wasserdampf konnte durch die Düse entweichen und sorgte somit für Schub. Professor Huber: „Wir haben sogar noch eine Abwandlung dieser Rakete für Lastwagen gebaut, um im Auftrag des Innenministeriums Baden-Württemberg Aufprallversuche mit verschiedenen Leitplanken-Systemen durchzuführen. Die Leitplanken, die Sie heute an den Straßen sehen, wurden damals mit unseren Anlagen, mit unserer Manpower entwickelt." „In dieser Zeit haben wir auch Überschlagsversuche mit dem Raketenantrieb veranstaltet. Ganz zu Beginn der Crash-Versuche ist dabei schon mal ein Auto im Bach gelandet, der das Testgelände begrenzte. Die Betriebsfeuerwehr musste die Fahrzeuge dann retten. Wir hatten es damals noch nicht in jedem Fall in der Hand, in welche Richtung das bremsenlose Auto fuhr. Für die Überschlagversuche haben wir daraufhin den Lafetten-Test entwickelt, als wir gesehen hatten, dass die Versuche relativ schlecht kontrollierbar abliefen, wenn wir die Wagen über eine schräge Rampe schickten. Bei diesen Versuchen kippte das Fahrzeug in voller Fahrt von einer Lafette. Dieser Test wurde später übrigens vom Gesetzgeber verlangt und fand Eingang in die US-Sicherheitsvorschriften."

Damit keine Missverständnisse aufkommen: Die Heckflossen-Mercedes waren schon in Produktion, da begannen die Techniker des Karosserieversuchs in Sindelfingen anno 1959 mit den ersten Crash-Tests. Nach anfänglichen Versuchen mit einer vom Segelflugverein Böblingen ausgeliehenen Seilwinde entwickelten die Versuchsingenieure eine zuverlässigere Wasserdampfrakete, die für die nötige Beschleunigung sorgte.

Mercedes-Benz **HECKFLOSSE** 57

## DIE ENTWICKLUNG UND ERPROBUNG DER HECKFLOSSEN-TECHNIK

Der Frontal-Crash bestätigte die Wirksamkeit der Barényi-Knautschzonen. Als Rammbock dienten damals ausrangierte Presswerkzeuge.

Vor dem Start: Wenn das Gefährt die richtige Geschwindigkeit erreicht hatte, koppelte sich die unter 200 bar stehende Rakete ab.

▶ Szenen eines Überschlagversuchs: Eleganter Steigflug, ...

▶ ... erster Bodenkontakt mit der linken Vorderkante ...

▶ ... und gekonntes Abrollen.

Hier lohnt sich die Restaurierung nicht mehr: Dieser 220 Sb war eines der ersten Opfer systematischer Überschlagversuche in Sindelfingen. Durch die Deformation des Kofferraumdeckels kommen die Heckflossen besonders pointiert zur Geltung.

Für die Tests, bei denen nicht die Zerstörung kompletter Autos erforderlich war, entwickelten die Karosserie-Ingenieure besondere Schlittenvorrichtungen, die es ermöglichten, Lenkungssysteme, Sitze, Armaturenbrettpolsterungen und kompakte Bauelemente des Innenraums auf ihre Unfallsicherheit zu überprüfen.

Huber: „Für die ersten Versuche haben wir die Vorrichtungen an Seilen in definierter Höhe aufgehängt und fallen gelassen. Doch die Entwicklung ging rasch weiter. Wir verwendeten in der Folge Schlitten, die auf Schienen geführt und von Spiralfedern gespannt wurden. Als Deformationselemente beim Aufprall dienten Gurkendosen, mit denen uns die Kantine reichlich versorgte. Diese Dosen haben sich hervorragend, regelmäßig und reproduzierbar verformt. Einer unserer Mitarbeiter hat durch diese Dosen sogar seinen Spitznamen bekommen. Er besorgte regelmäßig die Dosen und hieß seitdem ‚Büchsen-Meier'."

**DIE ENTWICKLUNG UND ERPROBUNG DER HECKFLOSSEN-TECHNIK**

Das ohne Lenkung beschleunigte Auto konnte auch schon mal auf Abwege geraten oder mit zu viel Dampf im Graben am Ende des Testgeländes landen. Die Bergung übernahm in solchen Fällen die Werk-Feuerwehr.

In späterer Zeit wurden die Flugeinlagen immer spektakulärer: Hier hebt ein Heckflossen-Coupé zum einfachen Rittberger mit anschließender Rolle seitwärts ab.

Auch der Schrägaufprall auf stehende Hindernisse – hier ein ausgedienter Bus – gehörten zum Übungsprogramm …

… und bewiesen, dass der Beifahrer gute Überlebenschancen gehabt hätte.

Die Versuchsreihen mit dem Schlitten führten schließlich dazu, dass große Fortschritte in Sachen Sicherheitsgurt gemacht wurden. Anfangs benutzten Daimler-Testfahrer Haltevorrichtungen, die aus dem Flugzeugbau stammten, später stellte sich der praktische Nutzen von Sicherheitsgurten auf dem Aufprallschlitten heraus. Huber: „Es waren die ersten Testversuche, Sicherheitsgurte im Auto einzubauen. Bei der neuen Baureihe haben wir erstmals den Schrägschultergurt in einem Serienautomobil eingeführt." Später war Daimler-Benz dann der Autohersteller, der zuerst Automatik-Gurte anbot.

## DIE ENTWICKLUNG UND ERPROBUNG DER HECKFLOSSEN-TECHNIK

Auch Béla Barényi (Bildmitte) zeigte sich von den Ergebnissen der Crash-Tests beeindruckt. Links neben ihm ist Willi Reidelbach zu erkennen.

Im Konzert mit den anderen karosseriebaulichen Maßnahmen zur passiven Unfallsicherheit machten diese Details die Modelle der Heckflossen-Baureihe beim Termin ihrer Vorstellung im August 1959 zum Auto mit der größten passiven Sicherheit. Und weil's so wichtig ist, sei's hier wiederholt: Die Heckflosse war das erste Serienauto, das konsequent unter Sicherheits-Gesichtspunkten konstruiert worden war.

Doch vor der Vorstellung der neuen Heckflossen-Mercedes gab es einen Toten zu beklagen – das war allerdings unabhängig von der passiven Sicherheit der Heckflosse: Als auf dem Sindelfinger Werksgelände im Juni ein Pressefoto mit einem hübschen Mannequin gestellt wurde (es ist das berühmte Titelfoto der „Motor Revue" Heft 32/1959), kurvte ein Sportpilot mit seinem Flugzeug über den nach außen abgeschirmten Werkshof. Offenbar wollte der Pilot Fotos des neuen 220 b schießen. Nach dem Überflug konnte er die Maschine nicht mehr rechtzeitig hochziehen, streifte einen Baum und stürzte in den Park vor der Werkskantine. Eine abgebrochene Tragfläche soll ihm den Kopf fein säuberlich vom Rumpf getrennt haben ...

Doch auch einfache Versuchseinrichtungen brachten Ergebnisse, die später in der Heckflosse in Form von Sicherheitsbauteilen spürbar wurden. Eine der simplen Versuchsvorrichtungen bestand aus einem großen Schlagpendel, dessen Schlagkopf vom Volumen und Gewicht dem menschlichen Schädel ähnelte. Mit ihm führten die Versuchsingenieure den sogenannten Schlagpuppentest durch: Mit ihm konnten sie den Aufprall des Kopfes auf die Armaturenbrettkante simulieren. Der Effekt: Die Heckflossen-Mercedes erhielten ein gepolstertes Armaturenbrett.

Das Weitmann-Foto können Sie übrigens auf den Seiten 78/79 bewundern.

Eine große Zahl von verletzungsmindernden Details im Heckflossen-Innenraum entwickelte der Karosserie-Versuch in der Folge bis zum Serienanlauf der Heckflosse; dabei konnten einige Detaillösungen sogar vom Ponton-Vorgänger übernommen und verfeinert werden:

- Die Lenkradnabe wurde großflächig gepolstert,
- alle Bedienungsschalter bestanden aus elastischem Material,
- die Sonnenblenden wurden weich gepolstert (wie beim letzten Ponton),
- den Innenspiegel konstruierten sie so, dass er bei starker Stoßbelastung von der Scheibe springen konnte (Ponton-Weiterentwicklung),
- Tür- und Fensterleisten waren ebenso gepolstert wie
- die Fensterkurbeln mit Sollbruchstelle,
- die Armlehnen waren stoßnachgebend ausgeführt,
- die Türziehgriffe innen versenkt,
- das Zündschloss wanderte aus dem Kniebereich nach oben und
- die Lenkspindel erhielt ein Schiebestück (eine Hülse mit fünf Zentimeter „Fluchtweg").

**DETAILFRAGEN**

Kurz vor Serienanlauf noch abschließende Testfahrten mit Vorständen, Abteilungsleitern und Versuchsingenieuren: Mit einer Flotte ungetarnter Vorserienautos ging's in die Alpen, um den Autos den letzten Feinschliff zu geben. Das Foto ist ein Repro aus einem Mercedes-Werbeprospekt.

Dieses Auto stand kurz davor, in den Jahren 1957/1958 Furore zu machen: Der Mercedes-Benz W 122 hätte als kompakte Limousine frischen Wind in das Mittelklasse-Marktsegment gebracht, das durch wackere Personenwagen vom Schlage einer Borgward Isabella, eines DKW 3=6, Ford Taunus oder auch eines Opel Olympia Rekord bestens besetzt war.

**SACKGASSE**

# W 122 – der Versuch, einen kleinen Mercedes-Benz zu bauen

Sie hätte den überaus erfolgreichen Mittelklasse-Personenwagen der Marken Opel, Ford, Borgward und DKW zum Ende der 1950er-Jahre kräftig Konkurrenz machen können: eine kompakte Mercedes-Benz-Limousine mit 1,7-Liter-Motor. Deren Konzept stand schon 1956. Warum verschwanden die Pläne für ein Auto in den Schubladen, das als Abrundung des Daimler-Benz-Programms nach unten das Zeug gehabt hätte, die deutsche Automobilindustrie gründlich umzukrempeln? Warum wurden die Prototypen verschrottet?

## W 122 – DER VERSUCH, EINEN KLEINEN MERCEDES-BENZ ZU BAUEN

**Selbst ein so großes und erfolgreiches Unternehmen wie Daimler-Benz muss sich nach der finanziellen Decke strecken, wenn es um neue Projekte geht.**

Wenn die Kapazitäten in Konstruktion, Entwicklung und Versuch nicht ausreichen, um einen Typ bis zur Serienreife durchzuziehen, endet ein eingeschlagener Weg rasch schon mal in der Sackgasse. Das projektierte Auto gerät in Vergessenheit. So erinnerten sich nur wenige Insider, als der neue kleine Mercedes im Dezember 1982 als Mercedes-Benz 190 und 190 E (W 201) in die Serienproduktion ging, daran, dass ein Auto gleichen Kalibers als Abrundung des Daimler-Benz-Programms nach unten schon etwa 1957/1958 hätte erscheinen können.

Im Vorstand von Daimler-Benz schien die Sache „kleiner Mercedes" schon längst beschlossen, und die Konstrukteure und Entwickler hatten schon Prototypen für den Fahrversuch unter der Werksbezeichnung W 122 auf die Räder gestellt: In der Klasse bis 7.000 Mark sollte ein kompaktes Automobil auf die Konkurrenz losgelassen werden, das Daimler-Benz-Maßstäben entspricht. Warum verschwanden die Pläne für ein Auto in den Schubladen, das als Abrundung des Daimler-Benz-Programms nach unten Opel, Ford, Borgward und DKW das Leben schwergemacht hätte? Warum wurden die Prototypen verschrottet?

Bis heute ist der W 122 weitgehend unbekannt geblieben, selbst eine von Mercedes-Benz Classic im Jahr 2011 herausgegebene Pressemitteilung hat daran nicht viel geändert. Und wenn in der Fachliteratur Konstruktionszeichnungen oder gar Fotos dieses Autos auftauchen, werden sie mitunter sogar als Design-Vorschläge für einen Heckflossen-Vorläufer falsch interpretiert. Dabei hat dieses Auto mit dem Heckflossen-Mercedes nur insoweit etwas zu tun, als dass die Heckflossenbaureihe den W 122 gekillt hat. So verlief die Geschichte: Am 2. Februar 1953 – die Mercedes-Benz Pkw-Modellpalette umfasste nach dem Zweiten Weltkrieg längst wieder in vollem Umfang das etablierte Programm vom Typ 170 V bis zum Repräsentationsfahrzeug – beschloss der Daimler-Benz-Vorstand in seiner Sitzung die Konstruktion eines Wagens, der hinsichtlich Material- und Lohnkosten 15 bis 20 Prozent unter dem Typ 170 V liegen sollte. Er war als Nachfolger der Typen 170 V und 170 D (W 136) gedacht, nachdem der 170 S im Herbst 1953 vom Typ 180 (W 120) ersetzt werden sollte. Nallinger beschrieb das neue Fahrzeug: „Es ist offensichtlich, dass die Karosserie neu werden muss, wobei der Innenraum und die Fensterfläche gegenüber dem W 120 verkleinert werden sollte. Breiten- und Längenmaße wie beim 170 S, 2-türige Karosserie, Spritzwand, Armaturenbrett, Kofferraum wie beim W 120, Vordersitze entsprechend 170 V."

Bereits im Dezember 1953 standen erste konkrete Berechnungen der Pkw-Entwicklung in Untertürkheim. Eine grobe Kalkulation beispielsweise führte die geschätzten Gewichte einzelner Bauteile wie Motor (unter anderem mit Anlasser, Lichtmaschine und Auspuff) und Getriebe auf. Sogar das Bordwerkzeug und die diversen Betriebsflüssigkeiten – insgesamt 20 Hauptpositionen – bezogen die Vorentwickler in ihre Berechnungen mit ein. Das Ergebnis: Im Vergleich zum ebenso in dem Ergebnis-Papier genannten W 120 (Mercedes 180 Ponton), der mit nur 1.131 Kilogramm angesetzt wurde, sollte der Neue rund 140 Kilogramm weniger wiegen. Mit welchem Elan die Ingenieure arbeiteten, belegt ein Schreiben vom 4. Mai 1955, das der damals 28-jährige Werner Breitschwerdt als junger Ingenieur in seiner Eigenschaft als „Bearbeiter" unterschrieb: „Der erste Versuchswagen W 122, 2-türig, mit SL-Gesicht wurde am 19.4.1955 an den Versuch UT. abgeliefert. Das Ablieferungsgewicht beträgt 558,0 kg." Gut möglich, dass es sich bei diesem Auto um den auf der nächsten Seite gezeigten Wagen handelt …

**SACKGASSE**

Eine der ersten Studien für einen kleinen Mercedes: Der schwarze Musterwagen, ein Entwurf von Hermann Ahrens, stammt aus dem Jahr 1955. Die Limousine hat, wie damals bei deutschen Mittelklasse-Automobilen üblich, zwei Türen. Trotz waagerechtem Kühler wirkt sie massig.

## W 122 – DER VERSUCH, EINEN KLEINEN MERCEDES-BENZ ZU BAUEN

eines kleinen Mercedes. Fraglich war zu jenem Zeitpunkt, ob es möglich sei, mit dem Kompaktwagen neue Käuferschichten zu erschließen. Nallinger sah den neuen Kleinen eindeutig als Abrundung des Daimler-Programms nach unten, Vorstands-Vorsitzender Fritz Könecke ging ebenso davon aus, ein Fahrzeug anzubieten, das „preislich auf einer Grenze liegt, die für andere Firmen auch tatsächlich eine Konkurrenz darstellt." Bedenken hatte der Chef jedoch in anderer Hinsicht: „Mit dem W 122 liegen wir heute richtig, möglicherweise aber nicht mehr in zwei Jahren und erst recht nicht in vier Jahren."

Vorstandsmitglied Arnold Wychodil sah im W 122 gar einen echten Nachfolger für die Typen 180 und 190.

Rudolf Uhlenhaut wollte den geplanten W 122 im Umfeld der Konkurrenz betrachten: Die Standard-Bauweise, wie für den W 122 vorgesehen, war seinerzeit bei vielen Konkurrenten gängiges Baumuster – und in der Klasse von 7.000 bis 7.500 D-Mark hatte Ford einen Sechszylinder im Programm, „der bedeutend ruhiger läuft als unser Vierzylinder", so Uhlenhaut. Der Versuchsleiter befand, dass es gefährlich sei, sich auf die

Standardbauweise neu festzulegen, da viele Hersteller demnächst sogenannte Blockkonstruktionen planten. Allerdings hatte Uhlenhaut bei ausgiebigen Versuchsfahrten mit verschiedenen Fahrwerkskonstruktionen im W 122 durchaus positive Erfahrungen mit der Standardbauweise gemacht: „Die Starrachse ist auf glattgefahrenem Schnee und auf Eis der Pendelachse ein ganzes Stück überlegen", schrieben Uhlenhaut und Mischke im Bericht einer im Februar 1956 durchgeführten Probefahrt mit dem W 122 im Vergleich mit einigen Ponton-Modellen und Konkurrenz-Autos (siehe auch „Detailfragen – die Tech-

70 Mercedes-Benz **HECKFLOSSE**

**SACKGASSE**

Diesen zweitürigen deutschen Mittelklasse-Limousinen hätte der kleine Mercedes-Benz W 122 als Viertürer kräftig Konkurrenz gemacht: Borgward Isabella (1,5 Liter, 60 PS, 7.265 D-Mark), DKW 3=6 (0,9 Liter, 38 PS, 6.655 D-Mark), Ford Taunus 15 M (1,5 Liter, 55 PS, 6.375 D-Mark), Opel Olympia Rekord (1,5 Liter, 45 PS, 6.410 D-Mark).

nik-Geschichte der Heckflossen-Baureihe" (Seiten 38 ff.). Doch auch die Pendelachse zeigte im W 122 ihre Qualitäten: „Die Fahreigenschaften der Eingelenk-Pendelachse im W 122/3 sind ganz eindeutig besser als in allen anderen Wagen [mit Pendelachse, d. Verf.], auch besser als im W 121, obwohl die Achsdrücke etwa gleich sind. Wir können uns das nur durch ein eventuell anderes Trägheitsmoment um die Hochachse erklären", heißt es weiter in dem Versuchsbericht.

Doch um solche Detailfragen ging es seinerzeit im Daimler-Benz-Vorstand noch gar nicht. Vorerst stand noch der von Nallinger vorgeschlagene Besichtigungstermin für den W 122 in Sindelfingen auf dem Programm. Pünktlich zum 20. Juni 1956 präsentierte Nallinger den W 122 in Sindelfingen – und zeigte gleichzeitig einige Konkurrenten: Borgward Isabella, Ford Consul aus England, Ford 15M deLuxe, Renault Dauphine und Citroën DS 19. Und Nallinger ließ noch eine Katze aus dem Sack: Seit etwa einem Jahr hätte er zwei Projekte in Arbeit, die sich mit der Heckmotor- und mit der Frontantriebs-Bauweise beschäftigten.

Die Wagen lägen aber preislich unter 7.000 D-Mark, stellten also Kleinwagen dar. Eine solche Blockbauweise hielt Nallinger jedoch nicht mit dem Image des Hauses Daimler-Benz vereinbar, außerdem befürchtete er sogar, dass der W 122 nur der Mercedes-Mittelklasse Kaufinteressenten abnehmen würde. Könecke sah vor allen Dingen den finanziellen Aspekt: Rund 40 Millionen D-Mark für Investitionen und 22 Millionen D-Mark für Betriebsmittelkosten schätzte der Vorstandsvorsitzende als Einstandskosten. Er plädierte dafür, den 180 Ponton durch Verbilligung auf einen Preis von etwa 7.500 D-Mark zu bringen.

## W 122 – DER VERSUCH, EINEN KLEINEN MERCEDES-BENZ ZU BAUEN

Designer Walter Häcker verwirklichte zwei wuchtige, barocke Varianten,
unter denen die kleinen 13-Zoll-Räder fast verschwanden.

An diesem Tag ging es in Sindelfingen offenbar hoch her – nahezu alle Herren des Daimler-Vorstandes argumentierten gegen den geplanten W 122. Vorstandsmitglied Dr. Rolf Staelin maß der Raumfrage große Wichtigkeit bei. Der Rauminhalt des W 122 sei kleiner als der des Borgward, Opel stehe zurzeit im Begriff, den Rauminhalt beim Rekord zu vergrößern. Daimler-Benz könne 1958 unmöglich mit einem kritischen Raumangebot wie beim W 122 auf den Markt kommen. Vorstand Dr. Wilhelm Langheck, zuständig für die Produktion in Sindelfingen, wies darauf hin, dass der W 122 seinerzeit zur Aufstockung der Kapazität auf 7.000 Fahrzeuge pro Monat geplant wurde. Diese Kapazität sei mit dem derzeitigen Programm ausgefüllt. „Der W 122 hat nur dann einen Sinn", so Langheck, „wenn wir bereits heute auf ein Gesamtprogramm von 10.000 Wagen gehen. Ein derartiges Programm bringt für Sindelfingen Investitionen von 62 Millionen Mark und darüber hinaus noch den gleichen Betrag für die Aufstockung des Programms von 7.000 auf 10.000 Fahrzeuge pro Monat. Im Hinblick auf diese Aufwendungen ist es nicht zu verantworten, heute einen Wagen zu bringen, der den derzeitigen Anforderungen der Käufer nicht entspricht – zumal der Aufwand in keinem Verhältnis zu den geringen Mitteln steht, die wir aufbringen müssen, um aus der Type 180 einen verbilligten Wagen nach unten zu entwickeln. Außerdem sollten wir uns nicht in eine Preisklasse begeben, in der wir unmittelbar in Konkurrenz zu Borgward und Opel stehen."

Neben Staelin und Langheck sprachen sich die Vorstandsmitglieder Dr. Hans Moll, Prof. Dr. Hans Scherenberg, Fritz Schmidt, Arnold Wychodil und Wilhelm Künkele dafür aus, die Entwicklung des W 122 ruhen zu lassen. Rudolf Uhlenhaut argumentierte dagegen: Der W 122 sei seiner Meinung nach in der heutigen Konzeption zu diesem Preis das Beste, was überhaupt gemacht werden könnte. Doch seien zu diesem Preis auch noch Verbesserungen möglich. Insbesondere müsse der Wagen zum gleichen Preis ruhiger werden. Der Vierzylinder müsse durch einen Boxer oder durch einen Sechszylinder ersetzt werden.

Vorstandsvorsitzender Könecke wollte die ganze Angelegenheit noch einmal überdenken. „Ich möchte heute nicht zu dem schnellen und sicherlich übereilten Entschluß kommen, der W 122 sei erledigt. Damit greifen wir der Entwicklung nur vor. Ich bin der Auffassung, daß wir den W 122 weiterentwickeln sollten, aber nicht schon 1958, sondern lieber zu einem späteren Zeitpunkt bringen." Könecke sprach sich für folgendes Vierpunkte-Programm aus, das am Ende der Vorstandssitzung beschlossen wurde:

**SACKGASSE**

Ein weiterer Entwurf von Hermann Ahrens: Auch diese Studie stellt einen eng an das Design des Ponton-Mercedes angelehnten, konservativ gestylten Wagen dar – wahlweise mit vergrößertem SL-Kühler oder Hochkühler.

- Die nächsten drei bis vier Jahre werden durch Abänderungen, Modernisierung und Verbilligung der Mittelklassewagen überbrückt.

- Es wird davon Abstand genommen, den Wagen W 122 im Jahre 1958 in der jetzt vorliegenden Konzeption zu bringen, da die hohen Investierungen von 60 Millionen bzw. 120 Millionen Mark in keinem Verhältnis zu den Vorteilen stehen, die der Typ W 122 bringen würde.

- Die Konzeption des W 122 als billiges Fahrzeug mit einem Preis von 7.000 Mark und dem Rauminhalt des Typs 180 soll weiterverfolgt werden, um im Jahr 1960/61 ein modernes und ansprechendes Fahrzeug auf den Markt zu bringen.

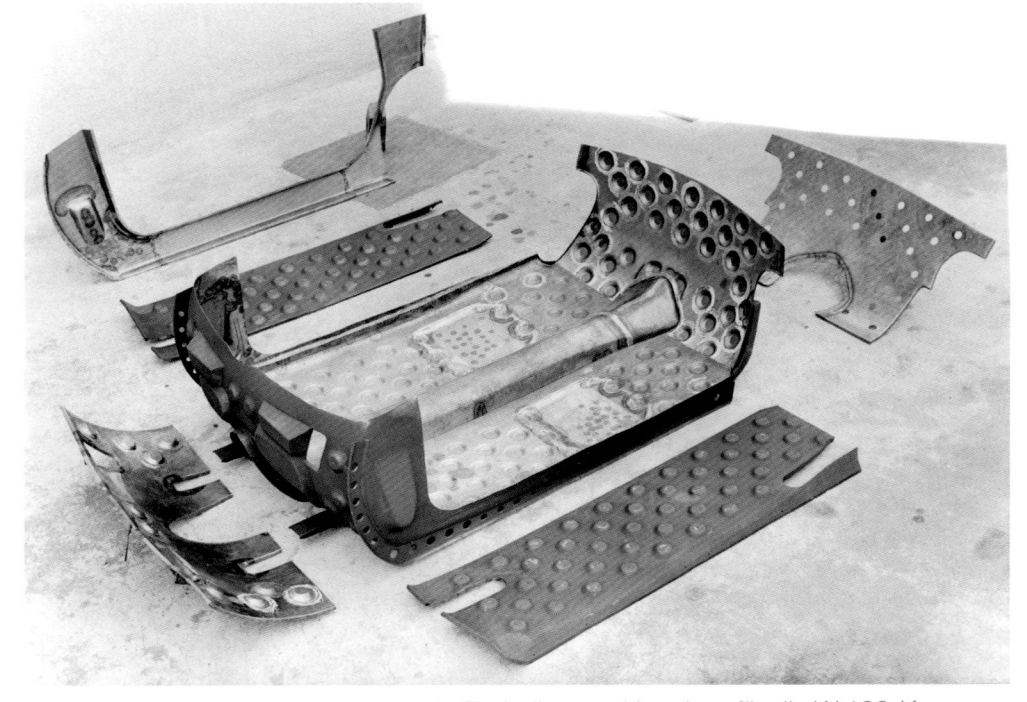

Schon 1954 arbeiteten die Karosserie-Techniker am Unterbau für die W 122-Karosserie. Die Bodengruppe mit runden Einprägungen zur Versteifung wurde am 20. Oktober 1954 fotografiert. Sie erwies sich als nicht geeignet.

Mercedes-Benz **HECKFLOSSE** 73

## W 122 – DER VERSUCH, EINEN KLEINEN MERCEDES-BENZ ZU BAUEN

Das Team um Karl Wilfert präsentierte ein modern anmutendes Automobil. In einigen Details zeigte es optisch Anklänge an die späteren Heckflossen-Modelle. Die Idee, Entlüftungsschlitze in der Hecksäule unterzubringen, findet sich neben einigen anderen Detail-Lösungen – wie zum Beispiel der Verwendung von Hochkant-Scheinwerfern ähnlich denen des 300 SL – in den späteren W 111-Limousinen wieder.

## SACKGASSE

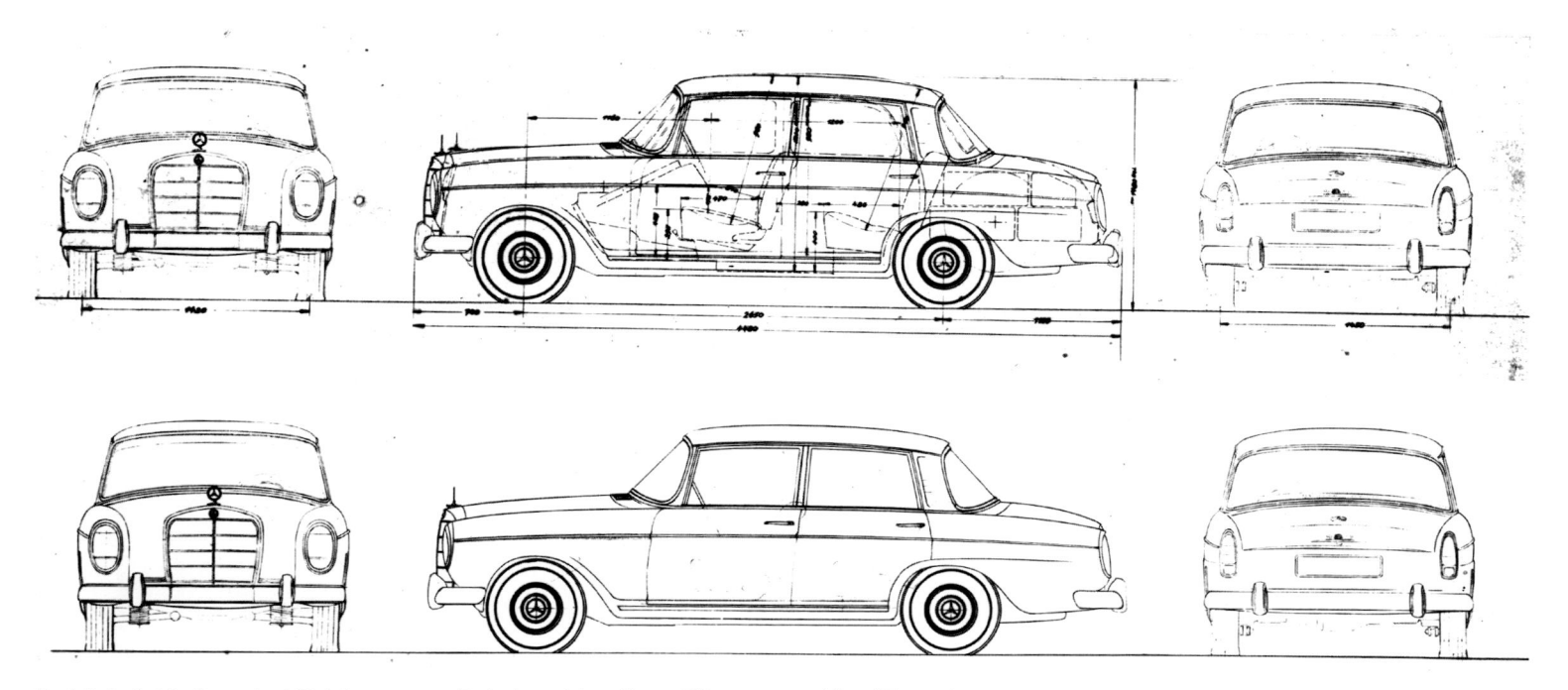

Es blieb (leider) nur bei Zeichnungen: Bei einer Marathon-Sitzung am 13., 17. und 18. September des Jahres 1956 beschloss der Daimler-Benz-Vorstand, das Projekt „kleiner Mercedes" zugunsten der Heckflossen-Entwicklung zurückzustellen.

Am 13. April 1954 bereits gab es einen eher erfolgversprechenden Versuch: Die W 122-Versuchs-Bodenanlage hatte die üblichen Quer- und Längsträger mit eingeschweißten Blechen.

> Die Besprechungen in den technischen Abteilungen sollen sofort aufgenommen werden um festzustellen, wo mit Modernisierungen und Verbilligungen anzusetzen ist und welche Kosten aufzubringen sind, um aus dem Typ 180 einen Wagen mit einem Endpreis von 8.200 Mark oder niedriger zu entwickeln.

Das war aber noch nicht das endgültige Todesurteil für den Kompakt-Mercedes W 122. Den nächsten Dolchstoß erhielt der W 122 bei jenem denkwürdigen Vorstandssitzungs-Marathon am 13., 17. und 18. September des Jahres 1956, in dem Professor Nallinger das Konzept für die neue Mittelklasse vorstellte. Justament an jenem Tag wies Prof. Dr. Fritz Nallinger laut Vorstandsprotokoll „auf die geringe Versuchs- und Entwicklungskapazität in der DBAG hin. Chrysler habe z. B. allein 2.000 Ingenieure zur Untersuchung von Fremdfahrzeugen eingesetzt." Ob diese Zahl stimmt, sei dahingestellt. Jedenfalls schlug Nallinger vor, die Arbeiten an der Entwicklung „des W 122 in der Form zurückzustellen, daß an diesem Fahrzeug nur noch insoweit gearbeitet werde, wie es die vordringlichen Aufgaben hinsichtlich des Mittelklasse-Programms und der Verbilligungs-Maßnahmen zuließen. Der W 122 werde sich dann auf das Jahr 1962 oder später verschieben." Der Vorstand schloss sich Nallingers Auffassung an und beschloss, den W 122 zurückzustellen und nur weiterzuentwickeln, soweit es die übrigen Aufgaben zuließen. Das war das letzte Mal, dass über den W 122 ausführlich im Vorstand diskutiert wurde. Denn die Entwicklungskapazitäten waren zukünftig für die neue Mittelklasse gebunden. Der kleine Mercedes starb ohne große theatralische Effekte, unbemerkt von der Öffentlichkeit.

Seine Wiedergeburt rund 26 Jahre später (nach einem zaghaften Versuch Mitte der 60er-Jahre, der aber ebenso im Sand verlief) als W 201 V 19 (Typ 190), W 201 E 19 (190 E) und später als W 201 D 19 (190 D) sorgte dagegen für umso mehr Aufsehen. Das ist aber eine andere Geschichte.

Mercedes-Benz **HECKFLOSSE** 75

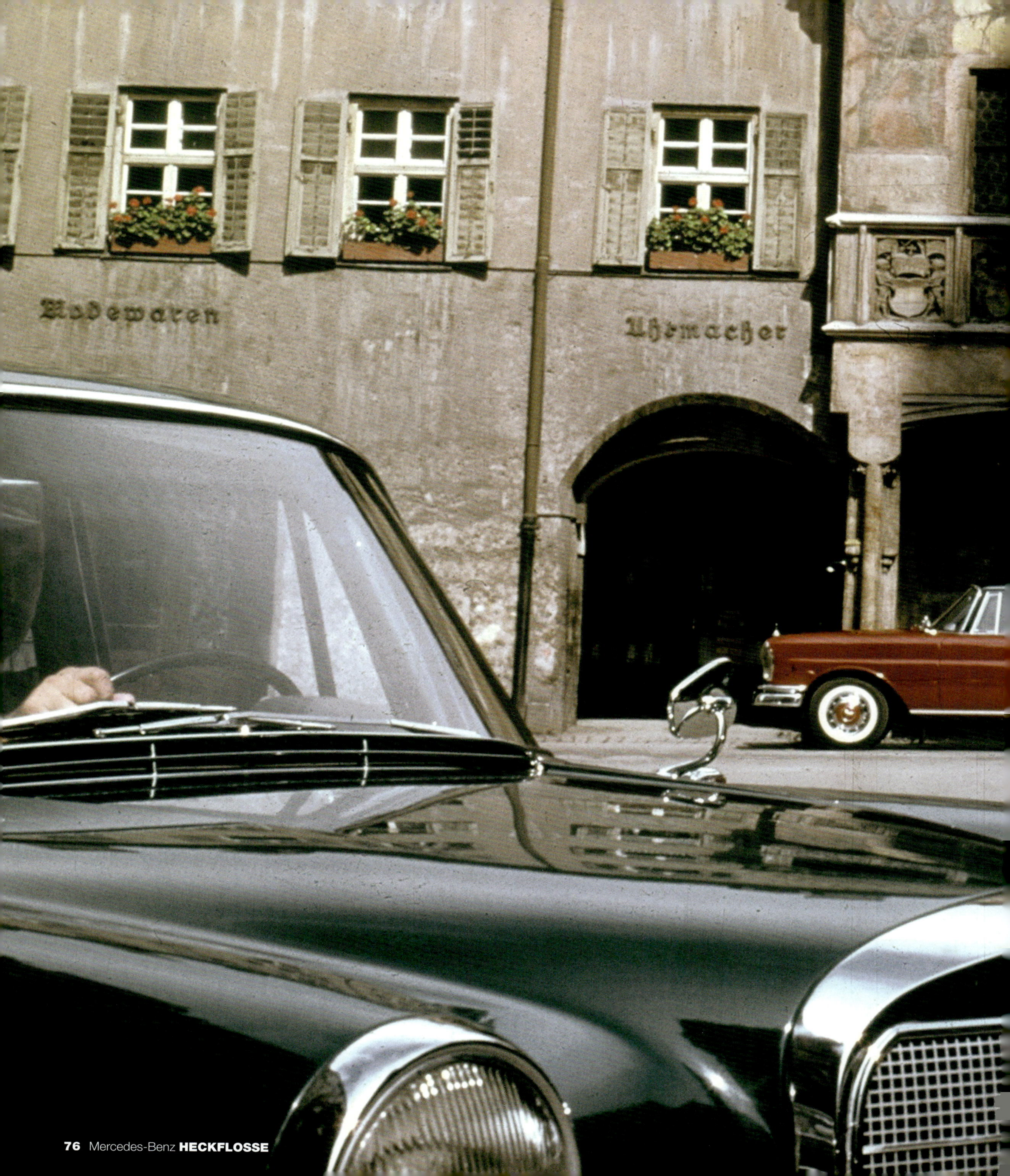
Modewaren
Uhrmacher

ARTENKUNDE

# Die Heckflossen-Mercedes in ihrer Zeit – Typologie und Historie.

Schon bei ihrer Pressevorstellung der Typen 220 b, 220 Sb und 220 SEb am 11. August 1959 – zwei Jahre und elf Monate nach dem ersten Startschuss zu Konstruktion und Bau – heimsten die neuen „Mittelklasse"-Modelle der Mercedes-Benz-Baureihe W 111 reichlich Lob ein.

Ab April 1961 ergänzte die Vierzylinder-Baureihe W 110 zeitgleich mit dem Topmodell 300 SE (Baureihe W 112) das Programm. Ab Februar 1961 wurde das W 111 Coupé (220 SEb) und ab September das W 111-Cabriolet gebaut. Welche Modell-Varianten es bis 1971 gab, beschreibt das folgende Kapitel.

Eines der ganz wenigen zeitgenössischen Mercedes-Benz-Pressefotos, auf denen die „kleine" W 110-Heckflosse und ihr größeres W 111-Pendant gemeinsam zu sehen sind. Es zeigt einen 220 Sb respektive 220 SEb und einen 190 c respektive 190 Dc. Das Foto entstand im Jahr 1961 vor dem „Goldenen Dachl", dem Wahrzeichen von Innsbruck, dessen feuervergoldete Kupferschindeln wegen des Bild-Querformats dem Anschnitt zum Opfer fielen …

DIE HECKFLOSSEN-MERCEDES IN IHRER ZEIT –
TYPOLOGIE UND HISTORIE

## Baureihe W 111
## Die 2,2-Liter-Sechszylinder-Typen:
## Mercedes-Benz 220 b, 220 Sb und 220 SEb

Sie waren die ersten Heckflossen-Mercedes, die auf den
Markt kamen: Die Sechszylinder-Typen 220 b, 220 Sb und 220 SEb
liefen ab August 1959 im Daimler-Benz-Werk Sindelfingen vom Band.
Flaggschiff war der 220 SEb mit Einspritzmotor.

ARTENKUNDE

Topmodell der W 111-Baureihe: Der Mercedes-Benz 220 SEb bot mit seinem 120 PS starken 2,2-Liter-Einspritzmotor manierliche Fahrleistungen – und mit seiner modernen Karosserie üppig bemessenen Innenraum. Gegenüber seinem weniger prestigeträchtigen kleineren Bruder (220 b) trägt er mehr Chrom, ist aber vom 220 Sb äußerlich kaum zu unterscheiden. Kenner sehen unter anderem an den Ponton-Radkappen, dass der abgebildete Wagen ein Vorserienfahrzeug ist.

Mercedes-Benz **HECKFLOSSE** 79

## DIE HECKFLOSSEN-MERCEDES IN IHRER ZEIT – TYPOLOGIE UND HISTORIE

Der praktische Grund für den Chrombesatz auf der Heckflosse: Die Bleche der Achtersteven konnten nicht in einem Stück tiefgezogen werden, sondern mussten aus zwei Teilen zusammengeschweißt werden. Das Foto aus dem Sindelfinger Karosseriewerk zeigt die Schweißpunkte an der Flosse.

Nach dem ersten offiziellen Startschuss am 13., 17. und 18. September 1956 war der 11. August 1959 eines der weiteren wichtigen Daten in der Karriere der Heckflossen-Mercedes. Nur 35 Monate, nachdem Prof. Dr. Fritz Nallinger dem Daimler-Vorstand sein Konzept für die neue Mittelklasse erläutert hatte, standen die ersten Wagen der Typen 220 b, 220 Sb und 220 SEb für die Pressevorstellung auf der Solitude-Rennstrecke vor den Toren Stuttgarts bereit. Befürchtungen, der Neue könnte in der Presse verrissen werden, brauchte niemand zu haben. Schon vor dem Termin auf der Solitude hatten einige Journalisten die Gelegenheit, die Heckflossen-Modelle zu testen. Deren Meinung dürfte sich nicht groß von der Auffassung unterschieden haben, die Dipl.-Ing. Dieter Korp im ersten ausführlichen Test des neuen Mercedes-Benz in „das Auto, Motor und Sport" vom 12. September 1959 veröffentlichte: „Man steht selten einem technischen Produkt gegenüber, bei dem so optimal verschiedene Forderungen unter einen Hut gebracht wurden, wie bei den Mercedes-Benz-Personenwagen der 2,2-Liter-Reihe. Sie sind wohlausgewogene Konstruktionen, die den Fachleuten, wo sie auch stehen mögen, höchste Bewunderung abnötigen müssen. (...) Glückwunsch den Vätern dieser Automobile."

Bezeichnenderweise beschäftigte sich die „das Auto, Motor und Sport" mit dem 220 Sb, und dem Stuttgarter Fachblatt taten es die meisten Heckflossen-Käufer gleich. Unter den Sechszylinder-Heckflossen geriet der 220 Sb rasch zum beliebtesten Auto. Von den insgesamt 296.896 Sechszylinder-Käufern der 2,2-Liter-Modelle entschieden sich gerade 69.691 für den 220, während insgesamt 161.119 Mercedes-Kunden die vornehmere 220 Sb-Limousine orderten. Der gegenüber der Basisversion 220 b um 3.450 D-Mark teurere Einspritzer brachte es, ähnlich wie der 220, auf eine Auflage von 66.086 Exemplaren. Nallinger hatte sich in seinen

Um den schlichten 220 b effektvoll in Szene zu setzen, musste eine Schlosskulisse mit erlauchter Gesellschaft herhalten. Dennoch wirkte der 220 b ohne „S" und „SE" deutlich biederer als die S-Modelle: Zwischen Scheinwerfer und Kühler schmückt ihn nur eine Zierleiste, ihm fehlen die verchromten Radzierringe und die langen Chromleisten auf den Heckflossen. Kenner sehen übrigens an dem fehlenden Chrom am Lüftungsgitter vor der Windschutzscheibe, dass es sich beim Foto-Auto der Mercedes-Benz-Presseabteilung um ein Vorserienauto handelt.

Voraussagen geirrt: Am 20. August 1959 vermutete der Chefingenieur nämlich, dass sich die Auftragslage nach Abschwächung des Neuheiten-Eindrucks weitgehend zugunsten des 220 b verschieben würde.

Obwohl die Mercedes-Kundschaft durch ihre Modellwahl sehr viel Sinn für Prestige bewies, achtete ein beträchtlicher Teil der Heckflossen-Käufer auf ein akzeptables Preis-Leistungs-Verhältnis. Immerhin betrug der Preisunterschied zwischen dem 220 b (11.500 D-Mark) und dem 15 PS stärkeren 220 Sb (13.250 D-Mark) mit 1.750 D-Mark etwa so viel wie der Unterschied vom 220 Sb zum zehn PS stärkeren 220 SEb (14.950 D-Mark). Allerdings bekamen 220 Sb-Käufer gegenüber den 220 b-Kunden ein deutliches Mehr an Prestige geliefert als die Käufer des Einspritzers 220 SEb im Vergleich zum 220 Sb.

Schon äußerlich machte der 220 Sb gegenüber dem 220 b einen gediegeneren Eindruck, während der SE vom S äußerlich nur durch die Typenbezeichnung am Heck zu unterscheiden war. Der S trug einen auffälligeren Chromschmuck als sein schlichter geratenes Schwestermodell 220 b. Auf den Heckflossen prangten längere Zierleisten als beim 220 b ohne S (das S steht für „Super", hat aber mit der Benzinqualität nichts zu tun, denn auch der 220 b verlangte nach Kraftstoff mit mindestens 98 Oktan). Der Chromschmuck an der Peilkante diente übrigens nicht nur optischen Zwecken: Der flossenförmige hintere Kotflügel konnte nicht aus einem Stück tiefgezogen werden, sondern musste am Flossenkamm zusammengeschweißt werden. Um die Schweißnaht vor dem Lackieren nicht in teurer Handarbeit versäubern und verspachteln zu müssen, sahen die Daimler-Stilisten einfach eine Chromabdeckung vor.

## DIE HECKFLOSSEN-MERCEDES IN IHRER ZEIT – TYPOLOGIE UND HISTORIE

Pariser Chic: Auch auf der Avenue des Champs-Élysées machen Dame und Heckflosse eine gute Figur. Das Bild verdeutlicht, dass der W 111 im Gegensatz zur Daimler-Einordnung als Wagen der „Mittelklasse" eindeutig der automobilen Oberklasse zuzurechnen ist.

**ARTENKUNDE**

Die Ansicht des 220 b von hinten zeigt, dass der optische Biedermann „nur" eine einfache Heckstoßstange mit integrierten Kennzeichenleuchten trägt, darüber nur kleine, tropfenförmige Heckleuchten und keine zusätzliche Chromleiste am Dachabschluss wie beim Sb und SEb – doch kann er …

… dieselbe Kofferladung transportieren wie der 220 Sb. Dessen Heck glänzt mit zweistöckiger Stoßstange, größeren, eckigen Heckleuchten und separaten (statt in die Stoßstange eingelassenen) Kennzeichenleuchten und zusätzlicher Chromleiste am Dachabschluss.

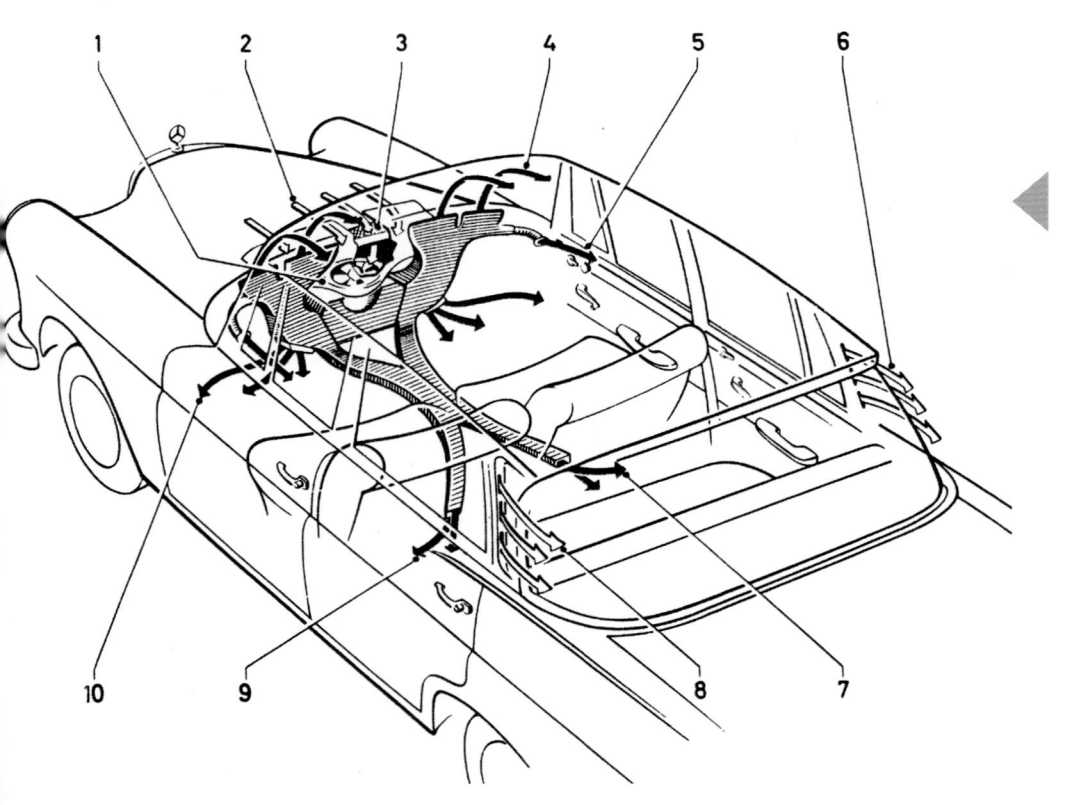

Die Zwangsbelüftung mit integrierter Heizung trug zum guten Raumklima des W 111 wesentlich bei.

1 = Gebläse;
2 = Frischlufteintritt;
3 = Staubfilter;
4/5 = Scheibenentfrostung;
6/8 = Entlüftung;
7/9 = Heizung und Lüftung im Fond;
10 = Heizung und Lüftung vorn.

Mercedes-Benz **HECKFLOSSE** 83

## DIE HECKFLOSSEN-MERCEDES IN IHRER ZEIT –
## TYPOLOGIE UND HISTORIE

Schnapsidee des Fotografen, um einen Hingucker zu fotografieren: In Wirklichkeit wäre niemand auf die Idee gekommen, das Dach des teuren 220 Sb zu besteigen und womöglich Kratzer und Dellen zu hinterlassen.

ARTENKUNDE

▲

Doppelte Chromleisten zwischen Scheinwerfern und Kühlermaske, verchromte Radzierringe, eine lange Chromleiste an der Heckflosse – der 220 Sb ist eine glänzende Erscheinung und unterscheidet sich vom 220 SEb optisch nur durch den „220 S"-Schriftzug an der linken Heckseite.

Unter dem Kofferraumdeckel trug der 220 Sb eine Chromleiste, seine Heckleuchten waren weitaus auffälliger und größer gezeichnet als die 220 b-Leuchten. Sie reichten fast bis zum Nummernschild und trugen an ihren inneren Enden sogar noch auffällig verchromte Kennzeichenbeleuchtungen. Doch damit nicht genug des Chroms am S-Hinterteil: Die hintere Stoßstange war an den Ecken doppelt ausgeführt, während die simplere Stoßstange des 220 b nur aus einem einfachen, gewölbten und verchromten Blech bestand. Und die Heckscheibe des S-Modells trug an ihrem oberen Abschluss auch noch eine zusätzliche Chromabdeckung. An weiteren äußeren Unterscheidungsmerkmalen zeigten der Sb und SEb verchromte Radzierringe und die Lufteintrittsöffnungen neben dem Kühlergrill schmückten zwei (statt einer beim 220 b) Chromleisten.

Die Vergasermotoren M 180 IV im 220 b und M 180 V im 220 Sb sind konstruktiv identisch. Sie unterscheiden sich nur durch die unterschiedliche Solex-Vergaserbestückung.

Mercedes-Benz **HECKFLOSSE** 85

## DIE HECKFLOSSEN-MERCEDES IN IHRER ZEIT – TYPOLOGIE UND HISTORIE

Der M 127 III des 220 SEb, hier ein frühes Exemplar, unterscheidet sich hauptsächlich durch die Bosch-Zweistempel-Einspritzpumpe (auf dem Bild auf der rechten Seite des Motors in der Mitte zu erkennen) von den M 180-Vergaser-Maschinen (siehe Seite 85).

Vorbereitung zum Grillfest mit einem 300 SE im Hintergrund: Wo sind die Bierkästen? Außerdem fehlt es noch an Sitzgelegenheiten. Immerhin trägt der 300 aufpreispflichtige Weißwandreifen.

Heutzutage wirkt dieser Zierrat etwas übertrieben, doch der damalige Zeitgeschmack befand den Glamour als nicht für zu auffällig. Im Vergleich zu anderen Autoherstellern hatte sich Daimler-Benz sogar zurückgehalten, und vielen Chromteilen ließ sich sogar noch eine praktische Bedeutung zumessen. Während viele andere Hersteller beispielsweise sogar Lüftungsschlitz-Attrappen aus Chrom auf ihre Schöpfungen nieteten, um Eindruck zu schinden, so fehlte es der Heckflosse an echtem Schnickschnack: Die kleinen chromverzierten Schlitze an der C-Säule beispielsweise waren, wie die Stuttgarter Zeitschrift „Motor Revue" als erwähnenswert befand, „nicht bloße Chrom-Verzierung, sondern dienen wirklich der Entlüftung."

Auf die Be- und Entlüftung des Heckflossen-Mercedes konnte Daimler-Benz stolz sein. Nachdem sich bei Probefahrten Mitte 1958 herausstellte, dass die damalige Belüftungs- und Heizungsanlage nicht den Anforderungen genügte, veranlasste Nallinger, dass das komplette System neu konstruiert wurde. Dabei kam eine aufwendige Zwangsbelüftungs-Anlage heraus, die in der Skizze auf Seite 83 detailliert dargestellt ist. 220 b, 220 Sb und 220 SEb hatten die gleiche Frischluft- und Warmluft-Zufuhr.

Die Sechszylindermotoren der W 111-Typen waren mit Grauguss-Motorblock und Leichtmetall-Zylinderblock in ihrer Grundkonstruktion identisch: Eine vierfach gelagerte Kurbelwelle, eine durch eine Duplexkette angetriebene Nockenwelle und die von Schwinghebeln (Schlepphebeln) betätigten zwei Ventile pro Zylinder zählen zu den wichtigsten Konstruktionsmerkmalen. Die wesentlichen Unterschiede bestehen in der Gemischaufbereitung. So holt der 220 Sb seine Mehrleistung von 15 PS gegenüber dem 95 PS starken 220 b in erster Linie über die beiden Solex 34 PAJTA-Register-Fallstromvergaser anstelle der beiden Solex 34 PJCB-Fallstromvergaser. Die Vergasermotoren M 180 IV im 220 b und M 180 V im 220 Sb sind konstruktiv mit Graugussblock, Leichtmetall-Zylinderkopf und -Ölwanne identisch. Sie unterscheiden sich nur durch die Vergaserbestückung.

Das Armaturenbrett eines frühen 220 Sb war mit drei Polsterteilen gestaltet und hatte keine Lautsprecher-Öffnung.

Das E beim 220 SEb steht bekanntlich für Einspritzer. Die Einspritzanlage wurde mit kleinen Änderungen (gerade Ansaugrohre statt der gekrümmten) aus dem Ponton-Vorgänger übernommen. So leistet der mit einer Bosch-Zweistempelpumpe ausgerüstete Motor 120 PS bei 4.800/min. Weitere, ausführliche technische Details sind im Kapitel „Die Technik" aufgeführt – zusammen mit vielen Illustrationen.

Doch zurück zum 11. August. Die Pressevorstellung war ein voller Erfolg für die neue Mercedes-Mittelklasse. Die Journalisten lobten einhellig den neuen Daimler. Gelinde Kritik übten sie lediglich an drei Details: Der Getriebetunnel erschien vielen Fachjournalisten zu groß, der Tacho wurde als nicht optimal ablesbar angesehen und die Lenkradschaltung erschien den Kritikern als reichlich schwergängig.

Im Vergleich dazu: Der mit einem einteiligen, umlaufenden Polsterteil ausgerüstete Instrumententräger wurde ab Januar 1961 in den W 111 eingebaut.

Das hochkant eingebaute Kombi-Instrument mit Tacho wurde vom Volksmund häufig als „Fieberthermometer" bezeichnet – einige wenige böse Zungen sprachen vom „Grabstein". Wegen seiner nicht optimalen Ablesbarkeit und seines ungewöhnlichen Erscheinungsbildes entsprach es nicht jedermanns Geschmack.

## DIE HECKFLOSSEN-MERCEDES IN IHRER ZEIT – TYPOLOGIE UND HISTORIE

Der Schwarm der stolzesten Frauen: Die neuen Heckflossen-Mercedes waren auf Anhieb so beliebt, dass die Produktion für ein Jahr schon drei Wochen nach der offiziellen Vorstellung auf der IAA 1959 ausverkauft war. Das Foto-Auto ist übrigens das Exemplar, das auch auf den Seiten 78/79 zu sehen ist.

Als Geschäftswagen und Familienlimousine gleichermaßen tauglich: Die Heckflosse eignete sich auch als komfortabler Wagen zur Ausfahrt an den Bodensee.

ARTENKUNDE

Damals herrschte am Albaufstieg der Autobahn A 8 zwischen Stuttgart und München am Drackensteiner Hang noch kein so dichtes Gedränge wie heute: Der stolze 220 SEb-Besitzer zeigt seiner Freundin den von Architekt Paul Bonatz entworfenen Drackensteiner Viadukt.

# DIE HECKFLOSSEN-MERCEDES IN IHRER ZEIT –
## TYPOLOGIE UND HISTORIE

Heile Welt: Wer sich ab 1959 eine W 111-Heckflosse leisten konnte, hatte allen Grund, stolz zu sein. Er/sie besaß eines der besten Autos der Welt – kein Wunder, dass die Dame dem Fotografen freundlich zuwinkt.

Interessantes Detail am Rande: Zwei dieser Punkte waren schon einmal Gegenstand der Kritik. Als der Daimler-Vorstand einen Prototyp des neuen 220er in Sindelfingen am 14. Januar 1959 begutachtete, fiel der große Getriebetunnel unangenehm auf und das Vertikalinstrument erschien den Daimler-Chefs nicht 100-prozentig geglückt – allerdings nicht wegen schlechter Ablesbarkeit, sondern weil es „von außen gesehen einen unharmonischen Eindruck erweckte".

Dieser Tacho, im Volksmund auch als „Fieberthermometer" bezeichnet, sollte jedoch während der ganzen Bauzeit der Heckflosse unverändert beibehalten werden. Er bot ein eindrucksvolles Farbenspiel: Bis 50 km/h zeigte eine gelbe Säule die gefahrene Geschwindigkeit an, zwischen 50 und 60 km/h wurde die Säule rot/gelb gestreift, um ab 60 km/h in roter Farbe die momentane Geschwindigkeit zu signalisieren.

## ARTENKUNDE

**Freilauf — Hydr. Kupplung — Dichtring — Trennkupplung**

■ Antrieb
□ Abtrieb

Bis 1961 konnten Heckflossen-Fahrer die aus der Ponton-Baureihe übernommene, aufpreispflichtige Hydrak (hydraulisch-automatische Daimler-Benz-Kupplung) bestellen.

Die Ausstattung der Sechszylinder ließ kaum Wünsche offen, beim 220 b jedoch musste der Unterdruck-Bremsverstärker als Sonderausstattung mit 220 D-Mark extra bezahlt werden. Und auch die Ruhesitze, beim S und SE serienmäßig, kosteten 95 D-Mark Aufpreis pro Stück.

Auch wer seinen 220er optisch dem S und SE angleichen wollte, konnte bedient werden. Die verchromten Felgenzierringe gab es im Fünferpack für 45 D-Mark ab Werk. Sicherheitsgurte bot Daimler-Benz in jenen Tagen noch nicht serienmäßig an. Sie kosteten je Sitz die stolze Summe von 120 D-Mark. Nach Umfragen des Verlages Delius, Klasing & Co. für die Buchreihe „Meine Erfahrungen mit dem Mercedes-Benz 220 S" waren es jedoch unter 3,8 Prozent der Mercedes-Fahrer, die dieses Sicherheitsutensil kauften. Offenbar war das Sicherheitsbewusstsein der Mercedes-Konstrukteure ausgeprägter als das ihrer Kundschaft. An Geldmangel wird die Zurückhaltung beim Gurtkauf sicher nicht gelegen haben, denn immerhin erübrigten 33,2 Prozent der Heckflossenfahrer 550 D-Mark für ein Stahlschiebedach.

Zu Beginn der Serienproduktion waren die 2,2-Liter-Heckflossen auf Sonderwunsch bis 1961 mit der aus dem Ponton-Mercedes stammenden Hydrak lieferbar, Aufpreis: 450 D-Mark. Ein bei Daimler-Benz entwickeltes Viergang-Planetengetriebe mit hydraulischer Kupplung kam als Komfort-Extra im August 1962 mit 1.400 D-Mark in die Sonderwunsch-Preisliste. Das Automatik-Getriebe erfüllte aber nicht die Anforderungen der Mercedes-Kunden an ruckfreies Schalten, überdies waltete es häufig zu hektisch. Allerdings: Ein leichtes Schaltrucken war bei der Planung und Konstruktion der Heckflosse durchaus erwünscht: Automatik-Fahren war in jener Zeit noch ungewöhnlich – und das leichte Ruckeln bei Schaltvorgängen sollte den Fahrern ein Gefühl dafür geben, dass die Gänge gewechselt wurden. Doch viele Automatik-Fahrer blieben misstrauisch und bevorzugten es deshalb, oft selbst den Wählhebel in die Hand zu nehmen. Außer den Änderungen an der Getriebe-Automatik erlebten die Heckflossen-Mercedes während ihrer Produktionszeit eine weitere Getriebe-Umrüstung: Der zweite Gang erhielt eine von 2,36 auf 2,28 verlängerte Übersetzung. Daneben gab es viele kleine Detailänderungen, die in die laufende Serie sukzessive einflossen. Hier ein paar Beispiele: Geänderter Vorderachskörper, andere Aufhängung des Fahrschemels, Form des Kotflügels, verbesserte Schaltgestänge-Führung, geänderte Zierleisten an den Bordkanten, Formänderungen an den vorderen Kotflügeln und neue Motorhauben- und Kofferraumhauben-Haltefedern. Heute ist es für Restaurierer deshalb schwierig, Ersatzteile für frühe W 111 aufzutreiben. Wichtigste substanzielle Änderung betraf indes die Bremsanlage: Ab dem 27. Februar 1962 wurden die 220 Sb und 220 SEb serienmäßig mit vorderen Scheibenbremsen ausgerüstet, ab August 1963 bremsten alle 2,2-Liter mit einem Zweikreis-System, und auch der 220 b erhielt zu diesem Zeitpunkt vorne Scheibenbremsen.

# DIE HECKFLOSSEN-MERCEDES IN IHRER ZEIT – TYPOLOGIE UND HISTORIE

Mercedes-Benz 220 SEb in der US-Exportausführung – kenntlich an den Sealed-Beam-Doppelscheinwerfern.

## ARTENKUNDE

Dem Protokoll einer Vorstandssitzung vom 13. März 1962 ist zwischen den Zeilen zu entnehmen, dass in der Daimler-Benz-Chefetage die Vorteile der Scheibenbremsen noch nicht in voller Tragweite wahrgenommen wurden. Dort heißt es: „Nallinger schlägt vor, daß ab Ende des Jahres 1962 alle 220er Typen mit Scheibenbremsen und ab Mitte 1963 auch die Vierzylinder-Typen mit Scheibenbremsen ausgestattet werden, um damit diesen geradezu als Mode zu bezeichnenden Trend zu den Scheibenbremsen mitzumachen."

Dabei hatte Nallinger selbst im Juli 1958 über eine Alpen-Testfahrt mit verschiedenen Heckflossen-Modellen berichtet und bemerkt, dass die Scheibenbremsen die besten Ergebnisse bezüglich Weichheit und spurgenauer Bremsung erbrachten. Uhlenhaut schlug in dieselbe Kerbe: „Die Ergebnisse der Scheibenbremsen werden von keiner anderen Bremsart erreicht." Uhlenhaut war der Ansicht, dass die für den W 110 vorgesehene Bremse des damaligen Typs 180 den zu stellenden Anforderungen nicht genügt.

Doch erst bei der Vorstandssitzung am 30. Juni 1960 wurden konkrete Beschlüsse in Sachen Scheibenbremse und Einbau-Termine für die Serienproduktion gefasst. Stand der Dinge war seinerzeit, dass als wahrscheinlicher Zulieferer die englische Firma Girling infrage käme, bis eine Lizenzfertigung in Deutschland anlaufen könne.

Am 29. März 1961 hob der Vorstand aus finanziellen Erwägungen und aus produktionstechnischen Gründen die Terminpläne für den Scheibenbremsen-Einbau wieder auf. Doch um auf dem Stand der Technik zu bleiben, konnte auch Daimler-Benz nicht an den Scheibenbremsen vorbei. „Nachdem je-doch immer mehr Kunden Scheibenbremsen für diese Modelle verlangen, wird man sich diesen Wünschen nicht entziehen können", heißt es im Vorstandsprotokoll vom 5. September 1961. „Nallinger schlägt daher vor, daß diese nur unwesentlich teureren Scheibenbremsen an den Modellen 220 S und 220 SE, sobald es die Beschaffung der nötigen Zukaufteile ermöglicht, angeboten werden." Ab März 1962, so Vorstand Otto Jacob, sei dies möglich. Jacob hielt sich an den Terminplan, und nach und nach erhielten die Heckflossen-Mercedes Scheibenbremsen an der Vorderachse.

Das Geschäft mit den modernen Mittelklasse-Mercedes lief prächtig. Schon drei Wochen nach Erscheinen der 2,2-Liter-Modelle bei der IAA 1959 in Frankfurt war die komplette Produktion bis Ende 1960 nahezu ausverkauft. Im Jahr 1961 erreichte die Heckflossen-Produktion ihren Rekord. Genau 32.238 Exemplare des 220 Sb verließen die Sindelfinger Endmontage, vom 220 b waren es immerhin 14.842 Stück und der Einspritzer brachte es in jenem Jahr auf 10.761 Exemplare.

Doch auch nach diesem Rekordjahr verkaufte sich der Heckflossen-Mercedes dank seiner modernen – aber nicht modischen – Karosserie und wegen seiner ausgeklügelten und ausgereiften Technik noch sehr gut, ohne Einbrüche. Bis einschließlich 1964 sank die Produktionszahl des 220 nie unter 10.000 Exemplare pro Jahr, der 220 Sb kam nicht unter 26.000 Einheiten und der 220 SEb erlebte 1964 mit 14.336 Stück sein Rekordjahr. 1965 fielen die Produktionszahlen teilweise um mehr als 50 Prozent – kein Wunder: Der Nachfolger in Form des 250 S, 250 SE, 300 SE (W 108) und 300 SEL (W 109) stand vor der Tür. Er war im Prinzip ein um die Scheinwerfer herum neu entworfener 220 Sb mit dessen verbesserter Technik, größerem Motor, kleinerem Kofferraum, geringerer Kopfhöhe und mit abgeschliffenen Heckflossen.

▶ Die 220 Sb- und 220 SEb-Modelle erhielten ab 1962 serienmäßig vordere Scheibenbremsen, der 220 b musste bis August 1963 warten.

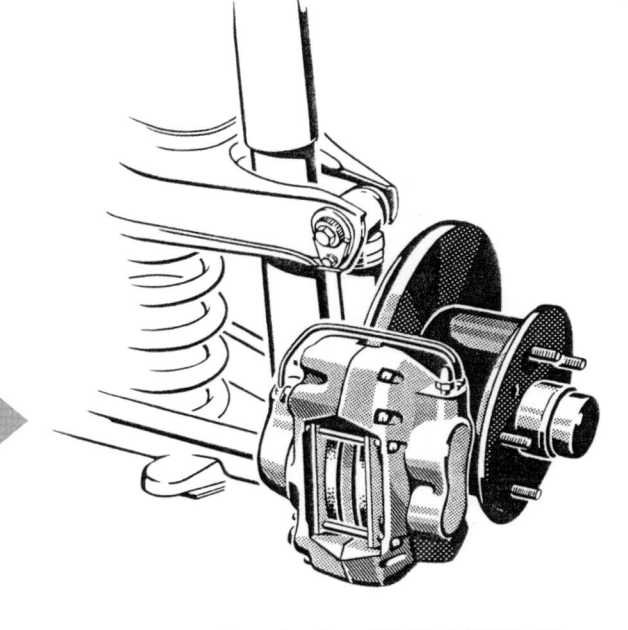

Mercedes-Benz **HECKFLOSSE** 93

DIE HECKFLOSSEN-MERCEDES IN IHRER ZEIT –
TYPOLOGIE UND HISTORIE

## Baureihe W 110
## Die Vierzylinder-Typen Mercedes-Benz 190 c, 190 Dc, 200 und 200 Db

Geschmackssache: Obwohl sie mit ihrer kurzen Frontpartie nicht so wohlproportioniert wirken wie die langschnäuzigen Sechszylinder-Modelle, avancierten die kleinen Mercedes-Heckflossen der Typen 190 c, 190 Dc, 200, 200 D zu Publikumslieblingen. Einfache Rundscheinwerfer an der Front und die fehlende Chromverzierung der Entlüftung an der C-Säule lassen ihn deutlich schlichter erscheinen als die W 111er-Heckflossen.

ARTENKUNDE

Im April 1961 kamen die Vierzylinder-Varianten des Heckflossen-Mercedes unter den Bezeichnungen 190 c – für die Benzin-Version – und 190 Dc – für die Diesel-Variante – auf den Markt. Im Juli 1965 wurden sie von den bis Februar 1968 gebauten 200 und 200 D abgelöst. Die „kleinen Flossen" der Baureihe W 110 erwiesen sich als Verkaufs- und Kassenschlager: Vom Benziner produzierte Daimler-Benz knapp über 200.000 Exemplare, vom Diesel gar knapp 390.000 Einheiten

Mercedes-Benz **HECKFLOSSE**

## DIE HECKFLOSSEN-MERCEDES IN IHRER ZEIT – TYPOLOGIE UND HISTORIE

„Durch die Vierzylinderausführung erfolgt keinerlei Herabminderung der jetzigen Mittelklasse-Fahrzeuge", betonte Professor Nallinger in einer Vorstandsrunde am 13. April 1960. „Die Unterscheidung zur Mittelklasse und zum geplanten 300 SE W 112 ist rein optisch genügend groß, um auch diese Kundschaft nicht zu verärgern." Einheitskarosserie hin und her: Der neue Mercedes Heckflossen-Vierzylinder sollte optisch deutlich machen, dass er in der Heckflossen-Hierarchie (auch preislich) deutlich unter den Sechszylindern liegt. Er sollte zum Auto für den kostenbewussten Mercedes-Kunden werden, der auf ein günstiges Preis-Leistungs-Verhältnis achtet.
Das gelang.

Bei der IAA 1961 feierten die Vierzylinder-Mercedes als 190 c mit Vierzylinder-Benzinmotor und als 190 Dc mit Vierzylinder-Diesel Premiere. Und schon im ersten Fahrbericht schrieb „auto motor und sport" in Heft 18/1961: „Wir trauen ihm zu, daß er ein ‚Schlager' wird."
Er wurde.

Mit dem 190 c erhielten Mercedes-Kunden einen Wagen, der die geräumige Karosserie der Heckflossen-Sechszylinder bot (mit um rund 145 Millimeter verkürztem Vorbau), der mit der Ausstattung des 220 b überzeugte und der mit einem Preis von 9.950 D-Mark als letzter Mercedes für unter 10.000 D-Mark in die Geschichte eingehen sollte.
Er begeisterte.

Nallinger hatte nicht untertrieben: Von den Sechszylindern war der Vierzylinder auf den ersten Blick zu unterscheiden. Neben den runden Scheinwerfern anstelle der hohen „Kirchenfenster"-Leuchten der Sechszylinder-Modelle fiel auch die Verkürzung des Vorderwagens gehörig auf. Mit dem verringerten vorderen Überhang (beim W 110 ca. 100 mm) und dem unverändert belassenen Heckteil (Überhang rund ein Meter) wirkten seine Schnauze indes unproportioniert kurz und das Hinterteil zu schwer. „Die äußere Harmonie ist durch den auffälligen Unterschied zwischen kurzem vorderen und langem hinteren Überhang keinesfalls glücklicher", so jedenfalls „auto motor und sport" im ausführlichen Test des 190 c-Benziners in Heft 22/1961, und: „So müssen sich die Herren Mercedes-Verkäufer darauf einstellen, ihre Kauf-Interessenten, je nachdem, ob ihnen der 190 nicht kompakt oder nicht repräsentativ genug ist, an den vorderen oder hinteren Teil des Wagens zu führen."

Maßstab: Der kleine W 110-Vierzylinder hat eine um gut zehn Zentimeter kürzere Motorhaube als der W 111 (links im Bild) – die Heckpartien sind identisch.

## ARTENKUNDE

Auf den ersten Blick – selbst auf dem Campingplatz – zu erkennen: Der kleine Vierzylinder W 110 wirkt mit seinen Rundscheinwerfern zierlicher und weniger repräsentativ als der Sechszylinder W 111.

Bei einem solchen Rundgang ums Auto konnten die Mercedes-Käufer die optischen Unterscheidungsmerkmale zum Sechszylinder in Ruhe betrachten. Die markantesten Differenzen registrierten sie im Gesicht des kleinen Mittelklasse-Mercedes: Runde Scheinwerfer anstelle der länglichen Hochkant-Leuchten machten die Front des Einsteigermodells zum optischen Kahlschlag. Nicht einmal Blinkleuchten schmückten die Front mit dem eindrucksvollen Kühler: Die Blinker waren nach hinten auf die vorderen Kotflügel gewandert.

Bei der Fortsetzung des Rundgangs fiel informierten Kaufinteressenten die fehlende, chromverzierte Öffnung der Zwangsentlüftung an der C-Säule auf, ansonsten glich das Heck mit der Einfach-Stoßstange und den an der Oberkante elliptisch geformten Heckleuchten dem des Einsteiger-Sechszylinders 220 b. Auch die Innenausstattung entsprach bis auf wenige Details, wie beispielsweise den Scheibenwischer mit nur einer statt zwei Geschwindigkeitsstufen, der des 1.550 D-Mark teureren 220.

Sogar der Vierzylinder-Benzin-Motor mit 80 PS erinnerte in einer Hinsicht an den 2,2-Liter mit zwei zusätzlichen Zylindern: Er lief – gemessen am Stand der Technik zu Beginn der 60er-Jahre – so ruhig, dass „auto motor und sport" bemerkte: „Erstaunlich ist das unerwartet leise Motorgeräusch", und die Frage stellte, ob der 190 c nicht selbst dann dem 220 b vorzuziehen sei, „wenn es für einen Sechszylinder [finanziell, d. Verf.] reichen würde". Offensichtlich beantwortete ein beträchtlicher Teil potentieller Mercedes 220 b-Kunden diese Frage mit ihrer Unterschrift unter den Kaufvertrag eines Vierzylinders: Während es der 220 b im Jahr 1961 noch auf knapp 15.000 Einheiten brachte, fiel seine Produktion im ersten vollen Produktionsjahr des 190 c, 1962, auf 11.618 Stück und ein Jahr darauf auf 10.492 Exemplare. Der Diesel unterschied sich äußerlich nicht vom Benzin-190 c, lediglich der Buchstabe D im Typenschild auf dem Kofferraum deutete auf den Ölbrenner im Motorraum hin. Sein Einstandspreis lag mit 11.450 D-Mark 500 D-Mark über dem des Benziners.

Mercedes-Benz **HECKFLOSSE** 97

# DIE HECKFLOSSEN-MERCEDES IN IHRER ZEIT – TYPOLOGIE UND HISTORIE

▲

Ein typisches Bild aus den frühen 1960er-Jahren: Voll beladen, manchmal überladen, und mit dem Wohnwagen im Schlepp geht's mit der „kleinen Flosse" in den Urlaub. Die Nebelscheinwerfer waren damals auf Wunsch und gegen Aufpreis lieferbar.

Zum Verständnis der Preisgestaltung für die Vierzylinder lohnt ein kurzer Ausflug in die Zeit vor 1961. Die Vorstandsprotokolle erhellen die damalige Preispolitik: Am 22. November 1960 erklärte Verkaufs-Vorstand Dr. Rolf Staelin, dass der W 110 in der Dieselvariante rund 10.500 D-Mark kosten müsse, in der Benzin-Version 10.000 D-Mark. Staelin stellte folgenden Antrag: „Um einerseits in der Preisklasse der bisherigen Typen weiter zu bleiben, andererseits aber auch um die Vertragsvoraussetzungen der Lieferverträge erfüllen zu können, sollte für eine Übergangszeit, deren Dauer durch das Verkaufsgeschäft selbst zu bestimmen ist, ein bisheriger Vierzylindertyp erhalten bleiben." Das war der Ponton 180, der als 180 c und als Ponton 180 Dc noch bis Oktober 1962 zu Preisen von 9.350 (180 c) und 9.850 D-Mark (180 Dc) parallel zum Heckflossen-190 c weitergebaut wurden. „Dadurch", so Staelin, „wird das Übergangsrisiko vermindert und dokumentiert, daß DB nach wie vor in der Preisklasse unter DM 10.000 ein Fahrzeug anzubieten hat. Dieses Fahrzeug sollte dann der 180er sein, denn die Kundschaft der 190er-Typen sei wahrscheinlich eher bereit, den Mehrpreis für den W 110 zu bezahlen."

# ARTENKUNDE

Die 10.000 D-Mark-Grenze war seinerzeit die Schallmauer, deren Knall beim Durchbrechen der Daimler-Vorstand fürchtete. So ist auch der Preis von 9.950 D-Mark des Einstiegsmodells 190 c zu verstehen, der offensichtlich an dieser Mauer orientiert war. Und noch etwas spricht dafür, dass die Preisgestaltung marktpolitische Gründe hatte: Schon im April 1962 erhöhte Daimler-Benz den Einstandspreis auf 10.600 D-Mark – übrigens die einzige Preisanhebung des 190 c bis zu seinem Produktionsende 1965. Auch der Diesel wurde teurer: Wie beim Benziner betrug seine Preissteigerung 650 D-Mark. Sie war ebenso bis 1965 gültig.

Neben dem verkürzten Vorderwagen fallen bei der Vierzylinder-Heckflosse zuerst die runden Scheinwerfer auf. Wegen der großen kahlen Blechfläche zwischen den Leuchten und der Stoßstange wirkte das Gesicht des 190ers bemerkenswert nackt.

Auch die Heckpartie ist spartanisch gestaltet: Die kleinen Rückleuchten stammen vom 220 b, ebenso die hintere Stoßstange. Die Heckflossen tragen den gleichen sparsamen Chromschmuck wie der 220 b, und die C-Säule hat nicht die charakteristischen verchromten Entlüftungsschlitze. Die Innenausstattung entspricht weitgehend der des 220 b.

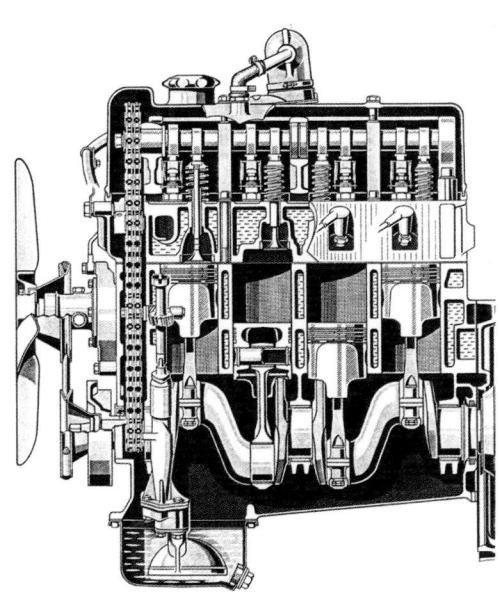

Der 1,9-Liter-Vierzylinder des 190 c mit drei Kurbelwellenlagern galt seinerzeit als besonders laufruhiges Aggregat.

**Mercedes-Benz HECKFLOSSE**

## DIE HECKFLOSSEN-MERCEDES IN IHRER ZEIT – TYPOLOGIE UND HISTORIE

Mit den kombinierten Nebellampen/ Blinkleuchten unter den Hauptscheinwerfern wirkt das Gesicht des Mercedes-Benz 200 der Baureihe W 110 deutlich attraktiver und repräsentativer.

Auf technischem Gebiet erfuhr der 190 c nur eine gravierende Änderung – zumindest was den serienmäßigen Lieferumfang betrifft. Ab August 1962 erhielt auch der Vierzylinder serienmäßig vordere Scheibenbremsen (Girling), kombiniert mit einer Unterdruck-Bremshilfe. Auf Sonderwunsch und gegen Aufpreis konnten 190er-Kunden ihre Autos schon früher mit technischen Raffinessen aufrüsten: Seit August 1962 war die DB-Viergang-Automatik im Ausstattungsprogramm für den Benziner 190 c enthalten (für den Diesel ein Jahr später), ab April/Mai 1964 war eine im Vergleich mit der normalen Lenkung direkter ausgelegte Servolenkung im Programm, und ab März 1965 konnte eine Zusatz-Luftfeder (auch für die Sechszylinder) geordert werden, die mit Pressluft von der Tankstelle als Niveauregulierung funktionierte. Diese Niveauregulierung (Preis: 225 D-Mark) konnte allerdings nur nachträglich eingebaut werden, Zeitaufwand etwa zwei bis drei Stunden.

Wie weit das Sicherheitsbewusstsein der Mercedes-Kunden in den zwei Jahren seit der Vorstellung der 2,2-Liter W 111-Baureihe bis zur Vorstellung der Vierzylindermodelle gestiegen war, zeigt ein Blick auf die prozentuale Verteilung aufpreispflichtiger Extras: Sicherheitsgurte, bei der Sechszylinder-Heckflosse nur in weniger als vier Prozent Bestandteil des Kaufvertrages, lagen bei den Vierzylinder-Käufern mit immerhin 30,9 Prozent auf Platz elf der geordeten Sonderausstattungen (Platz eins nahmen übrigens – ebenso wie beim Sechszylinder – Fußmatten mit einem Anteil von über 70 Prozent ein).

100 Mercedes-Benz **HECKFLOSSE**

ARTENKUNDE

# DIE HECKFLOSSEN-MERCEDES IN IHRER ZEIT – TYPOLOGIE UND HISTORIE

In Sachen Ausstattung konnte es der 190 c (hier das Armaturenbrett des 190 Dc) mit dem 220 b durchaus aufnehmen. Viele Kaufinteressenten entschieden sich folglich für den 190er: Im ersten Produktionsjahr des W 110 fiel die 220 b-Produktion von rund 15.000 Einheiten auf etwa 11.600 Stück.

Keine drei Jahre produzierte Daimler-Benz den 190 c, da zogen dunkle Wolken über dem Einsteiger-Mercedes auf. Professor Nallinger brachte am 14. April 1964 bei einer Vorstandssitzung die Sache auf den Punkt: „Zur Zeit sind einige preislich billigere Konkurrenzprodukte in punkto Beschleunigung und Höchstgeschwindigkeit unseren 190er Typen überlegen. Wir müssen also unsere Vierzylinder-Typen schon aus diesem Grund verbessern." Nallinger schlug vor, das Hubvolumen sowohl beim Diesel als auch beim Benziner auf 2,2 Liter anzuheben und die Kurbelwellen jeweils fünffach zu lagern. Besonders beim Diesel, so Nallinger, mache sich der größere bauliche Aufwand durch eine verbesserte Laufruhe bemerkbar. Die Vorstandssitzung endete mit dem Ergebnis, dass (unter anderem) der Beschluss gefasst wurde, zum Neuheiten-Termin 1965 sowohl für den Benzin- als auch für den Diesel-Vierzylinder neue 2,2-Liter-Motoren zu bringen.

Diese 2,2-Liter-Maschinen hatten jedoch nur eine kurze Karriere: Keine Woche später, am 20. April 1964, beschloss der Daimler-Vorstand in einstündiger Sitzung, „in Abänderung der Entschließung vom 14.4.1965 für unsere Vierzylinder-Diesel- und Benzin-Fahrzeuge einen 5-fach gelagerten 2,0 Liter-Motor zum Neuheiten-Termin 1965 zu bringen und die Vergrößerung des Hubvolumens auf 2,2 Liter jetzt nicht vorzunehmen." Die Gründe? Mangelnde Investitionsmittel waren es nicht – neben dem nicht erfüllbaren Termin für die Entwicklung sprachen vor allen Dingen Verkaufsargumente dagegen. Durch die Hubraumvergrößerung auf 2,2 Liter und entsprechende Leistungssteigerung wären die Kosten für Verbrauch, Steuern und Versicherung gestiegen, bei der preissensiblen 190er-Kundschaft ein Argument gegen den Kauf.

Nachdem die grundsätzliche technische Marschrichtung feststand, ging es kurz vor Präsentation der 190er-Nachfolger, am 23. Juni 1965, wieder ums Geld. Verkaufs-Vorstand Staelin schlug vor, dass „der Preis für den 190 c-Nachfolger, das Modell 200, absichtlich unter 11.000 D-Mark gehalten wird. Der Preisvorschlag von 10.800 Mark bringt allerdings eine Schmälerung gegenüber dem bisherigen Gewinn um 126 Mark." Im Mitschrieb dieser Sitzung heißt es dann: „Die Herren des Vorstandes schließen sich jedoch dem Preisvorschlag von Staelin unter Berücksichtigung der Konkurrenzsituation vollinhaltlich an."

In diesem Zusammenhang ist ein kurzer Exkurs in bisher noch nirgends veröffentlichte Kalkulations-Unterlagen der Daimler-Benz AG interessant. Eine Aufstellung vom 10. Juni 1965 zeigt, unter Berücksichtigung der dreiprozentigen Lohnerhöhung zum 1. Juli 1965, die Gewinnspannen pro Auto. So

## ARTENKUNDE

Die 1965 als 190 c- und 190 Dc-Nachfolger präsentierten 200 und 200 D sahen nicht mehr so kahl aus: Unter den Scheinwerfern ließen mit Parkleuchten kombinierte Nebel- und Blinkleuchten das Gesicht etwas voller erscheinen. Der Lufteinlass vor der Windschutzscheibe erhielt ein Chromgitter. Die C-Säule zierte fortan eine verchromte Entlüftungsöffnung.

Durch die nunmehr eckigen Rückleuchten-Einheiten wirkte das Heck nicht mehr so leer wie das des 190 c. Die Heckflossen tragen beim 200 und beim 200 D keine Chrom-Kronen mehr. Bei dem abgebildeten Foto-Modell handelt es sich um die seltene Automatik-Version.

brachte der 190 Dc einen Gewinn von 791 D-Mark pro verkauftem Auto, der 190 c erwirtschaftete dem Unternehmen pro Stück 1.025 D-Mark. Bei den Sechszylindern ergab sich folgende Verteilung: Der 220 b lag im Verkaufspreis 1.497 D-Mark über dem Herstellungspreis, beim 220 Sb betrug die Summe 2.125 D-Mark, beim 220 SEb waren es 2.424 D-Mark und der 23.100 D-Mark teure 300 SE fuhr pro Stück lediglich 759 D-Mark in die Daimler-Kassen. Doch zurück zu den Vierzylindern: Der neue 200 D war im Juni 1965 mit einem Bruttopreis von 11.300 D-Mark und einen Gewinn von 877 D-Mark kalkuliert, für den 200er lauteten die entsprechenden Werte 10.800 D-Mark und 899 D-Mark.

Es kam aber anders. Als die neuen 200er bei der IAA dem Publikum präsentiert wurden, lagen ihre Preise mit 11.000 und 11.500 D-Mark jeweils 200 D-Mark über der Juni-Kalkulation. Die Gründe dafür sind in den Vorstandsprotokollen nicht weiter ausgeführt.

Neben den erwähnten fünf Kurbelwellenlagern und einer um zwei Millimeter gegenüber dem 190er vergrößerten Bohrung erhielt der 200-Benziner eine geänderte Vergaserbestückung: Anstelle des einen Solex-Fallstromvergasers 34 PJCB versorgten beim 200er zwei Solex 38 PDSJ-Fallstromvergaser die vier Zylinder besser mit zündfähigem Gemisch. Im Zusammenspiel mit einer geänderten Nockenwelle und der auf 9,0 angehobenen Verdichtung brachte der Zweiliter nunmehr 95 PS und machte den kleinen Heckflossen-Mercedes spürbar spritziger.

**DIE HECKFLOSSEN-MERCEDES IN IHRER ZEIT –
TYPOLOGIE UND HISTORIE**

ARTENKUNDE

Die fünffach gelagerte Kurbelwelle steigerte den ruhigen Motorlauf des Vierzylinders noch einmal, doch gegenüber dem 190er lag das Drehzahlniveau insgesamt höher. Die Nennleistung fiel bei 5.200/min an, lag also um 200/min höher als beim 1,9-Liter. Noch deutlicher wird der Unterschied beim maximalen Drehmoment: Während der 190 c seine 14,5 mkg bei 2.500/min lieferte, brauchte der Zweiliter 1.100/min mehr, um auf einen Wert von 15,7 mkg zu kommen.

An der Diesel-Zapfsäule war der 190 Dc ein eher seltener Gast: Mit einem Verbrauch von sieben bis neun Litern pro 100 Kilometer des öligen Energieträgers bei Überlandfahrten zählte er in den frühen 1960er-Jahren zu den besonders sparsamen Automobilen.

◀ Auch mit dem Mercedes-Benz 200er Benziner war man wer: Mit 95 PS und einer Höchstgeschwindigkeit von rund 160 km/h erreichte man rasch den Badesee und machte mit dem adretten Äußeren auch noch einen guten Eindruck.

Mercedes-Benz HECKFLOSSE 105

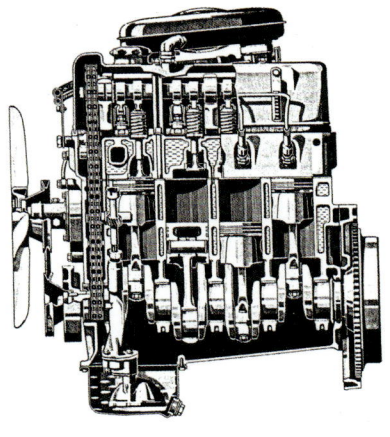

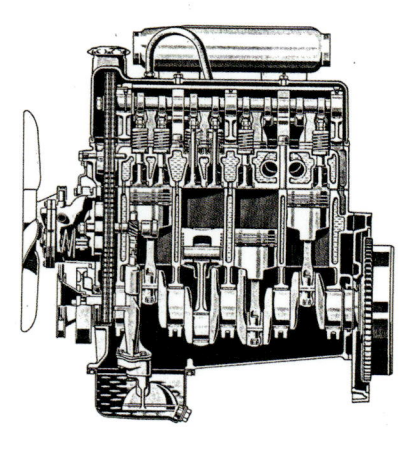

## DIE HECKFLOSSEN-MERCEDES IN IHRER ZEIT – TYPOLOGIE UND HISTORIE

Fahren Sie doch heutzutage mal – wie dieser Mercedes-Benz 200 W 110 anno 1965 – in die Allee zum Schloss Solitude bei Stuttgart. Die Bäume sind riesig geworden, aber es laufen immer noch Pferde auf den Weiden …

Kernstück des 190 c-Nachfolgers 200 war sein nunmehr mit fünffach gelagerter Kurbelwelle ausgerüsteter Vierzylinder-Vergasermotor des Typs M 121 B X1 mit 1.998 cm$^3$ Hubraum anstelle der 1.897 cm$^3$ des Vorgängers M 121 B V (Bild links). Das rechte Bild zeigt den Nachfolger des OM 621 II aus dem 190 Dc, den OM 621 VIII im 200 D. Bereits im 190 Dc hatte er einen Hubraum von 1.998 cm$^3$.

Äußerlich unterschied sich der neue 200 durch einige Karosserie-Retuschen von seinem Vorgänger: Unter den runden Scheinwerfern verdeckten mit Blinker und Parkleuchten kombinierte Nebellampen die große, kahle Blechfläche. Der Rückspiegel wanderte auf die Fahrertür; so konnte er von innen verstellt werden. An der C-Säule erhielt der 200 eine – natürlich verchromte – Entlüftungsöffnung, wie der Sechszylinder. Die gleichen Karosserie-Änderungen erfuhr der 200er Diesel. Dagegen tat sich in seinem Motor nicht sehr viel. Die beiden gravierenden Änderungen betrafen – analog zum Benziner – die Fünffach-Lagerung der Kurbelwelle und die Verwendung einer neuen Nockenwelle.

Wie im Kapitel „Drucksache – der Heckflossen-Mercedes in der Presse" ausführlich geschildert wird, erfreuten sich die kleinen Mercedes eines denkbar guten Rufs. Ihre Beliebtheit drückte sich aber besser messbar in den Verkaufszahlen aus. So produzierte Daimler-Benz von April 1961 bis August 1965 immerhin 130.554 Exemplare des 190 c, die Diesel-Variante brachte es von Juli 1961 bis August 1965 auf 225.645 Stück. Der von Juli 1965 bis Februar 1968 gebaute 200er verkaufte sich in der Benzin-Variante 70.207 Mal, der 200-Diesel erfreute 161.618 Käufer mit seinem dezent nagelnden Motorgeräusch. Diese Zahlen belegen, dass die kleinen Heckflossen-Mercedes bis dato die beliebtesten Daimler-Benz-Fahrzeuge in der Geschichte der Firma mit dem Stern waren. Und in der Beliebtheitsskala liefen die insgesamt harmonischeren 200 und 200 D dem 190er den Rang ab: Die durchschnittliche Monatsproduktion des 190 c betrug 2.463,3 Exemplare, die des 190 Dc 4.512,9 Einheiten. Der 200 lag mit monatlich 2.193,9 Stück (Benziner) und 5.387,3 Diesel-Einheiten pro Monat in der Benzin-Variante knapp unter dem 190er und in der Diesel-Kategorie deutlich darüber.

▲

Einer der Gründe für die Beliebtheit des 200 und vor allem der Diesel-Version 200 D (Bild) war der angenehm gestaltete Innenraum, der auch ohne viele Sonderausstattungen kommodes und entspanntes Fahren ermöglichte – und viel mehr als 130 km/h waren ohnehin nicht drin. Da genügte der bis 160 km/h anzeigende Tacho …

DIE HECKFLOSSEN-MERCEDES IN IHRER ZEIT –
TYPOLOGIE UND HISTORIE

## Baureihe W 110
## Der 2,3-Liter-Sechszylinder in der W 110-Karosserie: Mercedes-Benz 230

Rund zweieinhalb Jahre währte die Karriere des Mercedes-Benz 230. Der Wagen, der eigentlich nur als Übergangslösung gedacht war, brachte es von 1965 bis 1968 auf beachtliche 40.258 produzierte Exemplare und fuhr für Daimler-Benz ordentliche Gewinne ein.

ARTENKUNDE

Äußerlich war der Mercedes-Benz 230 – bis auf das Typenschild auf der linken Seite des Kofferraumdeckels – nicht vom den schwächeren 200er-Modellen zu unterscheiden. Doch mit 105 PS statt deren 95 im parallel weitergebauten 200-Benziner brachte er seine Passagiere schneller in die Sommerfrische.

## DIE HECKFLOSSEN-MERCEDES IN IHRER ZEIT – TYPOLOGIE UND HISTORIE

Wäre das „MB 230"-Kennzeichen nicht an der Wagenfront angebracht, könnte der hier gezeigte W 110 gut als 200 oder 200 D durchgehen. Zum Zeitpunkt der Foto-Aufnahme gab es noch kein Photoshop und die Bildretusche war eine mühsame Arbeit: Da es ein identisches Fotos desselben Autos als Typ 200 gibt, liegt der Verdacht nahe, dass der Fotograf nur das Nummernschild getauscht hat.

Mit dem 230 führte die Daimler-Benz AG bei der Internationalen Automobil-Ausstellung 1965 die Behauptung ad absurdum, die 220 b, 220 Sb und 220 SEb hätten wegen des Sechszylinders eine längere Schnauze als die Vierzylinder W 110. Denn der Sechszylinder-Reihenmotor aus der 2,2-Liter-Baureihe passte – mit einigen Karosserie-Änderungen – unter die kurze Haube der Vierzylinder-Aufbauten. Wenngleich auch nur knapp: Damit der Kühler noch unter die Frontmaske passte, erhielten die Motorlager neue Stützarme, die für einen niedrigen Sitz der Maschine sorgten und den Motor etwas weiter nach hinten verlagerten.

Das Baukastenprinzip setzte sich seinerzeit immer stärker im Automobilbau durch – deshalb war es nicht verwunderlich, dass Daimler-Benz auch in der kleinen Karosserie einen Sechszylinder anbot. So handelte es sich bei dem im kleinen Mercedes angebotenen Sechser um eine um zwei Millimeter aufgebohrte Variante des 2,2-Liter, die es auf 2.306 cm$^3$ Hubraum brachte.

Äußerlich war der 230 nur durch eine kleine Änderung von seinem zehn PS schwächeren Bruder 200 zu unterscheiden: Lediglich die Aufschrift „230" auf dem Kofferraumdeckel deutete auf den größeren Motor hin. Und in der Innenausstattung unterschied ihn nur die zusätzliche umklappbare Mittelarmlehne im Fond vom 200er. Mit einem Preis von 11.700 D-Mark lag der kleine Sechszylinder 900 D-Mark über dem 200er und nur 460 D-Mark über dem 220 b. In Sachen Fahrleistungen rangierte er aber deutlich über dem 220, jedoch nur unwesentlich unter dem luxuriöseren 220 Sb. „Der Sechszylinder entspricht im Charakter völlig dem Motor des 220 S, auch die von uns gemessenen Fahrleistungen lagen auf der Ebene dieses Typs, obwohl die nominelle Leistung fünf PS niedriger ist", schrieb „auto motor und sport" im Testbericht über die neuen Mercedes-Benz 200, 230 und 230 S.

## ARTENKUNDE

Rund zweieinhalb Jahre währte die Karriere des 230. Ab August 1966 erhielt er die Maschine des 230 S mit 120 PS, die ihm zu einer gegenüber der 105-PS-Version um rund 13 auf 180 km/h gesteigerten Höchstgeschwindigkeit verhalf. Nachdem der Preis für den 230 schon im April 1966 auf 11.950 D-Mark angehoben wurde, verlangte der Daimler-Verkauf für die deutlich spritzigere 120-PS-Version keinen Nachschlag mehr. Schließlich war der Nachfolger der Heckflossen-Mittelklasse, der 250/300 der W 108-Baureihe, schon seit 1965 auf dem Markt.

Die Rolle des W 111-Nachfolgers W 108 bei der Entstehung des 230 ist ohnehin sehr interessant. Der Neue sorgte nämlich indirekt für die Schaffung des 230. Und das kam so: Dr. Wilhelm Langheck, Produktionsvorstand und zuständig für das Werk Sindelfingen, sah Anfang April 1964 große Schwierigkeiten, die Produktion des W 108 rechtzeitig zum Vorstellungstermin (IAA 1965) anlaufen zu lassen. „Zwischen Formentscheidung und Serienanlauf lag bisher immer ein Zeitraum von 24 Monaten", so Langheck. Beim neuen Wagen gab es jedoch eine Verzögerung bei der Entwicklung, sodass dieser Zeitraum schrumpfte. Langheck: „Der Anlauf des W 108 muß daher von der Produktion aus gesehen ganz flach erfolgen. Dadurch entsteht gerade zum Zeitpunkt der zu erwartenden besonders intensiven Nachfrage eine Lieferenge."

Und ein weiterer, für Arbeitgeber immer ärgerlicher Umstand, sorgte für erwartete Engpässe: Ab 1. Juli 1965 sollte die 40-Stunden-Woche eingeführt werden. Für Daimler-Benz bedeutete diese Arbeitszeitverkürzung um 75 Minuten in der Woche eine monatliche Produktionseinschränkung von 435 Personenwagen. Langhecks Vorschlag bestand darin, neben dem W 108 eine Zeit lang noch den W 111/2 und/ oder den W 111/3 laufen zu lassen.

Nur durch den „230"-Schriftzug ist der Sechszylinder-W 110 äußerlich als ein solcher zu identifizieren.

Einen weiteren Vorschlag machte Professor Dr. Hans Scherenberg, seit 1955 im Daimler-Vorstand: Er stellte zur Debatte, die W 110-Vierzylinder-Baureihe durch ein W 110-Modell mit Sechszylindermotor (220er-Motor) aufzuwerten. „Eine Vierzylinder-Typenreihe durch einen Sechszylindermotor im oberen Bereich zu ergänzen, wird immer als erfreuliche Bereicherung des Programms und nicht als Notlösung empfunden", meinte Scherenberg und führte als Beispiel den Opel Rekord mit Kapitän-Motor an. An jenem Tag, es war der 7. April 1964, waren die Meinungen über den Scherenberg-Vorschlag noch geteilt.

Eine Woche später sammelte Scherenberg jedoch eine Pro-Sechszylinder-Fraktion hinter sich: Langheck beispielsweise sah es als „auf jeden Fall notwendig an", die durch das Erscheinen des W 108 unwillkürlich etwas abgewerteten W 110 wieder aufzuwerten. Durch den Einbau eines Sechszylindermotors im W 110 wäre das auch seiner Meinung nach möglich. „Wir deklarieren dadurch unseren W 110 auch zum nach wie vor bleibenden Typ."

# DIE HECKFLOSSEN-MERCEDES IN IHRER ZEIT –
## TYPOLOGIE UND HISTORIE

**ARTENKUNDE**

▸ Da die Produktion des W 111-Nachfolgers W 108 (vorne links im Bild) wegen der kurzen Vorbereitungsphase nur sehr schleppend anlief, wurden mehr als zwei Jahre lang der 230 W 110 und der 250 S, 250 SE und 300 SE der 108er-Modellreihe sowie der 300 SEL (W 109) parallel gebaut. Gleichzeitig lief in Sindelfingen auch die Fertigung der 200er-Modelle der W 110-Baureihe.

Auch die Weiterproduktion des W 111 wurde nach Serienanlauf seines Nachfolgers als wichtig angesehen. „Wenn wir den W 111/2 weiterhin im Programm haben, werden vielleicht nicht alle 220-Kunden von ihrem Wandlungsrecht Gebrauch machen." Immer deutlicher kristallisierte sich in jenem Frühjahr heraus, dass es für den Serienanlauf des W 108 günstig sei, einen W 110 mit großem Motor anzubieten und den 220 Sb parallel zum Nachfolge-Modell weiter zu produzieren.

In Sachen W 110 redeten sich die Herren des Daimler-Vorstandes in diesem Jahr noch die Köpfe heiß. Allgemeine Ansicht war nach wie vor, die kleinen Heckflossen-Mercedes besonders zu forcieren. Über die Details konnte aber nur schwer Einigkeit erzielt werden. Die Frage der Heckflossen beispielsweise war ein Streitpunkt. Vor allem die Vorstandsmitglieder Dr. Rolf Staelin und Arnold Wychodil plädierten dafür, die Heckpartie des W 110 zu ändern. Ihrer Meinung nach würde der Wagen durch die Abkehr von allen Karosserieformen, die irgendwie nach Flossen aussehen, eine mehr dem modernen Zeitgeschmack angepasste Karosserie bekommen. Der Vorschlag, die Heckflossen abzuschmirgeln, stieß aber auf keine tragfähige Mehrheit.

Solche Dinge beschäftigten die Mercedes-Interessenten freilich nicht: Sie sahen im 230er eher eine Möglichkeit, den W 110 mit deutlich verbesserten Fahrleistungen zu kaufen, wenngleich auch auf Kosten eines üppigen Benzinverbrauchs: Mit einem Testverbrauch von 18,6 Litern Super pro 100 Kilometer im „auto motor und sport"-Test gebärdete sich der kleine Sechszylinder als echter Säufer. (Allerdings genehmigte sich ein zeitgleich getesteter 200er beachtliche 16,4 Liter, ein 230 S dagegen ging mit einem Verbrauch von 16,2 Litern pro 100 Kilometer vergleichsweise sparsamer mit dem Saft um.)

Der trinkfeste W 110 verkaufte sich dennoch mehr als zufriedenstellend. 1967 brachte er es auf 16.441 Exemplare – rund 1.600 Stück mehr als der 220 b in seinem Rekordjahr 1961. Und als 230 mit 120-PS-Maschine betrug seine verkaufte Auflage gar 22.316 Stück. Insgesamt entschieden sich zwischen 1965 und 1968 immerhin 62.574 Käufer für einen der beiden 230er. Der Wagen, der eigentlich als Übergangslösung entstand, brachte Mercedes erkleckliche Gewinne. Und das alles für die im April 1964 bezifferte Investition von 29 Millionen D-Mark, die für eine zweite Motoren-Fertigungsstraße aufzuwenden waren.

## DIE HECKFLOSSEN-MERCEDES IN IHRER ZEIT – TYPOLOGIE UND HISTORIE

Baureihe W 111
Der 2,3-Liter-Sechszylinder
in der W 111-Karosserie:
Mercedes-Benz 230 S

ARTENKUNDE

Obwohl der Mercedes-Benz 230 S lediglich eine preiswert zu entwickelnde und billig zu verkaufende Ablösung des 220 S darstellen sollte, um die Anfangs-Nachfrage nach dem W 108 zu dämpfen, war er keine Verlegenheitslösung: Unter Kennern gilt er als die begehrenswerteste W 111-Heckflosse – mit mehr Temperament als das bisherige 220 SEb-Flaggschiff.

Schwanengesang: Der 230 S war nicht nur der letzte W 111, sondern auch der gelungenste der Sechszylinder-Heckflossen. Lediglich der 300 SE der W 112-Baureihe konnte ihn übertrumpfen. Von Juli 1965 bis Januar 1968 stellte Daimler-Benz 41.107 Exemplare dieses Typs her.

# DIE HECKFLOSSEN-MERCEDES IN IHRER ZEIT – TYPOLOGIE UND HISTORIE

**DIE HECKFLOSSEN-MERCEDES IN IHRER ZEIT – TYPOLOGIE UND HISTORIE**

Das geeignete Umfeld für die Luxus-Heckflosse 300 SE: Klassisches Gebäude mit klassisch-modernem Auto, das zu den technisch fortschrittlichsten Personenwagen seiner Zeit gehörte. Das Daimler-Benz-Pressebild entstand am Treppenaufgang des Schlosses Solitude vor den Toren Stuttgarts.

ARTENKUNDE

Obwohl der Mercedes-Benz 230 S lediglich eine preiswert zu entwickelnde und billig zu verkaufende Ablösung des 220 S darstellen sollte, um die Anfangs-Nachfrage nach dem W 108 zu dämpfen, war er keine Verlegenheitslösung: Unter Kennern gilt er als die begehrenswerteste W 111-Heckflosse – mit mehr Temperament als das bisherige 220 SEb-Flaggschiff.

Schwanengesang: Der 230 S war nicht nur der letzte W 111, sondern auch der gelungenste der Sechszylinder-Heckflossen. Lediglich der 300 SE der W 112-Baureihe konnte ihn übertrumpfen. Von Juli 1965 bis Januar 1968 stellte Daimler-Benz 41.107 Exemplare dieses Typs her.

Mercedes-Benz **HECKFLOSSE** 115

## DIE HECKFLOSSEN-MERCEDES IN IHRER ZEIT – TYPOLOGIE UND HISTORIE

Vom 220 Sb und 220 SEb nur durch die Heckaufschrift zu unterscheiden: Der Mercedes-Benz 230 S war nichts anderes als eine „getunte" Variante des erfolgreichsten Heckflossen-Modells, nämlich des 220 S – mit aufgebohrtem Motor.

Der entscheidende Vorschlag zum Bau des Mercedes-Benz 230 S kam am 14. April 1964 von Prof. Dr. Hans Scherenberg, der schon eine Woche vorher den 230 mit initiiert hatte. Als Bindeglied zwischen den W 110- und W 108-Typen, so seine Idee, sollte Daimler-Benz neben dem Sechszylinder-W 110 doch einen Sechszylinder-W 111 „TI" mit beispielsweise dem 2,3-Liter-120-PS-Motor bringen. Der Grundstein für den 230 S war gelegt: „Ein solches Fahrzeug wird sicherlich guten Anklang finden (...) und gibt uns zudem die Möglichkeit, den Auslauftyp W 111 neben dem W 108 zumindest eine gewisse Zeit aussichtsreich beizubehalten."

Die Zukunft sollte Scherenberg recht geben: Bis Mitte 1967 verkaufte sich der 230 S in ansehnlichen Stückzahlen, dann ging der Verkauf jedoch zurück, bis die Produktion im Januar 1968 ganz eingestellt wurde. Daimler-Benz war bis dahin gelungen, was Produktionschef Langheck angeregt hatte: Langheck war sich sicher, mit der Produktion des 230 S „dem Publikum suggerieren zu können und auch zu müssen, daß unser Programm echt erweitert wird". Zu diesem Zweck war es zwingend notwendig, den 230 S in der Kalkulation nicht zu nahe an den 250 S zu legen, weil – so Arnold Wychodil – „dadurch ja die Absatzmöglichkeiten dieses doch irgendwie als Verlegenheitstyp zu bezeichnenden Fahrzeugs geschmälert werden".

Die Marschrichtung war somit vorgegeben. Der 230 S sollte eine preiswert zu entwickelnde und billig zu verkaufende Ablösung des 220 Sb darstellen, um die Anfangs-Nachfrage nach dem W 108 zu dämpfen.

Am gleichen Tag beschloss der Daimler-Vorstand, den 230 S mit folgenden Details zu bestücken: Heckleuchte und Stoßstange sollten dem bisherigen 220 S entsprechen, ein hydropneumatischer, selbstregelnder Höhenausgleich für die Hinterachse wurde zur Verbesserung der Fahreigenschaften serienmäßig angeboten und die Fondsitze bekamen eine Mittelarmlehne. Die weitere Innenausstattung wurde dem Vorstand anhand eines Prototyps vorgestellt. Diesem Wagen fehlten zum Beispiel die Holzverkleidungen an den Fenstern, die Polsterungen und Stoffe orientierten sich am 200 – die zwar strapazierfähig waren, aber nach Meinung der zeitgenössischen Fachpresse sehr nüchtern wirkten.

Als der 230 S im Juli 1965 in Produktion ging, war seine Karosserie – bis auf die Typbezeichnung an der linken Seite des Kofferraumdeckels – vom 220 Sb nicht zu unterscheiden. Außer den Veränderungen im Innenraum betrafen die wichtigsten Neukonstruktionen den Motor. Die 2,3-Liter-Maschine des Typs M 180 VIII war von ihren Abmessungen nichts anderes als ein um zwei

116 Mercedes-Benz **HECKFLOSSE**

# ARTENKUNDE

Der Innenraumpolsterungen und Stoffe des 230 S orientierten sich am 200, zudem entfielen die Holzverkleidungen an den Fenstern – das Cockpit wirkte dadurch nüchterner und nicht so gediegen wie das des 220 Sb/220 SEb.

Die seit August 1963 im 220 Sb eingebaute Zenith-Vergaseranlage mit Startautomatik sorgte auch – mit Detailverbesserungen – für die Gemischaufbereitung der 230 S-Maschine.

Millimeter aufgebohrter 220 S. Die Getriebe-Abstufungen waren gegenüber dem 220 Sb verändert, wobei besonders der dritte Gang deutlich länger übersetzt war und dadurch bei 6.000/min statt 114 km/h im 220 SE nunmehr 125 km/h zuließ. Die ab August 1963 im 220 Sb eingebaute Zenith-Vergaseranlage wurde für den 230 S in der Warmlaufregelung und Startautomatik leicht verbessert. An weiteren Veränderungen gegenüber dem 2,2-Liter sind der Lüfter mit Viskose-Kupplung, eine leistungsfähigere Lichtmaschine und daraus resultierend eine kapazitätsschwächere Batterie nennenswert.

Die Zusammenstellung der Bauteile des 230 S aus vorhandenen Aggregaten machte sich in doppelter Hinsicht bezahlt: Einerseits profitierten davon 230 S-Käufer, die ein ausgereiftes, vergleichbar preiswertes Automobil mit guten Fahrleistungen, exzellenter Straßenlage und beispielhaftem Komfort erhielten. Auf der anderen Seite des Ladentisches freuten sich die Verkaufs-Vorstände Wychodil und Staelin, deren Rechnung aufging: Genau zum Preis des 220 S (13.750 D-Mark) boten sie einen Wagen an, der darüber hinaus noch 1.550 D-Mark billiger war als sein Nachfolger, der seit 1965 produzierte 250 S.

Als 1967 der 280 S bei der IAA vorgestellt wurde, um den 250 S abzulösen, wurde deutlich, dass der 230 S ein „altes" Auto war – das Interesse sank rapide ab. Im Januar 1968 wurde die Produktion eingestellt. Bis dahin hatte Daimler-Benz 41.107 Exemplare dieses Typs abgesetzt.

## DIE HECKFLOSSEN-MERCEDES IN IHRER ZEIT –
TYPOLOGIE UND HISTORIE

Das geeignete Umfeld für die Luxus-Heckflosse 300 SE: Klassisches Gebäude mit klassisch-modernem Auto, das zu den technisch fortschrittlichsten Personenwagen seiner Zeit gehörte. Das Daimler-Benz-Pressebild entstand am Treppenaufgang des Schlosses Solitude vor den Toren Stuttgarts.

ARTENKUNDE

## Baureihe W 112
## Der Dreiliter-Sechszylinder im luftgefederten Fahrwerk: Mercedes-Benz 300 SE

**Als Krönung der Heckflossen-Baureihe vereinten der Mercedes-Benz 300 SE und der 300 SE lang alles in sich, was Anfang der 60er-Jahre im Automobilbau gut und teuer war. Zu seiner Zeit galt er als eine der schnellsten Limousinen. Und er blieb eine exklusive Erscheinung: Von April 1961 bis August 1965 konnte Daimler-Benz nur 5.202 Exemplare verkaufen.**

## DIE HECKFLOSSEN-MERCEDES IN IHRER ZEIT – TYPOLOGIE UND HISTORIE

▲

Bild aus dem Prospekt des Mercedes-Benz 300 SE: Zum großen Landhaus mit eigener Auffahrt gehört neben dem vornehmen 300 SE auch eine W 111-Heckflosse – quasi als adäquates Fortbewegungsmittel für die Dame des Hauses – in der geräumigen Doppelgarage dazu. Die seitlichen Zierleisten der Karosserie und einige andere „Chrom"leisten bestanden aus poliertem und eloxierten Aluminium. Der Fenster-Schmuck beispielsweise war indes aus verchromten Stahlprofilen gefertigt.

Schon zu Heckflossen-Urzeiten war den Daimler-Benz-Verantwortlichen klar, dass das Mercedes-Mittelklasse-Programm nach oben ausbaufähig sein müsse. Und Nallinger hatte offensichtlich schon damals – 1956/1957 – konkrete Vorstellungen. Anfang 1957 sprach man im Daimler-Vorstand mit großer Selbstverständlichkeit von einem Dreiliter, und als es am 19. Dezember 1957 ab neun Uhr bei einer Vorstandssitzung in Sindelfingen um das neue Mittelklasse-Programm ging, nannte Nallinger weitere Einzelheiten: Es sei geplant, den Dreiliter-Wagen bereits ab erstem Exemplar der Serie mit Luftfederung auszurüsten. (Damals gab es übrigens sogar Pläne, diese aufwendige Fe-

derung auch als Sonderwunsch für den 220 b anzubieten.) Eine Servolenkung sollte im W 112 serienmäßig sein, und Nallinger sah vor, ihn von vornherein nur mit DB-Automatik-Getriebe auszurüsten.

Sogar einige optische Feinheiten konnte Nallinger präsentieren: Zur Unterscheidung vom W 111 schmückten den Ende 1957 dem Daimler-Vorstand präsentierten Dreiliter (der damals noch nicht die Bezeichnung 300 SE trug) beispielsweise auffällige Chromstreifen an der Flanke, mehr Chrom an den Fenstern und auch die Radläufe wurden von dem hochglänzenden Metall eingerahmt. Während sich die Sindelfinger Karosserieschneider um solche Details kümmerten, nahm die Entwicklung der anspruchsvollen Technik des Heckflossen-Topmodells offenbar mehr Zeit als geplant in Anspruch. Am 17. Januar 1958 bemerkte Nallinger, dass „der Dreiliter-Wagen unter anderem wegen der Luftfederung noch eine längere Entwicklung benötigt". Es kristalisierte sich immer deutlicher heraus, dass der Dreiliter zur IAA 1959, wie ursprünglich geplant, nicht präsentiert werden konnte. Am 14. Januar 1959 beschloss die Vorstandsrunde, dass der W 112 erst im Jahr 1960 präsentiert werden solle, und zwar „bei der Ausstellung in Genf". Der Auslieferungsbeginn wurde auf den Mai 1960 festgelegt. Mit einem Seitenblick auf die Konkurrenz hielten sich die Mercedes-Chefs jedoch einen Vorab-Termin offen: „Eine Änderung könnte notfalls dann eintreten, wenn Opel mit dem angekündigten neuen Admiral in Frankfurt herauskommt. In diesem Fall muß nochmals überlegt werden, ob der W 112 nicht schon in Frankfurt als Prototyp gezeigt werden soll."

Aber es kam ganz anders. Im Vorstandsprotokoll vom 4. Juni 1959 findet sich folgender lapidarer Satz: „Bei dem Hinweis, welche Typen ausfallen, wird unter anderem der W 112 sowie die Sonderausführung des W 112 Coupé erwähnt, deren Betriebsmittel und Werkzeuge nicht in den 140 Millionen DM enthalten sind." Schon am 14. April 1959 sprach Prof. Dr. Joachim Zahn von „Schwierigkeiten, unsere Investierungen zu finanzieren", und Vorstandsvorsitzender Könecke wies am gleichen Tag darauf hin, „daß bereits bei den jetzt vorgelegten Investitionssummen Ende 1961 die Liquidität auf Null liegt". Klartext: Daimler-Benz hatte nicht genügend Kapitalmittel, um den Produktionsanlauf des W 112 nach Art des Hauses per Eigenfinanzierung noch im Jahr 1959 oder 1960 über die Bühne zu bringen. Die Produktion des neuen Dreiliters hätte mit Fremdmitteln, entweder über eine Kapitalerhöhung oder durch Aufnahme einer Obligations- oder Schuldscheinanleihe, finanziert werden müssen.

Doch trotz finanzieller Hemmschuhe ging die Entwicklung des Heckflossen-Topmodells ungebremst weiter. Am 22. April 1960 legte sich Nallinger auf folgende Grundsätze endgültig fest, wie sie dann auch bis zur öffentlichen Vorstellung des Dreiliters bei der IAA 1961 in Frankfurt nicht geändert wurden: Der Wagen soll nur mit einem Motor angeboten werden und mit Servolenkung, Luftfederung, Scheibenbremsen und vollautomatischem Getriebe ausgerüstet sein. An Ausstattungs-Details waren geplant: Im Innenraum soll das Armaturenbrett mit Edelholzfurnier mehrbig gestaltet sein, auch die Seitenverkleidungen sollen Holzlook tragen, die Sitzrahmen sollen verchromt werden, der Boden wird mit Velours ausgelegt, der Polsterstoff wird in einer hellen Farbe gehalten.

Auf einen Blick: Die Zeichnung aus der 300 SE-Pressemappe zeigt die wichtigsten Technik-Leckerbissen des Heckflossen-Flaggschiffs.

**Mercedes-Benz 300 SE**

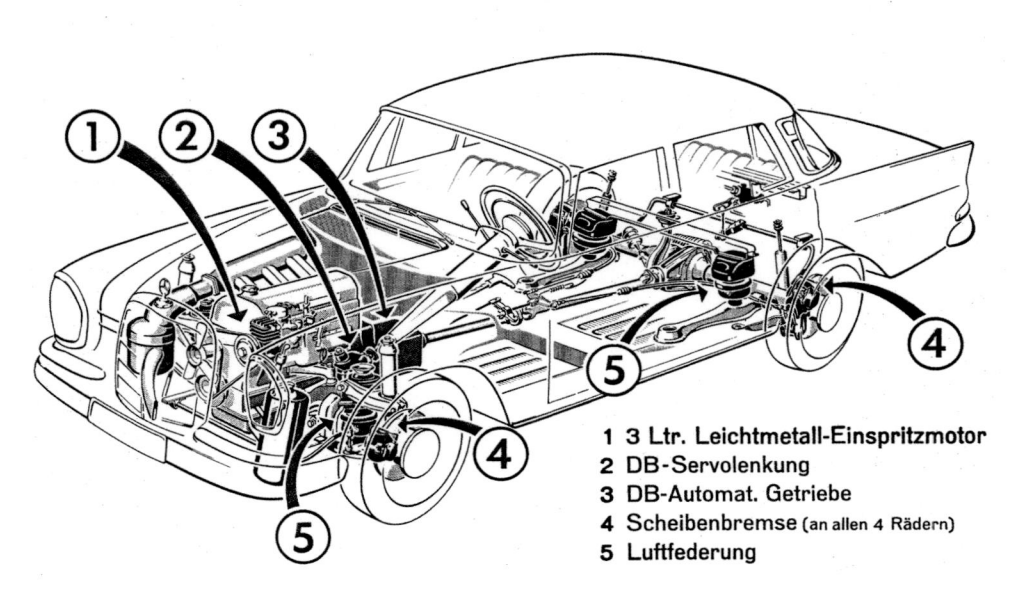

1 3 Ltr. Leichtmetall-Einspritzmotor
2 DB-Servolenkung
3 DB-Automat. Getriebe
4 Scheibenbremse (an allen 4 Rädern)
5 Luftfederung

## DIE HECKFLOSSEN-MERCEDES IN IHRER ZEIT – TYPOLOGIE UND HISTORIE

Die Stilistik-Abteilung in Sindelfingen sah vor, die am unteren Karosserierand entlanglaufende breite Chromleiste durch eine Gummischiene zu unterteilen, um einen optisch günstigeren Eindruck hervorzurufen. Üppige Chromrahmen sollten die Fenster zieren.

Als der Daimler-Vorstand dann am 4. Oktober 1960 beschloss, „ab IAA Frankfurt 1961 wird der W 112 unter dem Namen 300 SE zum Verkauf gelangen", stand einer erfolgreichen Premiere nichts mehr im Wege. Selbst als Produktionsvorstand Dr. Wilhelm Langheck am 11. April 1961 darauf hinwies, dass der W 112 teurer als ursprünglich geplant werde, tat das der Faszination der Super-Heckflosse keinen Abbruch. Denn in der Öffentlichkeit wusste ja niemand, dass Daimler-Benz ursprünglich beabsichtigte, den Dreiliter für unter 20.000 D-Mark zu fertigen. Der vier Monate vor der IAA von Langheck abschließend kalkulierte Preis von nunmehr 24.600 D-Mark veranlasste nicht einmal den Verkauf, die auf 500 Stück pro Monat geplante Produktionszahl zu verringern. Die Herren vom Verkauf vertraten die Ansicht, dass trotz des sehr viel höheren Preises eine entsprechende Stückzahl abgesetzt werden kann.

Doch irren ist menschlich: Im Juni 1962 überlegte der Daimler-Vorstand, die tägliche Produktion von 17 Einheiten auf zehn Wagen zurückzuschrauben. Der Grund: Der 300 SE verkaufte sich nur mit Schwierigkeiten, und um die Bestände nicht wachsen zu lassen, wurde der Tagesausstoß auf 15 Fahrzeuge reduziert. (Die anderen Heckflossen-Typen verkauften sich übrigens über Erwarten gut,

So zeigte Daimler-Benz den 300 SE am liebsten: mit dem internationalen Flair eines Autos von Welt, hier auf dem Stuttgarter Flugplatz.

ARTENKUNDE

Gediegener 300 SE-Innenraum: Armaturenbrett mit Edelholzfurnier, Seitenverkleidungen mit Holzeinlagen, verchromte Sitzrahmen, mit Velours ausgelegter Boden und der sehr hochwertige und qualitativ hervorragende Polsterstoff, machen das 300 SE-Cockpit wohnlich. Auf Wunsch gab's edle Leder- oder Velours-Polsterungen.

Der 300 SE lang in Schweizer Umgebung. Die Langversion, die übrigens niemals 300 SEL als Typbezeichnung trug, hatte eine schmucklose C-Säule – der Luftaustritt der Zwangsentlüftung erfolgte über unauffällig zwischen Heckscheibe und C-Säule angebrachte Schlitze.

Mercedes-Benz **HECKFLOSSE** 123

## DIE HECKFLOSSEN-MERCEDES IN IHRER ZEIT – TYPOLOGIE UND HISTORIE

Um das Chrom nicht zu dick aufzutragen, wurde die ursprüngliche breite Chromleiste unterhalb des Einstiegs mit einer horizontalen Gummilippe versehen (Bild oben). Zu sehen ist die Langversion ohne die verchromten Lüftungsschlitze an der C-Säule. Das untere Pressebild zeigt eine frühe Version mit breitem Chromstreifen ohne die Gummileisten. Das Motiv mit der Villa erschien übrigens (in Farbe und mit geänderter Auto-Anordnung) im 300 SE-Werbeprospekt (siehe Seite 120).

sodass der Daimler-Vorstand mit dem Gedanken spielte, mit Samstags-Schichten monatlich 800 Autos mehr zu produzieren.)

Offenbar war die Zeit noch nicht reif für eine vergleichsweise unscheinbare Limousine, die mit Sportwagen-Fahrleistungen aufwarten konnte. Für den Verkaufspreis von 24.150 D-Mark zu Beginn der 300 SE-Karriere erwarteten die Mercedes-Kunden seinerzeit mehr Pomp – immerhin gab es für genau 23.000 Mark schon zwei Mercedes 220 b (je 11.500 D-Mark), und die ließen sich durch (aufpreispflichtiges) Sonderzubehör, wie beispielsweise verchromte Felgenzierringe, optisch dem Topmodell näherbringen.

Allein schon die Luftfederung sorgte für einen Federungskomfort, der von den „normalen" Heckflossen-Mercedes nicht erreicht wurde – und das, obgleich die W 110 und W 111 als vorbildlich komfortable Autos galten. Die „Motor Rundschau" schrieb so beispielsweise in Heft 14/1962: „... nimmt man mit Erstaunen zur Kenntnis, daß es offensichtlich keine schlechten Straßen mehr gibt: Denn auf diesen ist die Luftfederung in ihrem Element. Das bedeutet, daß sie auch die von der Fahrbahn kommenden Stöße anstandslos verdaut, die weit jenseits des Bewältigungsvermögens selbst der besten Stahlfederung liegen." Um die Überlegenheit der Luftfederung zu illustrieren, schilderte der namentlich nicht genannte Tester, dass er mit dem Luftfederungs-300 SE mit 115 km/h über einen Feldweg gefahren sei, der mit einem normalgefederten Wagen maximal 65 km/h zuließ.

Eine Wunderwaffe war die Luftfederung jedoch nicht. Sie beruht ganz einfach auf der Beobachtung, dass Gase sich komprimieren lassen, um bei nachlassendem Druck wieder ihr Ausgangsvolumen anzunehmen. Dieses Prinzip kann man sich zunutze machen, indem man gasgefüllte Gummibälge – ähnlich wie Luftballons – als Federelemente einbaut. An der Stelle, an der bei den konventionell gefederten Heckflossen-Mercedes die Schraubenfedern ihren Dienst verrichteten, saßen beim 300 SE die Phoenix-Rollbälge.

Ihre Druckluft bekommen diese mit Luftballons vergleichbaren Federelemente über den keilriemenangetriebenen Luftpresser (für Genauigkeitsfanatiker: luftgekühlter Einzylinder-Tauchkolbenkompressor) aus dem Motorraum. Der presst die vorher gefilterte Luft aus der Atmosphäre zusammen, die im Winter (wegen der natürlichen Luftfeuchtigkeit) mit Gefrierschutzmittel angereichert wird. Ähnlich wie ein Campingkocher einen Gasvorrat benötigt, braucht die Luftfederung einen unter Druck stehenden Vorrat, weil die Pumpe allein

**Mercedes-Benz 300 SE**

**Luftfeder-Schema**

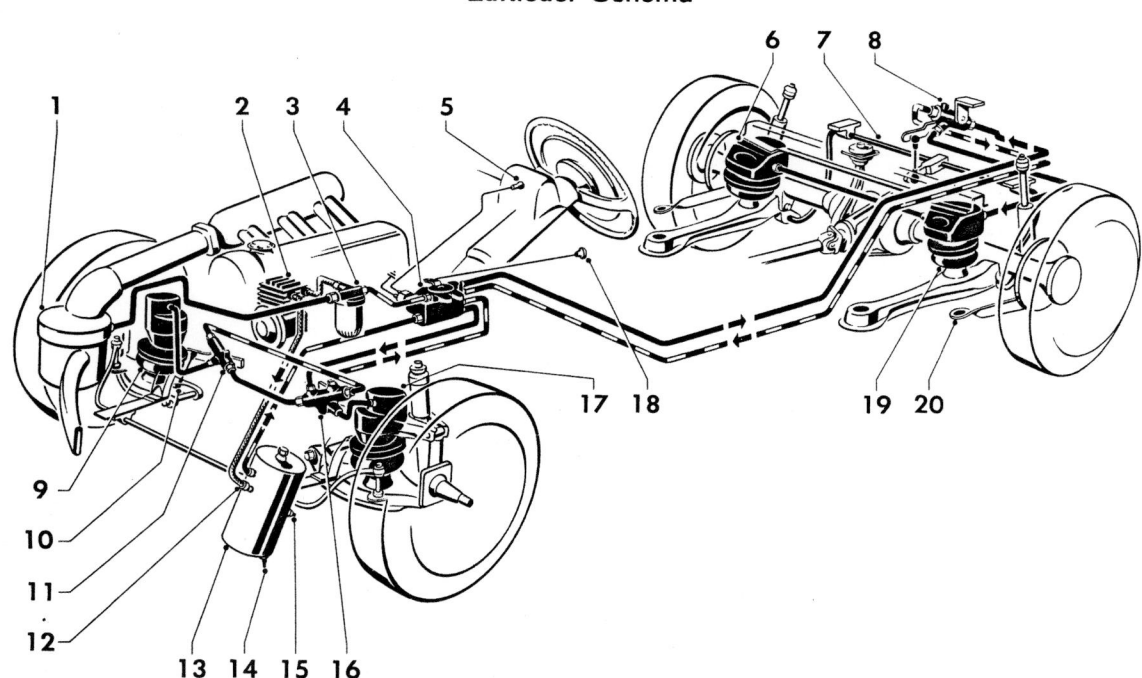

Wer sich Zeit lässt und sich in die Zeichnung vertieft, wird belohnt: Er (oder sie) erfährt – auch ohne intensive technische Vorbildung – viel über den Aufbau der Luftfederung und kann sich die Funktionsweise erschließen.

| | | | |
|---|---|---|---|
| 1 Luftfilter | 6 Luftkammer | 11 Niveau - Regelventil | 16 Niveau - Regelventil |
| 2 Luftpresser | 7 Drehstab | 12 Rückschlag - Ventil | 17 Luftkammer |
| 3 Frostschutz - Vorrichtung | 8 Niveau - Regelventil | 13 Vorratsbehälter | 18 Zugknopf (Ventil - Einheit) |
| 4 Ventileinheit | 9 Federbalg | 14 Ablaß - Ventil | 19 Federbalg |
| 5 Warnleuchte | 10 Reguliergestänge | 15 Füll - Ventil | 20 Bremsabstützung |

## DIE HECKFLOSSEN-MERCEDES IN IHRER ZEIT – TYPOLOGIE UND HISTORIE

Der 300 SE als Chauffeurwagen – Das Daimler-Benz-Pressebild entstand vor dem Gebäude des Stuttgarter Landtags, das etwa zeitgleich mit dem Produktionsbeginn der Luxuslimousine eröffnet wurde.

auftretende Druckschwankungen nicht rasch genug ausgleichen kann. Ein Druckbehälter (mit sieben Litern Volumen) hält die Pressluft des 300 SE abrufbereit auf Vorrat. Die Skizze auf Seite 125 zeigt die einzelnen Bauteile.

Bis hierhin funktioniert das System ganz einfach: Doch nun übernehmen diverse Regelventile (Druckminderventile und drei Niveauregulierventile – zwei an der Vorderachse, eines an der Hinterachse) die Regelung der Luftzufuhr zu den Federbälgen. Sie sorgen durch ausgeklügelte Einstellungen dafür, dass der Einfederungsweg konstant etwa 80 Millimeter beträgt. Als Folgerung daraus ergibt sich eine immer gleichbleibende Bodenfreiheit. Wegen der günstigen Federungseigenschaften der Luftpolster erreichten die Daimler-Techniker eine gegenüber dem W 111 und W 110 noch weichere Grundfederung, ohne dass die Federelemente durchschlagen konnten.

Die konstante Bodenfreiheit brachte im Zusammenspiel mit üppig dimensionierten Querstab-Stabilisatoren an der Vorder- und Hinterachse weitere Vorteile: Unnötig große Spur- und Sturzänderungen wurden beim Ein- und Ausfedern vermindert. Bei wechselseitigem Ein- und Ausfedern der Räder einer Achse verminderten die Torsionsstabilisatoren überdies zu große Radlastunterschiede durch die Verhärtung der Federung. Zu kompliziert? Das Resultat ist einfacher zu verstehen: verbesserte Straßenlage gegenüber Stahlfeder-Autos bei gesteigertem Komfort. An weiteren Finessen wies das 300 SE-Fahrwerk an der Hinterachse situierte zusätzliche längsliegende Hebel auf, die beim Bremsen das Heben des Hecks reduzierten. Durch die Verminderung des Heckhubs beim Bremsen ergab sich automatisch durch die daraus verringerten Spur- und Sturzänderungen eine verbesserte Fahrstabilität auch in kritischen Situationen.

Neben der Luftfederung wies der 300 SE noch weitere Finessen auf: Die gefühlvolle Servolenkung, die ihr Drucköl von einer Flügelzellen-Ölpumpe bekam, ermöglichte müheloses, direktes und zielgenaues Lenken. Vier Scheibenbremsen – mit Unterdruck-Servo – sorgten für weitgehend fading-unempfindliches Bremsen. Gegenüber den bis dato üblichen Trommelbremsen brachten die Scheiben (ATE, System Dunlop) beträchtliche Vorteile: Sie sprachen schneller an, verzögerten gleichmäßiger sowie spurtreuer und verlangten – dank ATE-Bremshelf T 50/26 – einen Pedaldruck von nur rund 30 Kilogramm.

Die ausgeklügelte Radaufhängung des 300 SE mit der Luftfederung (kenntlich an den schwarzen Gummibälgen) sorgte für die überlegene Straßenlage und den beispiellosen Federungskomfort.

Links ist die Vorderradaufhängung schematisch dargestellt, rechts die Hinterradaufhängung.

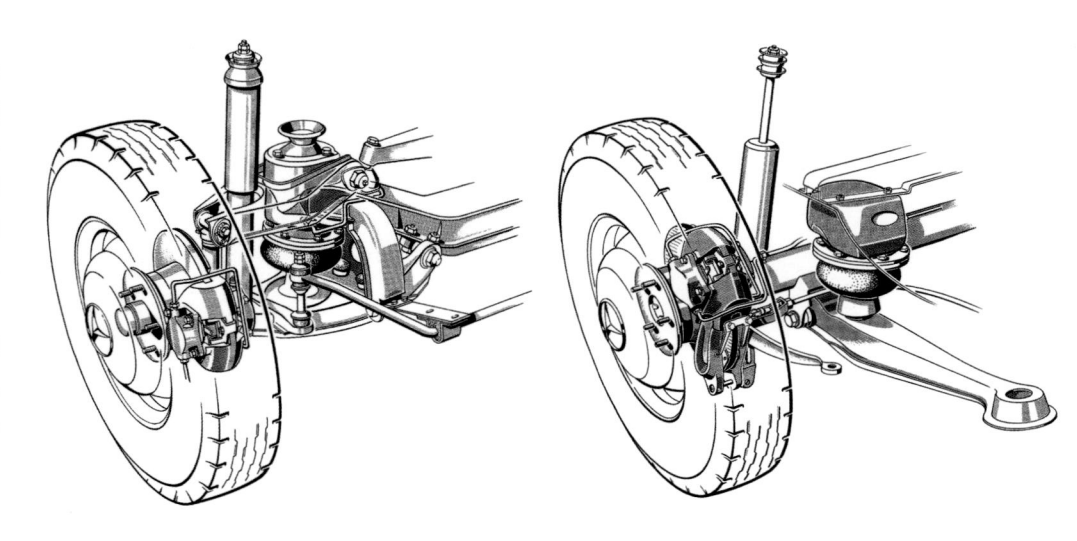

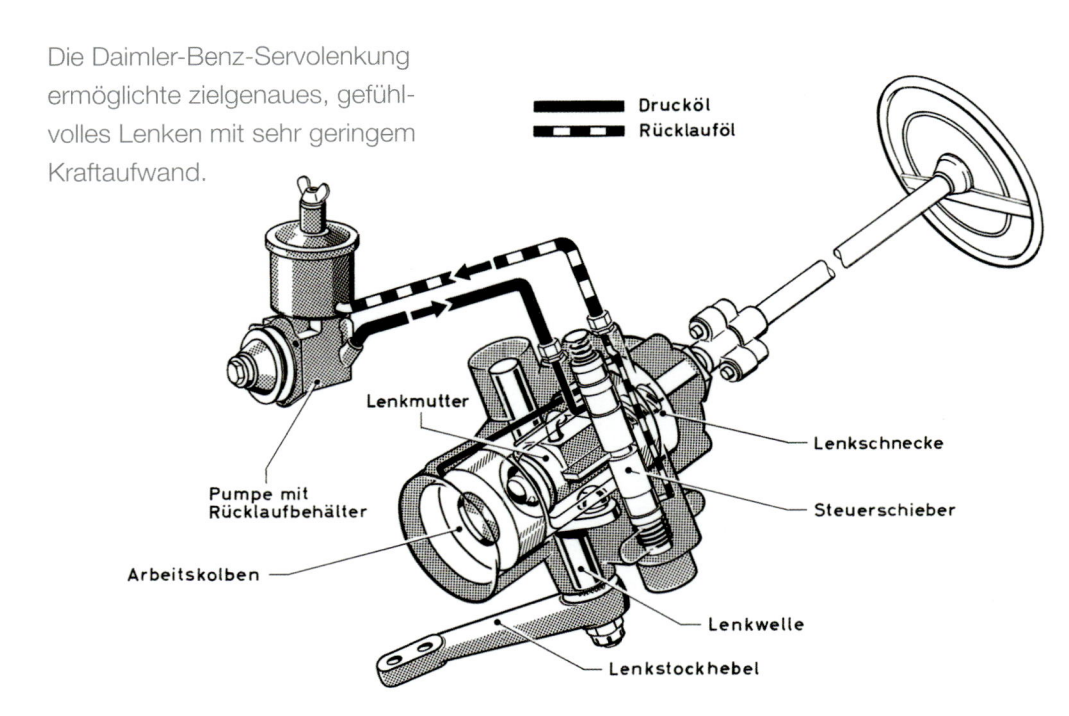

## DIE HECKFLOSSEN-MERCEDES IN IHRER ZEIT – TYPOLOGIE UND HISTORIE

Die Daimler-Benz-Servolenkung ermöglichte zielgenaues, gefühlvolles Lenken mit sehr geringem Kraftaufwand.

Weiteres Glanzstück des 300 SE ist jedoch sein Leichtmetall-Reihensechszylinder mit Ansaugrohr-Einspritzung. Zu Beginn seiner Laufbahn sorgte eine Bosch-Zweistempel-Einspritzpumpe, die den Kraftstoff mit etwa 18 atü in die Ansaugrohre spritzte, für die Benzinzufuhr in die Brennräume. Die Steuerung der Pumpe erfolgte mechanisch mit Gaspedalstellung, Motordrehzahl, Luftdruck und Temperatur als Regelgrößen.

Der Motor selbst bestand zum großen Teil aus Aluminium. Eine Reihe technischer Gründe sprachen für die Verwendung der teuren Leichtmetall-Bauweise: Block und Zylinderkopf weisen den gleichen Wärmedehnungs-Koeffizienten auf, Probleme mit

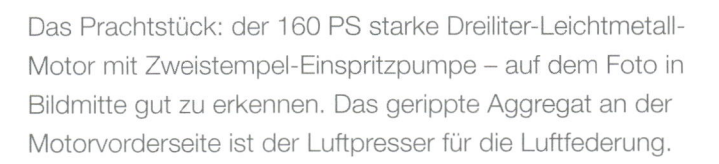

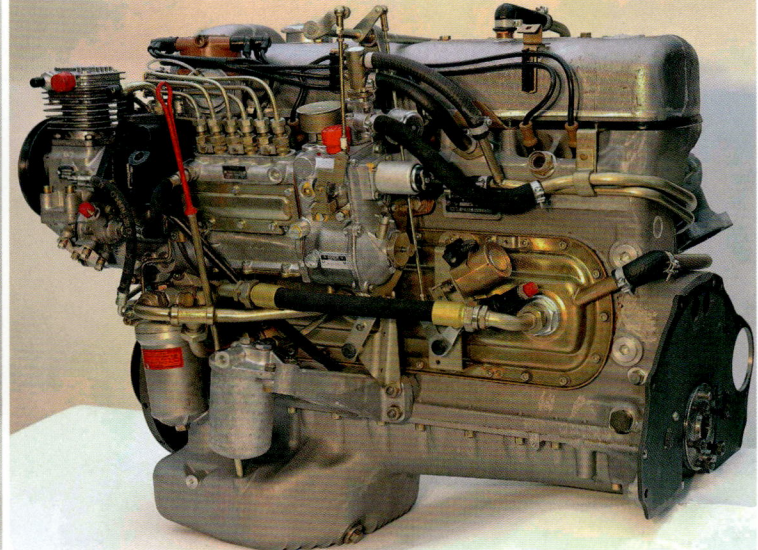

Das Prachtstück: der 160 PS starke Dreiliter-Leichtmetall-Motor mit Zweistempel-Einspritzpumpe – auf dem Foto in Bildmitte gut zu erkennen. Das gerippte Aggregat an der Motorvorderseite ist der Luftpresser für die Luftfederung.

Mit der ab Januar 1964 eingebauten Bosch-Sechsstempel-Einspritzpumpe (vorne, rechts neben dem gerippten Luftpresser) leistete der Dreiliter nunmehr 170 PS.

## ARTENKUNDE

Undichtigkeiten zwischen Block und Zylinderkopf waren also nicht zu erwarten. Die Verwendung von reichlich Alu sorgte auch für eine bessere Wärmeabfuhr. Und – last, but not least – bewirkte die Ersparnis von rund 40 Kilogramm Gewicht gegenüber der Verwendung eines Graugussblocks, wie bei dem Dreiliter des 300, eine Verringerung des Wagengewichts auf der Vorderachse. Damit wurde die bei einem Gewichtsverhältnis von 840 zu 725 Kilogramm (Vorderachse zu Hinterachse) auftretende Kopflastigkeit so gering wie möglich gehalten.

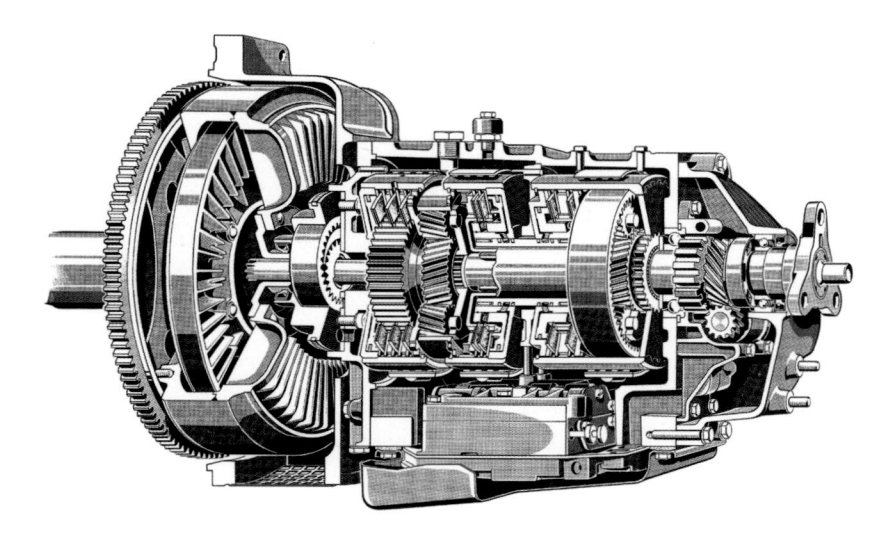

Zu Baubeginn gab es für den 300 SE ausschließlich ein nicht ganz ruckfrei schaltendes Viergangautomatikgetriebe.

Über den Wolken: Die Luftfederung des 300 SE ließ den Wagen förmlich über Straßenunebenheiten schweben – selbst auf schlechten Alpenstraßen bot der 300 SE einen sänftenartigen Federungskomfort. Und dank des 160 respektive 170 PS starken Dreiliter-Einspritzers erstürmte er in Windeseile die steilsten Pässe.

Mercedes-Benz **HECKFLOSSE**

# DIE HECKFLOSSEN-MERCEDES IN IHRER ZEIT – TYPOLOGIE UND HISTORIE

Der zehn Zentimeter längere Radstand des 300 SE lang (oberes Bild), der übrigens nie die Typbezeichnung 300 SEL trug, ist für Laien nicht ad hoc erkennbar. Auffällig sind allenfalls die längeren hinteren Türen – und vor allen Dingen: Die C-Säule trägt nicht die verchromten Entlüftungsöffnungen, die beim „kurzen" 300 SE sogar noch mit dem Schriftzug „300 SE" verziert sind.

Zu Beginn der Bauzeit wurde der 300 SE, analog zu den Beschlüssen des Daimler-Benz-Vorstandes, ausschließlich mit automatischem Vierganggetriebe ausgerüstet. Wegen der teilweise eigenmächtigen, nervösen und manchmal ruppigen Schaltvorgänge war dieses Getriebe immer wieder Quelle für Kritik aus Presse- und Kundenkreisen. Unter anderem aus diesem Grund (aber auch im Hinblick auf Wettbewerbseinsätze) war der 300 SE ab März 1963 auf Sonderwunsch zum Minderpreis von 1.400 D-Mark mit einem handgeschalteten Vierganggetriebe lieferbar.

Zu den weiteren anspruchsvollen Technik-Lösungen im 300 SE gehörte auch das serienmäßig eingebaute Differenzial mit begrenztem Schlupf. Es verhinderte das einseitige Durchdrehen des weniger belasteten Rades bei schneller Kurvenfahrt oder auf schlüpfrigem Boden.

Aber auch Ausstattungsdetails und Technikkomponenten, die nie in die Serie einflossen, testeten die Mercedes-Ingenieure seinerzeit, ohne großes Aufsehen zu erregen. So fuhr ein für Homologationszwecke umgerüsteter 300 SE, der an einer sechstägigen Versuchsfahrt im Juli 1962 über mehr als 3.000 Kilometer durch Frankreich teilnahm, folgende Sondereinbauten spazieren: einen auf 184 PS leistungsgesteigerten Dreiliter, ein ZF-Fünfganggetriebe, dessen fünfter Gang als Schnellgang ausgebildet war, verstellbare Stoßdämpfer, Bremsbeläge aus gesintertem Material, Zentralverriegelung (!) und geänderte Sitze. Mit dem getunten Motor verfolgten die Daimler-Techniker einen Hauptzweck: Mit ihm sollte der 300 SE endlich 200 km/h schnell sein.

Die 200-km/h-Marke erreichte der Serien-300 SE schließlich mit Schaltgetriebe – aber nicht mit einem 184-PS-Motor, sondern mit dem ab Januar 1964 auf 170 PS leistungsgesteigerten Motor, der sein Benzin nunmehr von einer Bosch-Sechsstempel-Einspritzpumpe in die Saugrohre gespritzt bekam – und mit der auf Wunsch im Schaltwagen erhältlichen langen 3,75-Hinterachse.

In seiner Karriere erhielt der 300 SE der Heckflossen-Ära viele Änderungen: Im Sommer 1963 kam ein Kühlerventilator mit elektromagnetischer Kupplung zum Einsatz, die per Thermostatsteuerung den kräftezehrenden Ventilator erst bei höheren Temperaturen zuschaltete. Der angesichts eines Benzinverbrauchs von rund 18 Litern pro 100 Kilometer mit 65 Litern reichlich klein geratene Tank wurde ab März 1963 durch einen mit 82 Litern Inhalt ersetzt, und zum gleichen Zeitpunkt bot Daimler-Benz ein mechanisches Vierganggetriebe an. Gleichzeitig wurde die vom 220 b übernommene Hinterachsübersetzung von 4,1 auf 3,92 und für den Schaltwagen wahlweise auf 3,75 verlängert.

Die auffälligste Änderung betraf jedoch den Radstand. Ein Teil der 300 SE-Kundschaft empfand es als Makel, dass der 300er sich von den weniger teuren Heckflossen-Modellen nur so unwesentlich unterschied. Zum anderen wollte Daimler-Benz auch diejenigen bedienen, die sich chauffieren ließen. Die Idee, einen repräsentativen 300 SE mit verlängertem Radstand zu bauen, lag auf der Hand. Dennoch gab es lange Diskussionen über das Für und Wider eines 300 SE mit langem Radstand. Das Argument, mit dem 300 SE lang, wie er später offiziell heißen sollte, ein dem alten 300er an Würde ebenbürtiges Fahrzeug anbieten zu können, gab den Ausschlag. Produktionsvorstand Dr. Langheck, der die verhältnismäßig hohen Produktionskosten erwähnte, konnte sich nicht durchsetzen, ab März 1963 wurde der 300 SE lang zum Grundpreis von 27.800 D-Mark inklusive automatischem Getriebe angeboten.

Die Herstellung des 300 SE lang erforderte übrigens einen gesteigerten Anteil an Handarbeit: Anstatt für die gegenüber der Normalversion geänderten Blechteile eigens teure Presswerkzeuge anzuschaffen, erwies es sich als wirtschaftlicher, die Karosserie beim Produktionsvorgang vom Band zu nehmen, quasi zu durchtrennen und durch das Einsetzen von entsprechend per Hand geformten Blechen um zehn Zentimeter zu verlängern. Auch die Fondtürstrukturen wurden auf diese Weise gestreckt. Nur die Dachhaut und die Fondtürhäute wurden jeweils als spezielle Blechteile in einem Stück gepresst.

Der Traum von 500 produzierten Einheiten des 300 SE pro Monat blieb ein frommer Wunsch. Im Produktionsrekordjahr 1962 schraubten Daimler-Arbeiter in Sindelfingen gerade 2.769 W 112 zusammen, das entspricht einer durchschnittlichen Monatsproduktion von zirka 230 Wagen. Dennoch konnte die Daimler-Benz AG den 300 SE als vollen Erfolg abbuchen: Kein anderes Auto der Heckflossen-Baureihe erregte bis zur Vorstellung des 300 SE auch nur annähernd so viel Aufmerksamkeit, und kein anderes Heckflossen-Modell beschäftigte die Medien so intensiv.

DIE HECKFLOSSEN-MERCEDES IN IHRER ZEIT –
TYPOLOGIE UND HISTORIE

## Baureihe W 111 / W 112
## Die Cabriolets und Coupés der Heckflossen-Mercedes: 220 SEb, 250 SE, 280 SE, 280 SE 3.5 (W 111) und 300 SE (W 112)

**Genaugenommen sind die Cabriolets und Coupés der Mercedes-Benz-Heckflossen-Baureihen keine echten Flossen-Automobile: Den einzigen zweitürigen Versionen der Baureihen W 111 und W 112 fehlen die ausgeprägten, meist verchromten Achtersteven der Limousinen. Dennoch: Nach übereinstimmender Meinung vieler Mercedes-Enthusiasten gelten sie als die schönsten Automobile mit dem Stern.**

ARTENKUNDE

„Dieses Coupé und Cabriolet sind zwei der gelungensten Wagen in der Geschichte des Automobils", sagte Mercedes-Benz-Ex-Designchef Bruno Sacco anno 1990 im Gespräch mit dem Autor dieses Buches. Heute, mehr als 25 Jahre nach dieser Einschätzung, trifft das Statement des großen Herrn des Mercedes-Designs noch zu …

## DIE HECKFLOSSEN-MERCEDES IN IHRER ZEIT – TYPOLOGIE UND HISTORIE

Zur Feier des 75-jährigen Jubiläums des Automobils im Februar 1961 hatte sich Daimler-Benz zwei besondere Überraschungen ausgedacht. Die erste bestand in der Eröffnung des renovierten Werksmuseums, die zweite Überraschung war die Vorab-Präsentation des Mercedes 220 SEb Coupé für die Presse. Die Resonanz war überwältigend. Nur Lob heimste das gefällige Auto ein. Eine besonders treffende Charakterisierung lieferte „auto motor und sport": „Weil es von Daimler-Benz kommt, ist es nicht laut, überladen, protzig: ganz schlicht und unaufdringlich steht es da und bezieht seine Wirkung aus der Ordnung des harmonisch Gegliederten. Gegenüber der Limousine ist das Coupé bei gleichem Radstand um acht Zentimeter niedriger, besitzt keine mittleren Seitenpfosten und zeigt eine vorteilhaft geänderte Hecksilhouette – insgesamt ein schlankerer, sportlicher 220, aber beileibe kein Sportwagen."

Wegen des flacheren Dachs, der fehlenden B-Säulen, der zierlicheren C-Säulen und nicht zuletzt wegen der geglätteten Heckflossen machte das Coupé einen harmonischen, zeitlosen Eindruck. Diese elegante Karosserie sorgte auch dafür, dass Coupé und Cabriolet, zuletzt in Form des 280 SE 3.5, bis 1971 gebaut wurden.

Zwar war geplant, ein neues Coupé und ein neues Cabriolet schon 1967 zu bringen, aber kein Design-Vorschlag sah besser aus als der Coupé-Entwurf von Paul Bracq, den er kurz nach seinem Eintritt in die Firma Daimler-Benz bereits anno 1958 realisierte. Ein Original-Zitat aus einer Vorstandssitzung vom 26. Januar 1965 spricht für sich: „Die Herren des

Das flachere Dach, die fehlenden B-Säulen, die zierlichere Hecksäule und die abgeschmirgelten Heckflossen lassen das W 111-Coupé noch gestreckter, noch eleganter und noch zeitloser erscheinen als die zum Vergleich dahinter aufgebaute Limousine.

### Maßvergleich 300 A B Cou neu (W112 A B Cou) zu 220/300 neu (W111/W112)
auf Fahrbahn und Hinterkante Lenkrad bezogen

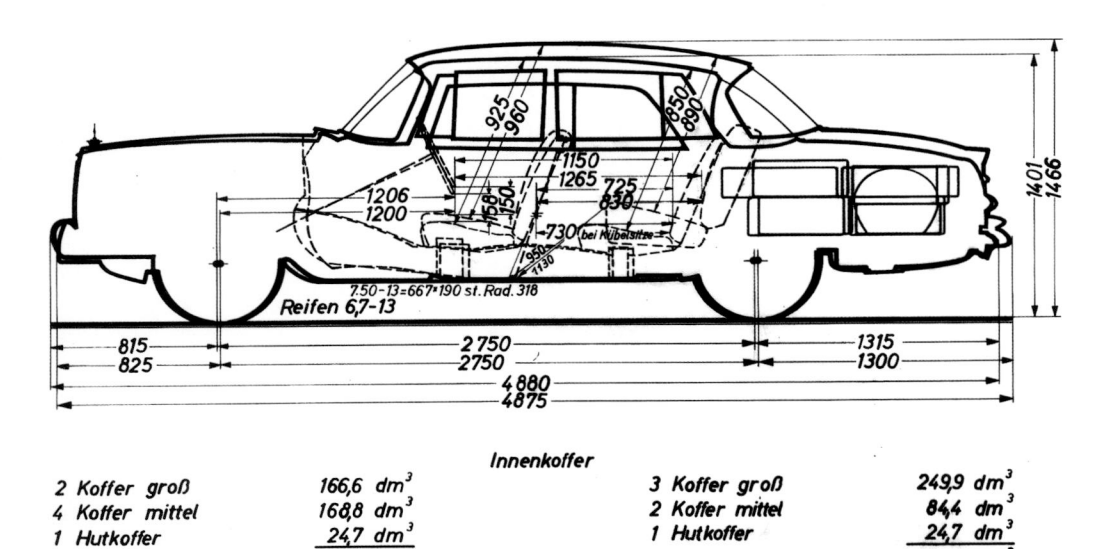

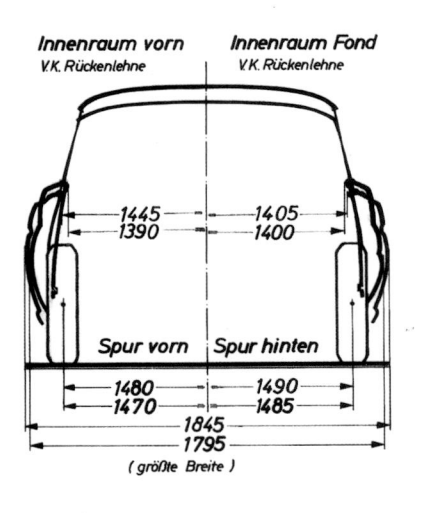

|              | Innenkoffer      |              |          |
|--------------|------------------|--------------|----------|
| 2 Koffer groß  | 166,6 dm³       | 3 Koffer groß  | 249,9 dm³ |
| 4 Koffer mittel | 168,8 dm³       | 2 Koffer mittel | 84,4 dm³  |
| 1 Hutkoffer    | 24,7 dm³        | 1 Hutkoffer    | 24,7 dm³  |
|              | 360,1 dm³        |              | 359,0 dm³ |

Die Vergleichszeichnung macht es deutlich: Zwar handelt es sich jeweils nur um wenige Zentimeter, die das Coupé zierlicher ist, doch ergibt die Summe der kleinen Maße einen großen Unterschied.

Vorstandes stimmen darin überein, daß die DBAG nicht den von der amerikanischen Automobilindustrie beschrittenen Weg, durch geringfügige Modifizierung der Limousinen zu Coupé-Modellen zu gelangen, einschlagen soll. Die DBAG muß mit ihrem Coupé nach wie vor eine ausgesprochene Besonderheit bieten. Wenn sich also aus dem jetzigen 220 SE- bzw. 300 SE-Coupé durch ein facelifting kein nennenswert anders bzw. noch besser wirkendes Fahrzeug finden läßt, so meinen die Herren des Vorstandes, daß man doch, gewissermaßen der Not gehorchend, auf eine wirkliche Neuentwicklung auf dem Coupé-Sektor warten müsse."

Das war beileibe kein Armutszeugnis, sondern spricht für die Qualität des Coupé/Cabriolet-Designs. Paul Bracq hatte sich mit diesem Entwurf ein mobiles Denkmal gesetzt. Allerdings trug das Bracq-Coupé ein Stilmerkmal, das Pinin Farina anno 1953 schon für einen Entwurf eines Mercedes 300 Coupé verwendete: Der Dachansatz oberhalb des Heckfensters wies am Übergang zur Hecksäule einen charakteristischen Knick auf, den Pinin Farina als sein Stilmittel bewusst protegierte. Ob sich der junge Bracq seinerzeit an Pinin Farina orientiert hatte, ist nicht überliefert.

Technisch basierte das 220 SEb Coupé auf der Limousine, Veränderungen erstreckten sich hauptsächlich auf das Fahrwerk und die Bodengruppe. Schon bei seiner Vorstellung hatte das Coupé als erstes Daimler-Benz-Fahrzeug (noch vor dem 300 SE, der bekanntlich mit Vierrad-Scheibenbremsen ausgerüstet wurde) vordere Scheibenbremsen.

Wegen der fehlenden Mittelpfosten konnte das Dach nicht so stark zum Mittragen der Karosserie herangezogen werden, wie das der Limousine. Die im Radstand unveränderte Bodengruppe erhielt deshalb seitliche Versteifungen. Obwohl die Außenhaut optisch wie eine zum Handschmeichler geschmirgelte Heckflossen-Limousine wirkte, war es mit Schmirgeln allein nicht getan: Kein Blechteil der Beplankung des Coupés war identisch mit dem der Limousine. Die Ausnahme der Regel bildeten jedoch die Kühlermaske und die vorderen Scheinwerfer, sie wurden von der Limousine übernommen. Im Innenraum reagierten die Sindelfinger Stilisten auf die häufig geübte Kritik an der Gestaltung des Bandtachos und ersetzten das klobige, unübersichtliche Instrument durch einen runden Tacho und ebensolchen Drehzahlmesser.

## DIE HECKFLOSSEN-MERCEDES IN IHRER ZEIT – TYPOLOGIE UND HISTORIE

Stilsicher auf internationalem Parkett: Das W 111-Cabriolet eignete sich für längere Auslandsreisen – selbst bei für südländische Gefilde schlechtem Wetter. Auch zwischen klassischen italienischen Kunstwerken macht es eine gute Figur.

Eine Sammlung kleiner, in einer Leiste zwischen den beiden Anzeigen angeordneter Instrumente informierte den Fahrer über die wichtigsten Betriebszustände seines Coupés. Die umfangreiche Ausstattung deutete schon an, dass die Coupé-Variante innerhalb der Heckflossen-Modelle eine Sonderstellung einnehmen sollte, und auch der Preis von 23.500 D-Mark (400 D-Mark über dem 300 SE) hob das Coupé in Luxusklasse-Regionen.

Das Optimum an Ergonomie in den frühen 1960er-Jahren: Ohne den verspielten Hochkant-Bandtacho erscheinen die identischen Cockpits des Cabriolets und des Coupés weitaus funktioneller als das der Limousinen. Die beiden Rundinstrumente für Geschwindigkeit und Drehzahl lassen sich optimal ablesen. Im Gegensatz zu den W 111-Limousinen waren Cabriolet und Coupé seit Produktionsbeginn mit Mittelschaltknüppel ausgerüstet – die gab's bei den Limousinen wahlweise erst ab Oktober 1964.

### DIE HECKFLOSSEN-MERCEDES IN IHRER ZEIT – TYPOLOGIE UND HISTORIE

▸ Das Cabriolet kostete 2.000 D-Mark mehr als das Coupé – es sollte nach seiner Produktionseinstellung im Mai 1971 für 20 Jahre das letzte große, viersitzige Cabriolet mit dem Stern auf dem Kühler bleiben. Ob mit offenem oder geschlossenem Dach: Es macht immer eine gute Figur. Detail am Rande: Das Foto-Auto fährt auf Winterreifen …

Genau 2.000 D-Mark mussten Frischluft-Fans drauflegen, dann konnten sie ab der IAA Frankfurt 1961 das entsprechende Cabriolet kaufen. Es sollte in seiner Grundform bis zum Erscheinen des W 124-E-Klasse-Cabriolets im Jahr 1991 der letzte vier- bis fünfsitzige offene Mercedes bleiben. Im Prinzip war das Cabriolet nichts anderes als ein aufgeschnittenes Coupé – bis auf die Bodengruppe. Sie wies deutliche Veränderungen auf. Gegenüber dem Coupé war sie nochmals verstärkt: Der Mitteltunnel bestand aus einem einzigen, sehr stabilen Blechstück.

In ihrer Grundform überlebten Coupé und Cabriolet die übrigen Heckflossen-Mercedes bis 1971. Fünf Motorentypen wechseln sich bis zur Produktionseinstellung ab: Der 220 SEb mit M 127 III-Maschine wurde von 1961 bis 1965 gebaut, der 300 SE mit dem M 189-Motor kam 1962 auf den Markt und wurde bis 1967 produziert, der 250 SE mit Motor M 129 wurde von 1965 bis 1967 angeboten, der 280 SE mit der M 130-Maschine war von 1968 bis 1971 im Programm und von 1969 bis 1971 lief der 280 SE 3.5 mit dem M 116-V8-Motor vom Sindelfinger Band.

▲

Mit gepolstertem Verdeck auch komfortabel genug für die Rückfahrt nach der Soirée: Das Klappdach des W 111/ W 112-Cabriolets gehörte zum Feinsten, was die damalige Karosseriebaukunst zu bieten hatte. Es war zugluftdicht, verursachte kaum Windgeräusche und ermöglichte an kalten Tagen eine rasche Aufheizung des Innenraums.

Etwas Motoren-Technik gefällig? Beim M 127 III des 220 SEb Coupé/Cabriolet handelte es sich um den praktisch unverändert übernommenen Motor der 220 SEb-Limousinen-Version. Der M 189 im 300 SE Coupé/Cabriolet war der Saugrohr-Einspritzer aus der 300 SE-Limousine. Der M 129 aus dem 250 SE war ein um zwei Millimeter aufgebohrter und um sechs Millimeter im Hub vergrößerter 220 SEb-Motor mit siebenfach statt vierfach gelagerter Kurbelwelle und weiteren Detailänderungen, wie vergrößerten Ventilen.

Im 280 SE erfuhr der Sechszylinder weitere Veränderungen und trat als M 130 auf. Die Zylinder waren nicht mehr in Zweierpärchen angeordnet, sondern hatten gleichen Abstand. Der dadurch vergrößerte Zwischenraum konnte zum Aufbohren der Zylinder um 4,5 auf 86,5 Millimeter Bohrungsdurchmesser genutzt werden. Der daraus resultierende Hubraum betrug 2.778 cm³. Mit auf 9,5:1 angehobener Verdichtung und geänderter Nockenwelle brachte der 2,8-Liter 160 PS.

## DIE HECKFLOSSEN-MERCEDES IN IHRER ZEIT – TYPOLOGIE UND HISTORIE

▲

Als der 280 SE 3.5 im Herbst 1969 als Coupé und Cabriolet vorgestellt wurde, trugen die beiden eleganten Karosserievarianten zur Unterscheidung zu den Sechszylinder-Modellen eine breitere und flachere Kühlermaske vor der niedrigeren Motorhaube. Das Foto zeigt links ein Coupé mit dem hohen Kühler, der rechte Wagen präsentiert den Flachkühler.

Der 3,5-Liter-V8 des 280 SE 3.5 leistet 200 PS und verhilft dem Cabriolet und dem Coupé zu ansehnlichen Fahrleistungen, die sie zu den begehrtesten W 111-Varianten machen. ▶

140 Mercedes-Benz **HECKFLOSSE**

ARTENKUNDE

Auch im 170 PS starken 300 SE Cabriolet der Baureihe W 112 war man gut unterwegs: Er war mit seiner Luftfederung die Version für Genießer, die etwas besonders Exquisites liebten.

Mercedes-Benz **HECKFLOSSE** 141

## DIE HECKFLOSSEN-MERCEDES IN IHRER ZEIT – TYPOLOGIE UND HISTORIE

▲
Kaum ein anderes Auto machte sich in den 60er-Jahren vor der Kulisse von Monte Carlo so gut wie das Heckflossen-Cabriolet. Damals war der Hafen noch nicht so überfüllt und das Kongreß-Zentrum oberhalb des Tunnels noch nicht gebaut.

Eine Sonderrolle spielt der 3,5-Liter-V-Achtzylinder des 280 SE 3.5. Der mit elektronisch geregelter Bosch-Einspritzung D-JETRONIC bestückte Graugussmotor mit Leichtmetallzylinderköpfen war mit einem Bohrung-Hub-Verhältnis von 92 x 65,8 mm sehr kurzhubig ausgelegt und leistete mit einem Verdichtungsverhältnis von 9,5:1 genau 200 PS bei 5.800/min. Äußerlich unterschieden sich die Achtzylinder durch den flacheren Kühler von den Sechszylinder-Varianten (wobei die späten 280 SE Coupés und Cabriolets – ab Herbst 1969 – auch den Flachkühler der 3,5-Liter-Variante trugen). Auch preislich hoben sie sich von den Sechszylinder-Coupés

ARTENKUNDE

Doppelscheinwerfer gab es ab Werk nur als Sonderwunsch oder bei US-Modellen mit Sealed-Beam-Scheinwerfern. Ein großer Teil der Coupé- und Cabriolet-Käufer orderte die Zweifach-Leuchten. Was nur wenige wissen: Ab Werk gab es die Sonderwunsch-Scheinwerfer nur mit separaten Bosch-Nebelscheinwerfern, da bei den Halogen-Doppelscheinwerfern unten das Fernlicht eingebaut war.

▼

und -Cabriolets ab: Das Achtzylinder-Coupé beispielsweise kostete mit 32.025 D-Mark im August 1970 genau 2.885 Mark mehr als das damals noch gebaute 280 SE Coupé.

Noch eine grundsätzliche Anmerkung: Alle Versionen des Coupés und des Cabriolets – übrigens auch die W 111- und W 112-Limousinen – waren serienmäßig mit den hohen „Kirchenfenster"-Scheinwerfern ausgerüstet. Die beliebten – und heute bei den meisten noch existierenden Cabriolets und Coupés eingebauten – Doppelscheinwerfer gab es entweder (als Sealed-Beam-Leuchten) für den Export in die USA, als aufpreispflichtige Sonderausstattung oder als Zubehör respektive Ersatzteil.

Mercedes-Benz HECKFLOSSE 143

## DIE HECKFLOSSEN-MERCEDES IN IHRER ZEIT – TYPOLOGIE UND HISTORIE

Obwohl die eleganten Coupés und Cabriolets bei ihrer Vorstellung 1961 mit überschwänglichem Lob für ihre zeitlosen, distinguierten Karosserien bedacht wurden, kamen sie doch in die Jahre. Offensichtlich hatten sich die Mercedes-Kunden an ihnen sattgesehen, denn die Verkaufszahlen gingen zu Beginn der 1970er-Jahre zurück, und Daimler-Benz entschloss sich, Coupé und Cabriolet im Mai 1971 aus dem Programm zu nehmen. Mit den Coupés und Cabriolets, die nur noch angedeutete Heckflossen trugen, ging die Ära der Heckflossen bei Mercedes zu Ende. Es war eine erfolgreiche Zeit. Eine Zeit, in der sich Daimler-Benz als technischer Vorreiter auf dem Gebiet der Automobil-Sicherheit profilieren konnte und gleichzeitig qualitativ hochwertige, technisch fortschrittliche und optisch attraktive, modisch angehauchte Automobile baute. Eine Zeit, in der alle diese Attribute auf Mercedes-Benz-Automobile zutreffen, hat es bis heute nicht mehr gegeben.

Cabrio-Glück – halb zog sie ihn, halb sank er hin: Nicht viele Menschen hatten die Gelegenheit, das Bett im Kornfeld mit dem 280 SE 3.5 Cabriolet anzusteuern. Nur 1.232 Exemplare des W 111 E 35/1 produzierte Daimler-Benz zwischen November 1969 und Juli 1971 – exakt 626 Einheiten weniger als beispielsweise vom 300 SL Roadster …

ARTENKUNDE

Mercedes-Benz **HECKFLOSSE** 145

**BAUKUNST**

# Die Sondermodelle der Heckflossen-Mercedes

Von den insgesamt 1.002.761 produzierten Mercedes-Benz-Heckflossen-Automobilen der Baureihen W 110, W 111 und W 112 sind gerade einmal 6.203 Exemplare als sogenannte Fahrgestelle ausgeliefert worden. Karosseriebaufirmen bauten auf diesen Fundamenten den weitaus größten Teil der Heckflossen-Lieferwagen, -Kombis, -Krankenwagen und -Bestattungsfahrzeuge. Die Taxis hingegen entstanden auf der Basis der Serienlimousinen. Sie spielen – auch in diesem Kapitel – eine Sonderrolle.

Fast wie im richtigen Leben: Das gestellte Prospekt-Foto soll verdeutlichen, dass der bei IMA in Belgien gefertigte Mercedes Universal Kombi genügend Platz bietet, eine umfangreiche Mode-Kollektion im Gepäckabteil knitterfrei unterzubringen – und das Reisegepäck der vierköpfigen Besatzung passt auch noch hinein …

Mercedes-Benz **HECKFLOSSE** 147

**DIE SONDERMODELLE DER HECKFLOSSEN-MERCEDES**

BAUKUNST

Lassen wir die Kirche im Dorf: In der Klassik-Szene sind die Nutzfahrzeuge auf Basis der Heckflossen-Mercedes nur etwas für wirkliche Spezialisten. In ihrer Zeit waren sie für die positive Wahrnehmung der Marke Mercedes-Benz dagegen durchaus von Bedeutung (nicht nur die Taxis), wirtschaftlich spielten sie indes stets nur eine kleine Statistenrolle mit einem Anteil von rund sechs Promille an der Gesamtproduktion. Oder andersherum betrachtet: Von 1.000 gebauten Flossen wurden lediglich sechs als sogenannte Fahrgestelle an externe Karosseriebauer geliefert, die sie mit Karosserie-Eigenschöpfungen – als Kombis, Krankenwagen oder Bestattungsfahrzeuge – versahen. Daimler-Benz selbst stellte – bis zum Erscheinen des T-Modells auf Basis des W 123 bei der Frankfurter IAA im September 1977 – serienmäßig keine Kombis her. Denn noch zu Beginn der Heckflossen-Bauzeit haftete den sogenannten Kombinationskraftwagen der Ruf an, meist nur – unkomfortable – Lieferwagen oder Kleintransporter für den Handwerker oder den Gemüsehändler zu sein. Und: „Wer als Gewerbetreibender den Lastesel auch privat fuhr, war entweder sparsam oder knapp bei Kasse", schrieb Carsten Becker, ehemaliger Archivar der MBIG, in der Broschüre „Der Nutz-Benz oder: Die Ahnengalerie des T-Modells", die zu den ganz wenigen Quellen zum Thema Sonderaufbauten gehört. Becker erkannte: „Es war beim besten Willen keine Marktnische auszumachen, die eine Serienfertigung eines Kombis oder Pickup bei Daimler-Benz gerechtfertigt hätte." Basta. Aus.

Während die Heckflossen-Kombis nur ein Schattendasein fristeten, machten die ab April 1978 im Mercedes-Benz-Werk Bremen gefertigten W 123-T-Modelle den Kombi als elegantes und auch praktisches Gebrauchsfahrzeug salonfähig.

Mercedes-Benz **HECKFLOSSE** 149

## DIE SONDERMODELLE DER HECKFLOSSEN-MERCEDES

▲ Kombi-Entwurf von Paul Bracq: Dieser mit leichter Hand entworfene Kombi auf Basis des 220 Sb ging nie in Serie – schade drum.

Das galt auch für die weitere Zukunft – bis zum April 1978. Damals startete im Werk Bremen, das zuvor der Transporter-Fertigung vorbehalten war und sukzessive als Pkw-Montagewerk ausgebaut wurde, die Serienfertigung der dritten Karosserievariante der damaligen E-Klasse-Vorgängerbaureihe 123, das sogenannte „T-Modell" – „T" steht für Touristik und Transport. „Das T-Modell der W 123-Reihe markiert nicht nur den Beginn der Kombi-Ära bei Daimler-Benz, sondern eines beachtlichen, bis heute wachsenden Marktsegments". Der W 123 mit seinem eleganten Langdach und der luxuriösen Ausstattung trug maßgeblich dazu bei, den Kombi in Deutschland auch als privates Fortbewegungsmittel salonfähig zu machen. Heute sind Kombis als „T-Modell", „Sportsvan", „Avant", „Touring" oder gar als Coupé-Mischling unter der Bezeichnung „Shooting Brake" bei vielen Marken zu echten „Lifestyle"-Autos mutiert. „Der anspruchsvolle Kunde trägt Laderaum", so Autor Becker zur späteren Trendwende auf dem Kombinationskraftwagenmarkt.

Doch zurück in die Heckflossen-Epoche: Ein nennenswerter Markt für Kombis mit dem Stern existierte damals nicht, und die schüchternen Kombi-Anfänge lagen in den Händen externer Firmen. So ist es nicht verwunderlich, dass bei der heutigen Daimler AG nur wenige belastbare Fakten zum Thema Heckflossen-Kombi und -Nutzfahrzeuge dokumentiert sind. Deshalb gilt für alle Angaben in diesem Kapitel: Vieles beruht auf Angaben aus der Broschüre „Der Nutz-Benz" und aus vereinzelten Sekundärquellen.

Schon lange vor der offiziellen Präsentation der Vierzylinder-Heckflossen auf der IAA 1961 stand per Vorstandsbeschluss vom 14. Januar 1959 fest, dass die Abteilung Entwicklung „möglichst bald ‚station cars' fertigungsreif machen soll", was dann auch geschah – allerdings unter anderen als vom Vorstand angedachten Umständen. Denn wiederholte Anläufe, Heckflossen-Kombis in den Mercedes-Werken zu bauen, versandeten – so überließ es Daimler-Benz Fremdfirmen, Kombi-Versionen zu gestalten. Die Gründe dafür sind auch versandet – Daimler-interne Aufzeichnungen darüber sind nicht bekannt. Doch beim Betrachten der wirtschaftlichen Gegebenheiten lässt sich vermuten, dass Kapazitätsgründe in der Entwicklung und in den Fertigungs-Werken ursächlich dafür waren. Erst 1965 gab es dann tatsächlich einen in Kleinserie hergestellten Kombi mit der Bezeichnung „Universal", hergestellt bei der belgischen Firma IMA. Dazu später mehr.

Lassen Sie uns zuvor nochmals einen Blick in den Rückspiegel werfen – auf Daimler-Benz-interne Überlegungen, dokumentiert durch einen sehr reizvollen Entwurf von Paul Bracq aus den späten 1950er-Jahren auf 220 Sb-Basis. Der elegant erscheinende 220 Sb mit Langdach ging leider nie in Serie – und nur drei 220 b-Fahrgestelle wurden den Werksaufzeichnungen zufolge neben den 5.859 W 110-Chassis und 341 Chassis des 230 S ausgeliefert. Die 220 b-Chassis tauchten auch nicht in den offiziellen Preislisten auf – und über sie ist nur wenig überliefert. Eines dieser drei Fahrzeuge ist Insidern jedoch bekannt: Es ist ein vom damaligen Werksfotografen ausführlich dokumentierter Krankenwagen der Karosseriefirma Binz in Lorch/Württemberg, dessen Bilder verschiedentlich in der einschlägigen Literatur auftauchen.

Doch nun wieder der Blick zurück nach vorne: Ab etwa Anfang 1962 lieferte Daimler-Benz Heckflossen-Fahrgestelle mit der Technik des 190 c und Dc zu Preisen von 9.810 und 10.310 D-Mark als sogenannte „Fahrgestelle mit Teilkarosserie viertürig" für Krankenwagen oder alternativ für Sonderaufbauten aus. Ohne montierte hintere Türen, ohne Dach, ohne Innenausstattung, ohne Heckfenster, ohne Kofferraumdeckel, ohne Heckabschlussblech und lediglich grundiert. Für diese Grundierung wiederum gab es auf den Datenkarten der Fahrgestelle selbstverständlich einen eigenen Farbcode…

Krankenwagen von Binz in Lorch auf Basis des 220 b – Rarität mit Vergaser-Sechszylinder und kleinen Heckleuchten.

## DIE SONDERMODELLE DER HECKFLOSSEN-MERCEDES

▲

Basis für die ausschließlich bei Fremdfirmen gefertigten Heckflossen-Kombis war das sogenannte „Fahrgestell mit Teilkarosserie"– genau genommen eine Rohkarosse mit unfertigem Hinterteil.

Der Lieferumfang war so gewählt, dass Karosseriebauer möglichst wenig an der Substanz ändern mussten, um maßgeschneiderte Aufbauten zu realisieren – auch auf Sitze und Verkleidungen wurde vollständig verzichtet. Vorgesehen waren diese Fahrgestelle zwar auch für Kombis, Lieferwagen oder Pick-ups, doch dienten sie in erster Linie als Grundlage für Kranken- und Bestattungswagen.

Die Karosseriebauer hatten allerdings ein kleines, aber in der Auswirkung beträchtliches Problem zu lösen: Die Heckgestaltung des W 110/111 erwies sich als recht unpraktisch für einen Kombi- respektive Lieferwagen-Aufbau. Zwar waren die horizontal angeordneten Heckleuchten formschön, aber vor allem standen sie im Weg. Die Kombi-Lösungen der ersten Jahre konnten ästhetisch folglich wenig überzeugen: Kurze Heckklappe und separates Fach für das Reserverad, dafür Serienleuchten, oder lange Heckklappe mit teils sehr unharmonischen, übereinander angeordneten Einkammerleuchten. Bald waren jedoch die später vor allem durch den IMA-Typ „Universal" bekannten Dreiecks-

Mercedes-Benz 190 D Universal von IMA in Belgien: Äußeres Merkmal waren die 15-Zoll-Räder anstelle der 14-Zöller, die für mehr Bodenfreiheit sorgten.

leuchten werksseitig lieferbar, und damit konnten die Lampen-Experimente für Kombis wie für Krankenwagen zugunsten einer optimalen Heckklappe beendet werden.

Ohnehin galt der in Belgien gefertigte Typ „Universal" als der Heckflossen-Kombi schlechthin: Die ursprünglich in Brüssel ansässige IMA (Importation de Moteurs et d'Automobiles), ab 1951 Generalvertretung für Mercedes-Benz-Pkw, errichtete 1954/55 das Montagewerk in Malines, in dem nacheinander die Limousinen der Ponton- und Heckflossen-Baureihen sowie abschließend noch einige W 114/115 montiert wurden. Dort entstanden auch die Mercedes-Benz „Universal" Heckflossen-Kombis.

Mit der Präsentation des IMA-Universal auf dem Brüsseler Automobilsalon im Januar 1965, zunächst ausschließlich als 190 Dc, begann IMA, den etablierten Mercedes-Partnern für Nutzfahrzeuge – vor allem Binz und Miesen – heftige Konkurrenz zu machen. Für die Kombi-Fertigung musste das Montagewerk erheblich aufgerüstet werden, die kombispezifischen Karosserieteile kamen zunächst aus Deutschland, bis die IMA ab Ende 1965 über eine entsprechende eigene Presse verfügte. Aus der geplanten Tagesproduktion von 10 bis 20 Fahrzeugen, andere Quellen erwähnen 5.000 Fahrzeuge jährlich, ist dennoch nichts geworden.

Der Universal, für 710 Kilogramm Nutzlast fahrwerksseitig durch tragfähige 15-Zoll-Räder, härtere Federn und eine Zusatz-Luftfeder an der Hinterachse aufgerüstet, unterschied sich auch im Innenraum von den meisten Konkurrenzprodukten. Der Laderaum war mit „Panolux"-Holzfaserplatten, auf denen sich Gummi-Schutzleisten befanden, ausgekleidet – das wirkte repräsentativ, war aber kratzempfindlich und somit wenig praxisgerecht. Sinnvoller war die auf Wunsch lieferbare, wahlweise symmetrisch oder asymmetrisch geteilte Rücksitzbank, deren Sitzkissen allerdings vorgeklappt hinter den Vordersitzen stand und den Laderaum verkürzte. Das Reserverad stand verkleidet rechts im Laderaum. Ebenfalls auf Wunsch gab es eine dritte, gegen die Fahrtrichtung aus dem Laderaumboden herausklappbare Sitzbank, inspiriert von französischen Familienkombis (und wiederzufinden bei allen späteren T-Modellen). Die übrige Innenausstattung entsprach den Limousinen aus deutscher Fertigung, einschließlich der Farbpalette der MB-Tex-Sitzbezüge.

Für den belgischen Markt waren weitere Varianten lieferbar, so etwa ein verblechter viertüriger Lieferwagen und eine Bestattungswagen-Version mit zusätzlichem (W 112-)Chrom oder ein Krankenwagen mit Krankentrage nebst Halterung. In diesen Bereichen allerdings hatten die spezialisierten Wettbewerber mehr zu bieten. Dafür machte der Universal den deutschen Marktführern Binz und Miesen als Kombi zu schaffen, da er nicht nur preiswerter war, sondern auch in keiner Weise improvisiert wirkte. Der Import nach Deutschland begann, nach der Umstellung des Modellprogramms auf 200, 200 D, 230 und 230 S, allerdings erst im Herbst 1966 durch eine eigens gegründete, im Düsseldorfer Mercedes-Transporterwerk ansässige IMA-Tochtergesellschaft.

## DIE SONDERMODELLE DER HECKFLOSSEN-MERCEDES

▲

Durch die kleineren Dreiecks-Rückleuchten konnte das Heck mit großer Klappe optisch ansprechend gestaltet werden. Der Laderaum des IMA-Universal war mit Panolux-Platten ausgelegt, die durch Gummileisten geschützt wurden. Mit umgeklappter Rückbank ergab sich ein vorbildlich ebener Laderaumboden.

Im Gegensatz zur Werbung durch das Mutterhaus erfolgte der Vertrieb über die IMA, nicht über Daimler-Benz; die Vertragspartner und Niederlassungen waren formal also auch IMA-Händler.

Selbst für diesen Beinahe-Werkskombi sind die Stückzahlangaben mit Vorsicht zu genießen. Lediglich die Aussage, dass die 341 Fahrgestelle des 230 S nahezu vollständig als Bausätze nach Malines gelangten, ist gesichert. Auf deren Basis entstanden nach

## Übersicht Heckflossen-Fahrgestelle für Nutzfahrzeuge

| Baumuster | Typ | Ausführung | Radstand in mm | Bauzeit | Stückzahlen |
|---|---|---|---|---|---|
| 110.000 | 190 c, 200 | Fgst. mit TK viertürig für Krankenwagen | 2.700 | 1.1962 - 2.1968 | 190 c: 724<br>200: 418<br>230: 639<br>190 Dc: 1.825<br>200 D: 2.253 |
| 110.001 | 190 c, 200 | Fgst. mit TK viertürig für Sonderaufbauten | 2.700 | 1.1962 - 2.1968 | |
| 110.002 | 230 | Fgst. mit TK viertürig für Krankenwagen | 2.700 | 8.1965 - 12.1967 | |
| 110.003 | 230 | Fgst. mit TK viertürig für Sonderaufbauten | 2.700 | 8.1965 - 12.1967 | |
| 110.004 | 200 | Fgst. mit TK viertürig für Krankenwagen | 3.100 | 8.1965 - 12.1967 | |
| 110.005 | 230 | Fgst. mit TK viertürig für Krankenwagen | 3.100 | 8.1965 - 12.1967 | |
| 110.100 | 190 Dc, 200 D | Fgst. mit TK viertürig für Krankenwagen | 2.700 | 1.1962 - 2.1968 | |
| 110.101 | 190 Dc, 200 D | Fgst. mit TK viertürig für Sonderaufbauten | 2.700 | 1.1962 - 2.1968 | |
| 110.104 | 200 D | Fgst. mit TK viertürig für Krankenwagen | 3.100 | 8.1965 - 12.1967 | |
| 111.000 | 220 b, 230 S | Fgst. mit TK viertürig für Krankenwagen | 2.750 | 1.1962 - 12.1967 | 220 b: 3<br>230 S: 341 |
| 111.001 | 220 b, 230 S | Fgst. mit TK viertürig für Sonderaufbauten | 2.750 | 1.1962 - 12.1967 | |
| **Summe** | | | | | **6.203** |

eigenen Angaben von IMA 336 Exemplare des 230 S-Universal. Der Markterfolg der Universal-Baureihe war insgesamt wenig überzeugend. Mit Preisen von 14.750 D-Mark (200), 15.400 D-Mark (200 D), 15.900 D-Mark (230) und 18.600 D-Mark (230 S), jeweils zuzüglich Sonderausstattungen, konnten bei Lieferzeiten von nur zwei bis drei Monaten weitaus weniger Universal abgesetzt werden als geplant. In den deutschen Verkaufsunterlagen wurden die Flossenkombis, parallel zur Strich-Acht-Generation, noch bis Frühjahr 1968 geführt und teilweise noch wesentlich später unter großen preislichen Zugeständnissen abverkauft. Etwa 2.000 Kombis – so die allgemein verbreitete Schätzung – dürfte IMA gebaut haben.

Überhöhte Hoffnungen seitens IMA über die möglichen Verkaufszahlen mögen ein Grund dafür gewesen sein, dass die IMA, die in besten Zeiten bis zu 800 Mitarbeiter beschäftigte, in wirtschaftliche Schwierigkeiten geriet und schließlich, dem Vernehmen nach kurz nach der Umstellung der Montage auf die W 114/115 im Jahr 1968 (eine andere Quelle spricht von 1973), in Konkurs ging.

Wie in Belgien, so wurden auch in Portugal Nutzfahrzeuge auf der Grundlage von CKD-Bausätzen hergestellt. Allerdings ist deren Zahl nicht dokumentiert. Ohnehin sind nur wenige Fakten der portugiesischen Kombis und Nutzfahrzeuge auf Flossen-Basis überliefert. Treibende Kraft war der portugiesische Mercedes-Generalvertreter C. Santos in Lissabon. Zu ihm gehörte neben fünf Niederlassungen in den größeren Städten des Landes noch eine Gruppe weiterer Unternehmen, so das Montagewerk Movauto in Setúbal und das Karosseriewerk Metalofabril, später Mercauto Fabril in Lissabon. Die Ausgangssituation, die in Portugal zur Montage zunächst von Ponton-Mercedes vor Ort führte, war geprägt von einer massiven Steuerbelastung für importierte Kraftfahrzeuge bei einer über lange Zeit angespannten wirtschaftlichen und politischen Situation.

Die Santos-Gruppe bot bereits Kombis auf Ponton-Basis an. Zumindest gab es entsprechende Prospekte und vereinzelte Fotos. Über die Nachfolgermodelle auf Basis der Baureihe W 110 ist etwas mehr bekannt, zumal sich mindestens ein solches Fahrzeug, ein 190 Dc von 1965, in Deutschland befindet. Gefertigt wurden diese Fahrzeuge mit großer Sicherheit im Montagewerk Movauto auf der Basis von CKD-Bausätzen mit – relativ hohem lokalem Anteil – neben den Kombi-spezifischen Karosserieteilen auf jeden Fall der gesamten Innenausstattung. Es kann unterstellt

## DIE SONDERMODELLE DER HECKFLOSSEN-MERCEDES

In Deutschland waren Binz und Miesen Marktführer bei der Herstellung von Heckflossen-Spezialaufbauten – das Bild zeigt die Fertigung bei Binz in Lorch.

werden, dass, ebenso wie beim Nachfolger W 115, fast ausschließlich Fahrgestelle mit Dieselmotor verwendet worden sind – mit Ausnahme vielleicht der Behördenfahrzeuge. Eine parallele Fertigung von Krankenwagen innerhalb der Santos-Gruppe hatte zu dieser Zeit hingegen wohl nicht stattgefunden, über C. Santos gelangten stattdessen einige neue Miesen-Krankenwagen ins Land, die vereinzelt womöglich noch in Betrieb sind. In Form und Ausstattung ähnelte der portugiesische Flossenkombi dem belgischen Konkurrenzprodukt, ohne jedoch im Detail dessen Verarbeitungsniveau zu erreichen.

In Deutschland hingegen kümmerten sich vor allem Binz und Miesen um die Umgestaltung der Heckflossen-Mercedes zu Nutzfahrzeugen: Die in Lorch ansässige Karosseriefabrik Binz & Co. und die Fahrzeug- und Karosseriewerke Christian Miesen in Bonn bauten zwar auch Kombis, konzentrierten sich jedoch in erster Linie auf den Bau von Krankenwagen sowie Bestattungsautos und sind bis heute in diesem Metier tätig. Ihre frühere Position als unumstrittene Marktführer verdankten sie unter anderem der Tatsache, dass sie ab 1955 faktisch als Hauslieferanten für Mercedes-Benz-Krankenwagen tätig waren. Beide hatten zu Beginn der Heckflossen-Ära bereits jahrzehntelange Erfahrungen im Bau von Krankenfahrzeugen gesammelt. Etwa zu Jahresbeginn 1962 lief bei Binz und Miesen die Herstellung der Ponton-Nachfolgemodelle auf Basis der Baureihen W 110 (bis 1965 190 c/Dc) und W 111 an. Während die Anzahl der Ausführungen der Kranken- und Bestattungswagen beider Anbieter zunahm, wurde die Kombi-Modellgeschichte mit jeweils nur einer Aufbauversion deutlich übersichtlicher. Änderungen im Detail gab es dennoch, vor allem bei Miesen. Gemeinsam war beiden Wettbewerbern die Verwendung der unveränderten hinteren Limousinentüren für sämtliche Kombiaufbauten, deren an die fallende Dachlinie der Limousinen angepasste Form der Fensterrahmen die Dach- bzw. Fensterlinie der Sonderaufbauten empfindlich störte. Verarbeitung und Materialien entsprachen den Vorgängermodellen, auch die Heckflossen-Fahrgestellbaumuster kamen ohne Innenausstattung zur Auslieferung und erhielten Sitzgarnituren sowie Verkleidungen durch die Aufbauer.

Der Binz-Kombiaufbau entsprach in der Grundform mit nach oben öffnender langer Heckklappe und gerader Dachlinie dem niedrigen Krankenwagen-Aufbau in früher Form (Typ Europ 1000), allerdings mit flacherem Dach, erkennbar an der fehlenden Versteifungssicke

BAUKUNST

> Kennzeichen der Binz- und Miesen-Kombis auf 190 c- und 190 Dc-Basis: Durch die Verwendung der hinten niedrigeren Limousinentüren ergab sich ein unharmonischer Übergang zwischen Seitentürenfenster und Laderaumfenster; die Dachlinie konnte nicht durchgehend knickfrei gestaltet werden. Das Bild links zeigt den Miesen-Kombi, unten ist die Binz-Variante zu sehen.

oberhalb der Regenrinne. Hoch genug, um dem Fahrzeug einen deutlichen Nutzfahrzeugcharakter zu geben, war der Dachaufbau immer noch. Die einzige äußere Veränderung erfuhren die Aufbauten recht früh, als die Dreiecks-Rückleuchten lieferbar wurden – bis dahin verwendete Binz zwei übereinander angeordnete runde Einkammerleuchten. Der Tankeinfüllstutzen befand sich stets im linken Seitenteil. Zumindest ein Fahrzeug entstand jedoch bei Binz mit abweichender Dachlinie, die sich an den Fensterrahmen der Türen orientierte und somit ein etwas flacheres drittes Seitenfenster erforderte.

Mehr Variationen gab es bei der Innenraumgestaltung. Die klappbaren Rücksitzbänke waren wie bisher in zwei Versionen lieferbar, und auch der Laderaum konnte unterschiedlich gestaltet werden, abhängig davon, ob das Fahrzeug etwa in Taxi-, Behörden- (Polizei-) oder Handelsvertreter-Einsatz gelangte. Standard war die Ausführung mit flachem, wenige Zentimeter über der Stoßstange liegenden Ladeboden und rechts im Laderaum stehendem Reserverad. Lieferbar war jedoch ebenfalls eine Version mit hohem Ladeboden, ähnlich wie beim Ponton-Kombi. Hier lagen Reserverad und Werkzeugfach hinter separaten Klappen. Auch Spezialitäten wurden geliefert, etwa zwei Koffer mit Schubladen, auf Führungsschienen aus dem Laderaum herausziehbar, offenbar für eine Musterkollektion. Es handelte sich um die Luxusvariante für den Handelsreisenden, Basis war hier nämlich ein W 111 (220 b, Sb oder SEb).

Mercedes-Benz **HECKFLOSSE** 157

## DIE SONDERMODELLE DER HECKFLOSSEN-MERCEDES

**Binz** KAROSSERIE — EIN BEGRIFF FÜR QUALITÄT

### BINZ-Sonderaufbau für Mercedes-Benz-Fahrgestelle Typ 190/190 D als Blutkonserven-Verteilerwagen

**AUFGABE EINES BLUTKONSERVEN-VERTEILERFAHRZEUGS**
Dieses Fahrzeug muß in kürzester Zeit Blutkonserven, die eine Blutbank zentral lagert, in ein entferntes Krankenhaus oder an eine Unfallstelle bringen können, wo durch kurzfristige Bluttransfusion Menschenleben gerettet werden können. Dabei ist der Wagen so ausgerüstet, daß die Blutkonserven in geeigneter Temperatur transportiert werden.

**CHASSIS UND AUFBAU**
Zur Verwendung kommt ein Personenwagen-Chassis MERCEDES-BENZ, viertürig, Typ 190/190 D mit Benzin- oder Dieselmotor, mit BINZ-Aufbau.
Die vier Seitentüren, von denen die vorderen mit Kurbelfenstern versehen sind, gestatten bequemen Zugang zur Sitzbank vorn und zu den Aggregaten. Der Fahrerraum selbst wird in serienmäßiger Ausstattung geliefert.

**LADERAUM**
Zwischen Fahrer- und Laderaum befindet sich eine Trennwand. Durch die Seitentüren gelangt man zu der Kältemaschine, der Pufferbatterie und dem Schnellladegerät. Während der Fahrt versorgt eine 300-Watt-Lichtmaschine das Kälteaggregat mit Strom. Wenn das Fahrzeug längere Zeit steht, kann die Kühlanlage über einen Gleichrichter durch das 220-Volt-Wechselstromnetz gespeist werden. Durch eine breite Heckklappe wird die Kühltruhe erreicht, in der die Blutkonserven in Flaschen untergebracht sind. Thermostate regeln die Temperatur im Kühlraum selbsttätig. Durch Kontrollgeräte am Armaturenbrett wird die Kühlanlage überwacht und die Temperatur im Kühlraum zwischen + 10° und + 4° Celsius automatisch gesteuert.

Binz-Spezialität: Die Lorcher Firma baute sogar einen Spezialtransporter für Blutkonserven.

Ob Lieferwagen-Versionen bei Binz ausgeführt wurden, ist unklar. Es gab, allerdings auf Europ-1000-Basis, einen Blutspendentransporter für das DRK Baden-Baden – und auf Kombi-Basis einen Kühlwagen: Das Fahrzeug hatte vier verglaste Türen, jedoch einen vollständig verblechten Laderaum, in dem sich ein stark isoliertes Fach und ein Kühlaggregat befanden! Die weit überwiegende Zahl der Binz-Kombis gelangte auf W 110-Fahrgestelle, und zwar mehrheitlich mit Dieselmotor. Allerdings entstanden wenigstens drei W 111-Kombis mit 2,2-Liter-Motor (und zwar unabhängig von den bekannten Fahrgestell-Produktionszahlen) und ein 230 S-Kombi.

Miesen blieb der 1960 beim Ponton-Kombi eingeschlagenen gestalterischen Linie treu und entwickelte einen eigenständigen Aufbau, der sich deutlich von allen Lorcher Krankenwagen des Konkurrenten Binz unterschied, vor allem im Heckbereich mit der einteiligen Heckklappe. Mit 1.550 bzw. 1.560 Millimeter Höhe fiel der Aufbau nur 60 bis 70 Millimeter höher als die Limousine (und 30 Millimeter höher als der IMA-Universal) aus, war also flacher als die Binz-Variante geraten und wirkte etwas weniger nutzfahrzeugartig. Die dreieckige Zierblende über den hinteren Türen betonte allerdings eher das Problem mit der Dachlinie, anstatt es zu kaschieren.

Das Heck der Miesen-Kombis veränderte sich deutlich mit der Zeit. Standard ab Anfang 1962 war zunächst eine Version mit Limousinen-Rückleuchten und hoher Ladekante. Das Reserverad befand sich liegend hinter einer separaten Klappe zwischen den Rückleuchten, auf der das Kennzeichen montiert wurde, der Tankeinfüllstutzen links daneben. Dafür behielt Miesen die grundsätzlich flach umzulegende Rücksitzbank bei. Ganz glücklich mit der hohen Ladekante war man bei Miesen wohl nicht, jedenfalls existiert auch eine frühe Aufbauvariante mit weit heruntergezogener Heckklappe, die bereits die Miesen-typische Verstärkungssicke aufweist, wobei auch in Bonn kleine Einkammer-Rückleuchten verwendet wurden. Später, nachdem die Dreiecks-Rückleuchten lieferbar waren, erhielten die Miesen-Kombis grundsätzlich eine längere, allerdings nicht ganz bis zur Stoßstange reichende Heckklappe, das Reserverad stand nun rechts im Laderaum und der Tankeinfüllstutzen wanderte wie bei Binz ins linke Seitenteil.

Vom Miesen-Heckflossenkombi ist eine viertürige Lieferwagen-Version bekannt, die auf den ersten Blick wie ein Krankenwagen kurz/hoch mit verblechtem Patientenraum wirkt, tatsächlich wurde aber eine Kombi-Karosserie mit einem Hochdach versehen. Ob Miesen Kombis oder Krankenwagen auf den 220 b-Typen (W 111) aufgebaut hatte, bleibt offen.

Nachdem Daimler-Benz entschieden hatte, ab April 1966 den Universal aus dem belgischen Montagewerk IMA auf dem deutschen Markt anzubieten, dürften die ohnehin mäßigen Stückzahlen ziviler Kombis von Binz und Miesen ziemlich schlagartig weggebrochen sein. Ganz vom Markt genommen haben aber beide Anbieter ihre Modelle nicht, obwohl sie im direkten Vergleich einen schweren Stand hatten.

Optisch konnten die Angebote aus Lorch und Bonn gegen den wie aus einem Guss wirkenden Universal naturgemäß kaum bestehen – und der Preisnachteil war beachtlich. Ein Binz-Kombiaufbau kostete ohne Extras ab April 1966 stolze 5.530 D-Mark, ein Komplettfahrzeug (200 Benziner) somit ab etwa 15.900 D-Mark, während ein 200 Universal schon ab 14.900 D-Mark zu bekommen war. Das war schon ein namhafter Betrag, obwohl beide Kombis schon in der billigsten Version (eben der 200 Benziner) mit einer Handvoll Extras den Gegenwert eines 250 SE repräsentierten. Inwieweit das handwerkliche Finish von Binz oder Miesen den Mehrpreis wert war, vor allem was die Robustheit der Innenausstattung im Vergleich zum ebenso ansprechenden wie empfindlichen Universal-Innenraum betrifft, kann mangels gut erhaltener Vergleichsexemplare heute kaum beurteilt werden.

Miesen-Hochdach-Kombi: Auf den ersten Blick erscheint der Lieferwagen wegen seines hohen Aufbaus wie ein Krankenwagen.

DIE SONDERMODELLE DER HECKFLOSSEN-MERCEDES

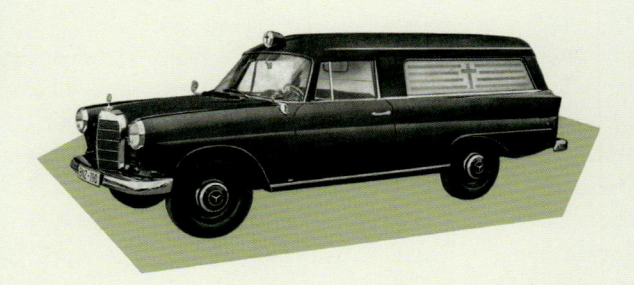

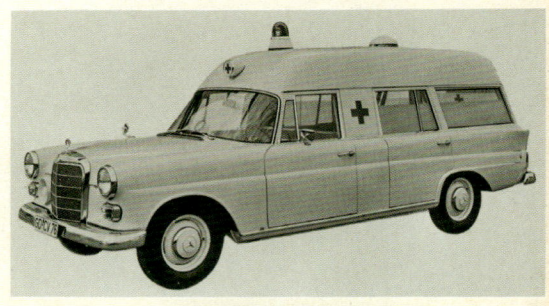

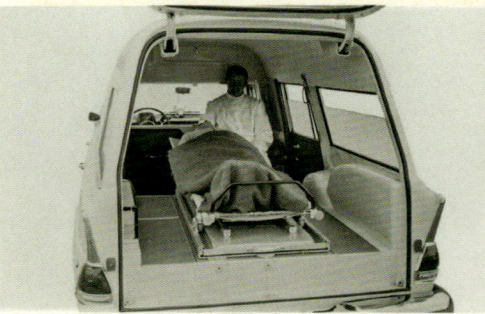

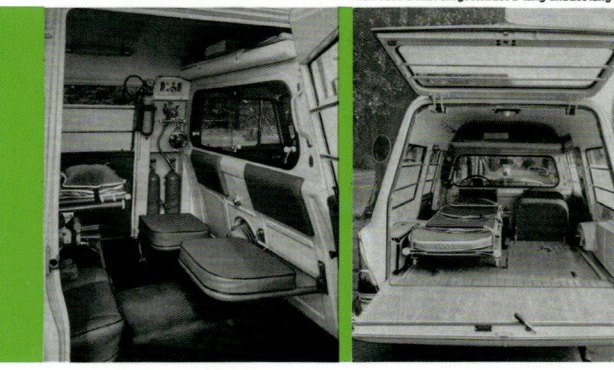

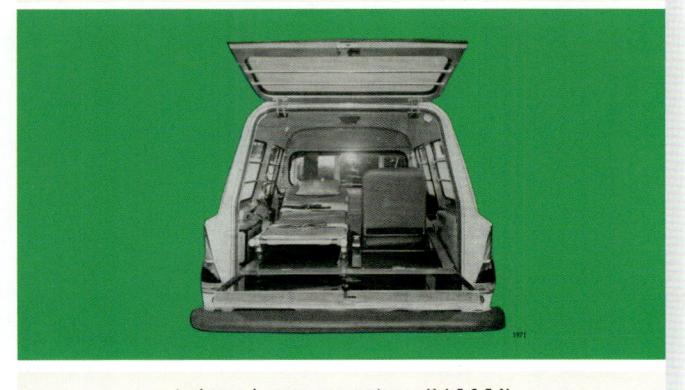

**BAUKUNST**

*Prospekt-Ansichten und -Fotos:*
*Die Kombis, Krankenwagen und Bestattungsfahrzeuge spiegeln einen Teil des Varianten- und Ideenreichtums der Karosserie-Spezialfirmen wider, die sich um die Heckflossen-Sonderaufbauten kümmerten.*

Neben diesen Hauptdarstellern auf dem Kombi-Sektor gab es eine Reihe weiterer Firmen, die sich der Heckflosse annahmen, um sie für spezielle Zwecke umzubauen. Da wäre an erster Stelle die Firma Conrad Pollmann Norddeutsche Karosseriefabrik GmbH in Bremen zu nennen, die es bis zum Ende der Firmengeschichte nach zwei Konkursen in den Jahren 2008 und 2016 zeitweise zum Weltmarktführer beim Bau von Bestattungswagen gebracht hatte – und sogar einen legendären Solitär in Form eines (aus einem Gebrauchtwagen umgebauten) Mercedes-Benz 600 W 100 als Kombi für die letzte Fahrt karossierte. In den 1960er-Jahren fertigte Pollmann äußerst elegante Leichenwagen auch auf Basis von Sechszylinder-Heckflossen – Stückzahlen sind nicht überliefert. Doch es gibt allerlei Bildmaterial über Pollmann-Bestattungswagen, von denen zwei exemplarisch auf der Seite 162 zu sehen sind.

Als ausreichend zahlungskräftiger Bestattungsunternehmer hatte man bei der Wahl des neuen Firmenwagens eine bemerkenswert große Auswahl. Neben Pollmann lieferten auf dem deutschen Markt vor allem das Karosseriewerk Rappold in Wülfrath, Karosseriebau Paul Stolle in Hannover und Karosseriebau Kurt Welsch in Mayen stilistisch jeweils sehr eigenständige Bestattungsfahrzeuge. Diese Betriebe existieren heute noch. Bei dieser Gelegenheit soll nicht unerwähnt bleiben, dass auch Miesen einige Bestattungswagen auf Basis des W 110 und W 111 gebaut hat. Gut möglich, dass auch der eine oder andere 300 SE aus der Baureihe W 112 zum Bestattungswagen umgebaut wurde, sei es aus einer als Neuwagen gelieferten Limousine oder als Gebrauchtwagen. In der Bestattungsbranche war der Chromzierrat des 300 SE ein beliebtes Mittel zur optischen Aufwertung der Fahrzeuge, sodass anhand der wenigen erhaltenen Fotos nicht mit Gewissheit gesagt werden kann, ob der abgebildete Sechszylinder-Bestattungswagen nun ein aufgewerteter W 111 oder tatsächlich ein W 112 war.

## DIE SONDERMODELLE DER HECKFLOSSEN-MERCEDES

Pollmann-Bestattungswagen auf Basis des W 111 – hier eine frühe kurze Ausführung. Das genaue Baujahr ist nicht bekannt.

Ein weiterer Leichenwagen aus Bremen in längerer Version – auch das Baujahr dieses Wagens ist nicht überliefert.

Neben diesen Firmen beschäftigten sich weitere Hersteller von Sonderaufbauten mit der Heckflosse – oftmals entstanden nur Einzelexemplare nach Kundenvorstellungen. In der Heckflossen-Historie spielten sie zwar nur Statistenrollen, sorgten aber dennoch für etwas zusätzliche Würze. So nutzte Jacques Coune die Leserbriefseiten in „auto motor und sport" (Heft 18/1963) zur Präsentation seines 220 SEb Break – damals kein so ungewöhnlicher Weg, ein Produkt vorzustellen: „Es wird Sie interessieren, daß wir neuerdings einen schnellen Mercedes-Kombi 220 S und 220 SE entworfen haben und bauen," schrieb der Firmeninhaber. Coune betrieb in Brüssel einen größeren Karosseriebau und Autohandel, unter anderem vertrat man Abarth und Iso in Belgien.

Vier Jahre lang, von 1963 bis 1966, versuchte man sich zusätzlich in exklusiven Umbauten von Serienfahrzeugen – so entstanden bei Coune Kombis auf BMW- und Mercedes-Benz-Basis, Volvo-Amazon-Cabriolets, ein MG B-Coupé und weitere Einzelstücke. Wie viele dieser Fahrzeuge entstanden, ist ungewiss. Coune selbst erwähnte, dass eine Kleinserie geplant war. Heute sind Aussagen dazu nicht mehr möglich. Jacques Coune verkaufte den Betrieb im Jahr 1970.

Noch ein Leserbrief in „auto motor und sport", gut ein Jahr vorher (Heft 14/1962): Ein Leser aus Wien (vermutlich ein Mitarbeiter) stellte den neuen Jauernig-Kombi auf Basis des 190 c und Dc vor. Der seit 1911 bestehende Karosseriebau Friedrich Jauernig, ansässig im 18. Bezirk von Wien, beschäftigte sich seit etwa 1951 auch mit der Fertigung von Kombis auf Mercedes-Benz-Fahrgestellen, zunächst noch auf 170-Basis, später dann auf Ponton- und Heckflossen-Basis. Daneben entstanden in Wien auch Nutzfahrzeug- und Bestattungswagen-Aufbauten.

Früher Lifestyle-Kombi: 220 SEb Break von Jacques Coune, mit aufwändiger Korbgeflecht-Dekoration an den Heckflossen und sehr spezieller Gestaltung der Heckklappe unter Verwendung der Limousinen-Heckscheibe

Die Kombi-Fertigung mit etwa 15 Mitarbeitern erfolgte hier jedoch, im Gegensatz zu vielen anderen Anbietern, offensichtlich kontinuierlich. Mindestens ein Heckflossen-Kombi von Jauernig ist als anspruchsvolles Restaurierungsprojekt erhalten geblieben.

Ein grundlegendes Problem, das durch die selbsttragende Karosseriebauweise entstand, sorgte schließlich dafür, dass die von externen Betrieben gefertigten Sonderkarosserien ausstarben: Es ist der Entwurf, die Konstruktion und die Herstellung der benötigten Karosserieteile. Sind diese erst mal verfügbar, ist der Zusammenbau zum kompletten Fahrzeug für einen qualifizierten Karosseriebaubetrieb die leichtere Übung. Jedoch: Eine vollständig handwerkliche Fertigung von Karosserieteilen, wie in den 1950er-Jahren von zahlreichen kleineren Anbietern praktiziert, war schon bald wirtschaftlich uninteressant. Die Zahl der Hersteller von Sonderaufbauten nahm folglich in den 1960er- und 1970er-Jahren deutlich ab. Auch Binz – mittlerweile in zwei unabhängige Firmen mit Sitz in Lorch und im thüringischen Ilmenau aufgespalten – und Miesen, die immer noch bekanntesten Vertreter dieser speziellen Zunft, haben unternehmerisch turbulente Zeiten hinter sich, sind aber noch (oder wieder) im Geschäft.

## DIE SONDERMODELLE DER HECKFLOSSEN-MERCEDES

Ein gewohntes Bild:
Vor deutschen – und teilweise auch europäischen – Bahnhöfen warteten fast ausschließlich Mercedes-Taxis.
Die Heckflosse war bei Taxifahrern und Fahrgästen auch wegen ihres riesigen Kofferraums beliebt.

**BAUKUNST**

Im Innenraum das auffälligste Taxi-Merkmal: Das Taxameter zur Fahrpreis-Ermittlung.

Ob die Heckflossen-Taxis, die fast ausschließlich in 190 Dc- und 200 D-Versionen in den 1960er-Jahren das Straßenbild vor den Bahnhöfen prägten, zu den Sondermodellen gezählt werden können – darüber ließe sich trefflich streiten. Tatsache ist jedenfalls, dass die Taxis mit dem Stern – ob als Heckflosse oder noch als Ponton-Vorgängermodelle – fast eine Monopolstellung in Deutschland genossen. Und auch im Ausland wussten Taxi-Chauffeure und ihre Kunden die Zuverlässigkeit und den Komfort der Stern-Flossen zu schätzen. Dazu kam: „Unter den Automobilen, die zu Beginn der sechziger Jahre üblicherweise von einem Taxi-Unternehmer in die engere Wahl gezogen wurden, waren die Mercedes-Benz Limousinen 190 D und 200 D diejenigen mit dem höchsten Listenpreis. Sie waren aber zugleich auch die Wagen mit der reichhaltigsten Ausstattung und mit der am weitesten ausgereiften Technik. (…) Durchschnittliche 1,5- bis 1,7 Liter-Autos mit Benzinmotoren wurden von der Konkurrenz um rund 3.500 DM billiger angeboten, entwickelten im Stadtverkehr erheblich mehr Durst und erhielten nach 100.000 Kilometern Fahrleistung nur erheblich niedrigere Wiederverkaufswerte." So bringt Ulrich Kubisch, Verfasser des Buchs „Mercedes-Benz Taxi – Ein Stern für das mobile Gewerbe" die Qualitäten der Heckflossen-Kraftdroschken auf den Punkt.

Doch auch Kubisch gelang es nicht, in seinem sorgfältig recherchierten Buch die Zahl der produzierten wie auch die der zu Beginn der 1960er-Jahre im Umlauf befindlichen Mercedes-Taxen zu nennen. Der Grund: Sowohl bei der Daimler AG als auch in irgendwelchen anderen Statistiken findet man keine verwertbaren Zahlen. Um die Dominanz der Heckflossen-Mercedes im Taxi-Gewerbe zu schildern, bleibt da nur der Blick auf einige Beispielzahlen: So trugen in Berlin anno 1961 von 5.614 Taxis 4.239 den Stern auf dem Kühler – entsprechend rund 75 Prozent. Die von Kubisch recherchierten Zahlen für andere deutsche Städte offenbarten eine ähnliche Dominanz: In München stammten von 1.174 Taxen 763 aus Stuttgart, in Hamburg waren es von 2.400 registrierten Wagen 1.920, und in Stuttgart waren es von 230 gemeldeten Taxen 180 Stück Untertürkheimer/Sindelfinger Provenienz – fast 80 Prozent. Auch für große Städte im Ausland ermittelte Kubisch ähnliche Anteile: Wien 73 Prozent, Lissabon 80 Prozent, Kopenhagen 60 Prozent. Doch gab es auch Städte und Länder ohne nennenswerten Stern-Anteil im Personenbeförderungsgewerbe – in England (London) behaupteten stets die London Taxis ihre Vormachtstellung, und die Italiener ließen nichts über Fiat-Taxis kommen …

**DIE SONDERMODELLE DER HECKFLOSSEN-MERCEDES**

**BAUKUNST**

Nach den zahlreichen Überfällen auf Taxi-Fahrer in den 1960er-Jahren entwickelte Mercedes-Benz eine schusssichere Trennwand mit kugelfestem Glas – die wurde von den Taxifahrern abgelehnt. Es blieb beim Prototyp.

Daimler-Benz trug zum Erfolg des W 110 als Taxi bei, indem die Firma ein umfangreiches – natürlich aufpreispflichtiges – Sonderausstattungs-Paket zur Nutzung des 190 Dc als Taxi schnürte und beispielsweise im Taxi-Prospekt des Jahres 1964 anbot. Dazu zählten die Vorbereitung zum nachträglichen Einbau eines Taxi-Funkgeräts, ein Reißverschluss im Dachhimmelstoff zur Antennenbefestigung, ein Loch in der Dachaußenwand für die Antennenbefestigung, ein Antennenkabel vom Reißverschluss bis unter die Armaturentafel, bis zum Bediengerät verlegt, zusätzliche Fondinnenbeleuchtung – und weitere 29 Goodies, die jedoch zum großen Teil in der „normalen" Sonderausstattungsliste auch aufgeführt waren.

Mercedes-Benz **HECKFLOSSE** 167

# DIE SONDERMODELLE DER HECKFLOSSEN-MERCEDES

Unter der Bezeichnung „200 D 7-8 Sitze" baute Daimler-Benz im Jahr 1967 ein Taxi mit langem Radstand.

Eine Besonderheit ging jedoch nicht in Serie: die kugelsichere Trennscheibe zwischen Passagier- und Fahrerabteil. Nachdem in Deutschland, besonders seit Ende der 1950er-Jahre, bis 1964 viele Taxifahrer – 181 an der Zahl – von Passagieren aus dem Fond heraus kaltblütig erschossen wurden, grassierte die Angst unter den Taxi-Chauffeuren. Daimler-Benz-Ingenieure entwickelten daraufhin eine schussfeste Trennwand mit ebensolcher Scheibe – die aber bei den Taxifahrern (auch wegen des hohen Aufpreises von rund 1.000 D-Mark und wegen der schlechteren Gebrauchtwagen-Marktchancen solcher Panzerwagen) auf eisige Ablehnung stieß. Auch eine am 1. Juli 1968 in Kraft getretene Verordnung zum Einbau kugelsicherer Scheiben wurde bald – am 15. Mai 1969 – wieder gestrichen.

Sehr kurz währte auch die Karriere einer Taxi-Langversion des W 110: Zum Preis von stolzen 15.650 D-Mark bot die Daimler-Benz AG ab April 1967 eine Langversion des 200 D unter der Bezeichnung „200 D 7-8 Sitze" an, die mit einem Radstand von 3.350 Millimetern rund 650 Millimeter länger geriet als die Normalversion mit 2.700 Millimetern. „Geräumiger, bequemer Fahrgastraum", hieß es in dem Prospekt und: „Der Mercedes-Benz 200 D 7-8 Sitze bietet drei Sitzreihen – vorn: Einzelsitze für 2 Personen (auf Wunsch Sitzbank), Mitte: 2 Klappsitze für 3 Personen, Fond: Sitzbank für 3 Personen".

Wer sich das Foto des mit drei Personen besetzten Wagens auf der nächsten Seite anschaut, kann sich nur schwerlich vorstellen, dass es sich sieben oder gar acht normal gewachsene Menschen in dem Gefährt bequem gemacht haben könnten – die Sitztiefe des Klappsitzes betrug gerade mal 42 Zentimeter …

Ein großer Verkaufsschlager konnte der lange Lulatsch nicht gewesen sein: Er wurde lediglich 1967 gebaut – und im Mercedes-Benz Archiv heißt es unter der Rubrik „Stückzahlen": „nicht separat dokumentiert".

**BAUKUNST**

▸ Das Bild mit entfernten Türen zeigt die Innenraum-Aufteilung. Wie sich sieben bis acht Personen in den Innenraum quetschen sollten, bleibt ein Rätsel …

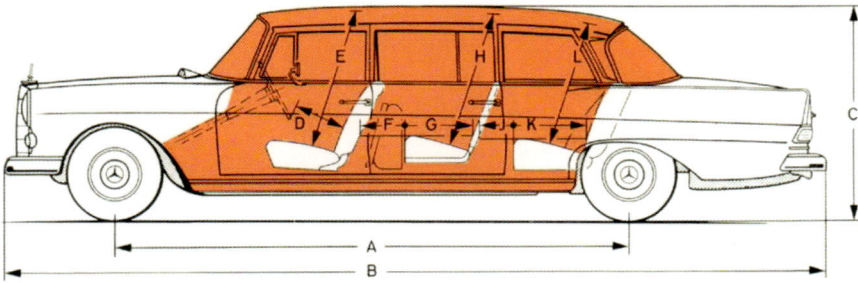

▸ … das auch die Skizze aus dem Prospekt nicht lösen kann.

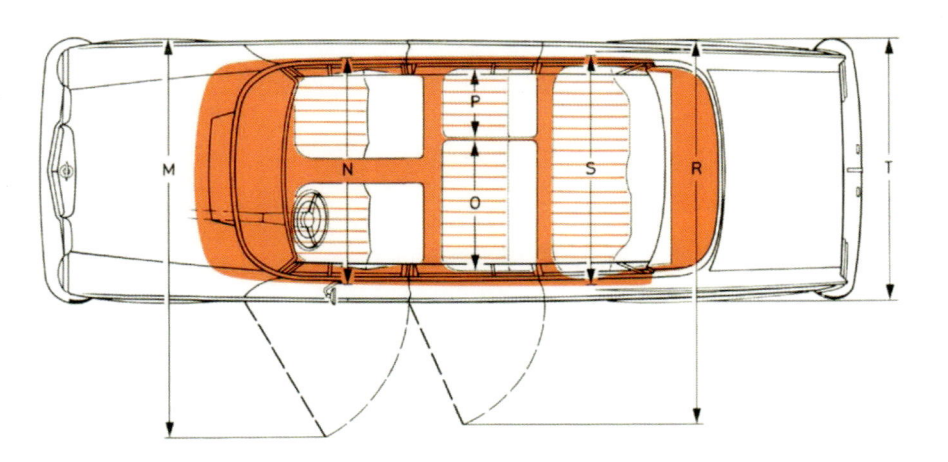

Wie auch immer: Mit ihren unverwüstlichen MB-Tex-Sitzbezügen – oder auch den dauerhaltbaren Bezugsstoffen –, dem unkaputtbaren Dieselmotor und der soliden Konstruktion waren die Heckflossen-Mercedes des Taxifahrers Liebling. Auch die Fahrgäste wussten deren Komfort zu schätzen. Es soll mitunter sogar vorgekommen sein, dass Fahrgäste auf die zweite Kraftdroschke in der Taxi-Schlange vor dem Bahnhof oder dem Flugplatz-Terminal gewartet haben, weil das erste Fahrzeug – ausnahmsweise – einmal keine Mercedes-Heckflosse war …

Mercedes-Benz **HECKFLOSSE** 169

**ALLTAGS-GESCHICHTEN**

Die Heckflossen-Mercedes im täglichen Gebrauch –
# Ergebnisse demoskopischer Untersuchungen

Wer mit so viel Vorschuss-Lorbeeren bedacht wird wie die Heckflossen-Mercedes vor und kurz nach ihrer Präsentation, muss schon einiges bieten können, um die aus den Lobgesängen entstandenen hohen Erwartungen zu erfüllen. Die Ergebnisse früherer Umfragen wurden vor allem in den Broschüren der Reihe „Meine Erfahrungen mit dem ..." aus dem Verlag Delius, Klasing & Co veröffentlicht.

Die Heckflosse im täglichen Gebrauch: Die überwiegende Mehrzahl ihrer Besitzer stellte dem zuverlässigen, komfortablen und geräumigen Viertürer gute Zeugnisse aus. Das gestellte Flugplatz-Bild macht deutlich, wie die Daimler-Benz-Pressestelle den 220 SEb gerne sah: als Dienstwagen für den erfolgreichen Geschäftsmann, der sich von seiner treusorgenden Gattin (oder ist es die Sekretärin?) zu seiner Cessna chauffieren lässt.

## ERGEBNISSE DEMOSKOPISCHER UNTERSUCHUNGEN

Die jeweils rund 50 Seiten umfassenden Bändchen der Reihe „Meine Erfahrungen mit dem ..." verfasste ein unter dem Pseudonym Klaus Hansen schreibender Zahnarzt in Hannover. In penibler Kleinarbeit trug er die auf Fragebögen genannten Erfahrungen von je 1.000 Besitzern eines Automodells zusammen und interpretierte sie.

Die Ergebnisse der Untersuchung „Wir fragten tausend Fahrer" entwerfen ein sehr realistisches Bild, wie sich das Objekt der Befragung im täglichen Einsatz bewährte. Der Mercedes-Benz 220 Sb verdiente die Note „sehr gut".

Die Delius-Klasing-Bändchen bieten mit dieser großen Zahl befragter Autofahrer somit ein nahezu repräsentatives Bild des jeweiligen Automobils. Band 24 der Reihe beschäftigt sich mit dem Mercedes 220 Sb und bringt erstaunlich detaillierte Informationen: So besaß der durchschnittliche 220 Sb-Fahrer seinen Führerschein seit 23 Jahren und neun Monaten, hatte den 220 Sb zum Zeitpunkt der Befragung genau zehn Monate und war mit ihm 23.469 Kilometer gefahren – genug, um ein fundiertes Urteil abgeben zu können.

Die meisten Heckflossen-Besitzer bestätigten die überschwänglichen, positiven Test-Urteile. So beschrieben genau 95,6 Prozent der befragten Mercedes 220 Sb-Besitzer die Straßenlage ihres Autos als ganz ausgezeichnet bis gut, die Federung wurde von 86,2 Prozent als „gerade richtig" bezeichnet (für 10,9 Prozent war sie zu hart, 2,9 Prozent empfanden sie als zu weich).

Kritik an den gebotenen Fahrleistungen gab es praktisch nicht: Insgesamt 94,1 Prozent der Heckflossen-Besitzer empfanden das Beschleunigungsvermögen als ganz ausgezeichnet (55,6 Prozent) oder gut (38,5 Prozent), mit der erreichbaren Dauergeschwindigkeit waren insgesamt 97,9 Prozent zufrieden – 67 Prozent vergaben sogar das Prädikat „ganz ausgezeichnet". Als Vielfahrer legten die 220 Sb-Heckflossen-Eigner natürlich besonderen Wert auf Ausstattung, Verarbeitung und Komfort. Von der Heckflosse wurden sie offensichtlich nicht enttäuscht: Bequemlichkeit und Fahrkomfort bewerteten 44,9 Prozent als ganz ausgezeichnet, 44,5 als gut, das Prädikat „zufriedenstellend" vergaben 7,1 Prozent. Deutlich kritischer bewerteten die Heckflossen-Käufer die Verarbeitungsqualität. Nur 31,8 Prozent der Befragten empfanden die Verarbeitung als ganz ausgezeichnet, 45,9 Prozent votierten mit gut und 14,5 Prozent vergaben das Urteil „zufriedenstellend".

ALLTAGS-GESCHICHTEN

Wie wichtig die Verarbeitungsqualität von den Mercedes-Kunden genommen wurde, zeigt ein Blick auf die Beweggründe, die zum Kauf der Heckflosse führten: Mit 29,8 Prozent an erster Stelle lag die Verarbeitungsqualität, mit 27 Prozent folgte das Gefühl, mit der Heckflosse ein besonders sicheres Auto zu kaufen, für 24,9 Prozent war der erwartete Fahrkomfort in erster Linie ausschlaggebend für die Kaufentscheidung. Auf Rang vier der wichtigsten Kaufkriterien folgte mit erstaunlich niedrigen 20,8 Prozent die äußere Form. Kommentar des Autors Hansen: „Man ist versucht zu sagen: nur ein Fünftel aller Käufer. Denn üblicherweise pflegen die Werte für die äußere Form des Fahrzeuges viel höher zu liegen ..."

19 Prozent der Mercedes-Fahrer kauften die Heckflosse wegen der zu erwartenden Zuverlässigkeit. Sie wurden im Großen und Ganzen nicht enttäuscht. Zwar litt der Heckflossen-Mercedes deutlich stärker unter unerwarteten Defekten als sein Vorgänger Ponton-220, doch hatte jener zum Zeitpunkt der entsprechenden Befragung schon eine längere Reifezeit hinter sich.

Die Heckflosse im Alltag – gesehen durch die Kamera von Mercedes-Pressefotografen: Die Autos mit dem Stern machten stets eine gute Figur – sei es als Coupé auf Geschäftsreise, ...

ERGEBNISSE DEMOSKOPISCHER UNTERSUCHUNGEN

# ALLTAGS-GESCHICHTEN

◀ … sei es als Cabriolet beim Einkauf in Münchens Maximilianstraße, …

Die Heckflosse zeigte dagegen zum Zeitpunkt der Umfrage anno 1960 noch einige Kinderkrankheiten: Bei 11,4 Prozent aller Wagen wurde ein außerplanmäßiger Stoßdämpfer-Tausch notwendig, 9,3 Prozent der Besitzer bemängelten Karosseriegeräusche, die erst „nach energischen Vorstellungen bei der Vertragswerkstatt behoben" worden oder „erst nach dem dritten Kundendienst ganz vorbei" seien. Die Bremsen (9,0 Prozent) und Kupplungen (8,7 Prozent) wiesen Defekte auf, der Tacho folgte mit 5,2 Prozent.

Das ungewöhnlich gestylte Instrument lag bei den gewünschten Verbesserungen an erster Stelle: 20 Prozent der Heckflossen-Besitzer waren mit dem senkrechten Bandtacho unzufrieden: „Schon die waagerechte Blutsäule zur Geschwindigkeitsanzeige sei kein Fortschritt gegenüber dem guten alten kreisrunden Zeigertachometer gewesen", zitiert Hansen die am häufigsten geäußerte Kritik, „aber dieses senkrecht stehende Fieberthermometer sei arg, zumal ja nur die rechte Spitze des roten Balkens maßgeblich, ein genaues Anzeigen und genaues Ablesen also praktisch nicht möglich sei. Und wenn das Fieber dann bis auf über 150 steige, dann sei es für einen mittelgroßen Fahrer schon nicht mehr möglich, mit einem kurzen Blick die Geschwindigkeit abzulesen, da dann die rote Säule hinter dem oberen Lenkradteil verschwinde."

Der dicke Getriebetunnel, von vielen Autotestern kritisiert, störte die Mercedes-Fahrer in der Praxis kaum: Mit 5,9 Prozent der Verbesserungsvorschläge lag dieses Kriterium gleichauf mit der Kritik am zu kleinen Handschuhkasten auf Platz vier – hinter der Schelte über die Lage von Zeituhr und Aschenbecher (6,6 Prozent) und Kritik über die allgemeine Verarbeitung (ebenfalls 6,6 Prozent).

## ERGEBNISSE DEMOSKOPISCHER UNTERSUCHUNGEN

… als W 111-Limousine im Berufsverkehr im Badischen, …

**ALLTAGS-GESCHICHTEN**

… oder als 190 c der Baureihe W 110 mit Zusatz-Nebelscheinwerfern bei der Urlaubsfahrt in die Alpen.

Mercedes-Benz **HECKFLOSSE** 177

## ERGEBNISSE DEMOSKOPISCHER UNTERSUCHUNGEN

Noch besser als der 220 Sb schnitten der 190 c und der 190 Dc in den Befragungen ab, die der Verlag Delius, Klasing & Co. in den 1960er-Jahren als Broschüren-Reihe veröffentlichte. Nur 0,7 Prozent der 190er-Fahrer gaben an, sich keinen Mercedes 190 c oder 190 Dc mehr kaufen zu wollen.

An weiteren Verbesserungsvorschlägen kamen von den Heckflossen-Besitzern: Lackqualität, Seitenwind-Unempfindlichkeit, Scheibenbremsen statt Trommelbremsen, Schaltung, Lenkrad höher anordnen, Bedienung und Wirkung der Scheibenwaschanlage verbessern, Luftfeder statt Stahlfeder, Chromqualität etc. pp.

Der beste Anhaltspunkt für die Zufriedenheit der Autofahrer mit ihrem Wagen sind die Antworten auf die Frage, ob sie ein solches Auto wieder kaufen würden. Die Besitzer der Sechszylinder-Heckflossen gaben hier ein deutliches Votum ab: 79 Prozent gaben an, einen Wagen gleichen Fabrikats noch einmal kaufen zu wollen, 19,9 Prozent würden vielleicht wieder einen Mercedes und nur 1,1 Prozent der Heckflossen-Fahrer gaben an, aufgrund ihrer Erfahrungen mit dem 220 Sb keinen Mercedes mehr kaufen zu wollen. Deutlicher kann ein Qualitätsurteil wohl nicht ausfallen.

Oder doch: Knapp ein Jahr nach der Vorstellung der kleinen Heckflosse veröffentlichte Delius, Klasing & Co. die Ergebnisse einer Befragung von tausend Mercedes 190-Besitzern. Und die waren offensichtlich noch zufriedener mit ihren Diesel- und Benzin-Vierzylindern als die Sechszylinder-Besitzer: 80,1 Prozent der 190-Fahrer wollten wieder einen Mercedes kaufen, 19,2 Prozent vielleicht wieder und nur 0,7 Prozent hatten die Nase von der Marke mit dem Stern voll.

Die Beweggründe der 190-Fahrer, sich den W 110 zuzulegen, weichen von denen der W 111-Käufer deutlich ab: Die bekannt gute Qualität und Stabilität veranlasste 40,9 Prozent der 190-Besitzer, sich gerade diesen Wagen zuzulegen, mit großem Abstand folgte die Bequemlichkeit in der Hierarchie der Kaufkriterien mit 25,4 Prozent, und 24,7 Prozent entschieden sich wegen des üppigen Raumangebots für die Vierzylinder-Heckflosse. Als weitere Entscheidungsgründe wurden Zuverlässigkeit, Sicherheit, Wertbeständigkeit, in der Vergangenheit gemachte gute Erfahrungen, Straßenlage, Wirtschaftlichkeit und und und genannt. Erst an 15. Stelle der Kaufgründe nannten Vierzylinder-Fahrer (mit 6,5 Prozent) das Beschleunigungsvermögen, was den Autor der Umfrage-Broschüre zu folgendem Kommentar veranlasste: „Erst jetzt, mit einem Viertel der Prozente, den die Bequemlichkeit verbuchen konnte, und mit der Hälfte der Punkte für die Kofferraumgröße, erscheint die im heutigen Verkehr so lebensnotwendige Beschleunigung", womit die Bemerkung im Test von „das Auto, Motor und Sport", dieser Wagen brauche Fahrer, die seinem Charakter entsprechen, besondere Bedeutung zukommt.

Dass die Charaktere der Vierzylinder-Fahrer deutlich anders geprägt waren (und auch noch sind?) als die der 220 b-Besitzer, macht die Auflistung der als ärgerlich empfundenen Dinge deutlich: Offenbar nahm die Geschwindigkeit bei den Vierzylinder-Fahrern in der Tat nur einen sehr geringen Stellenwert ein: Während 20 Prozent der 220 b-Fahrer die schlechte Ablesbarkeit des Tachos mo-

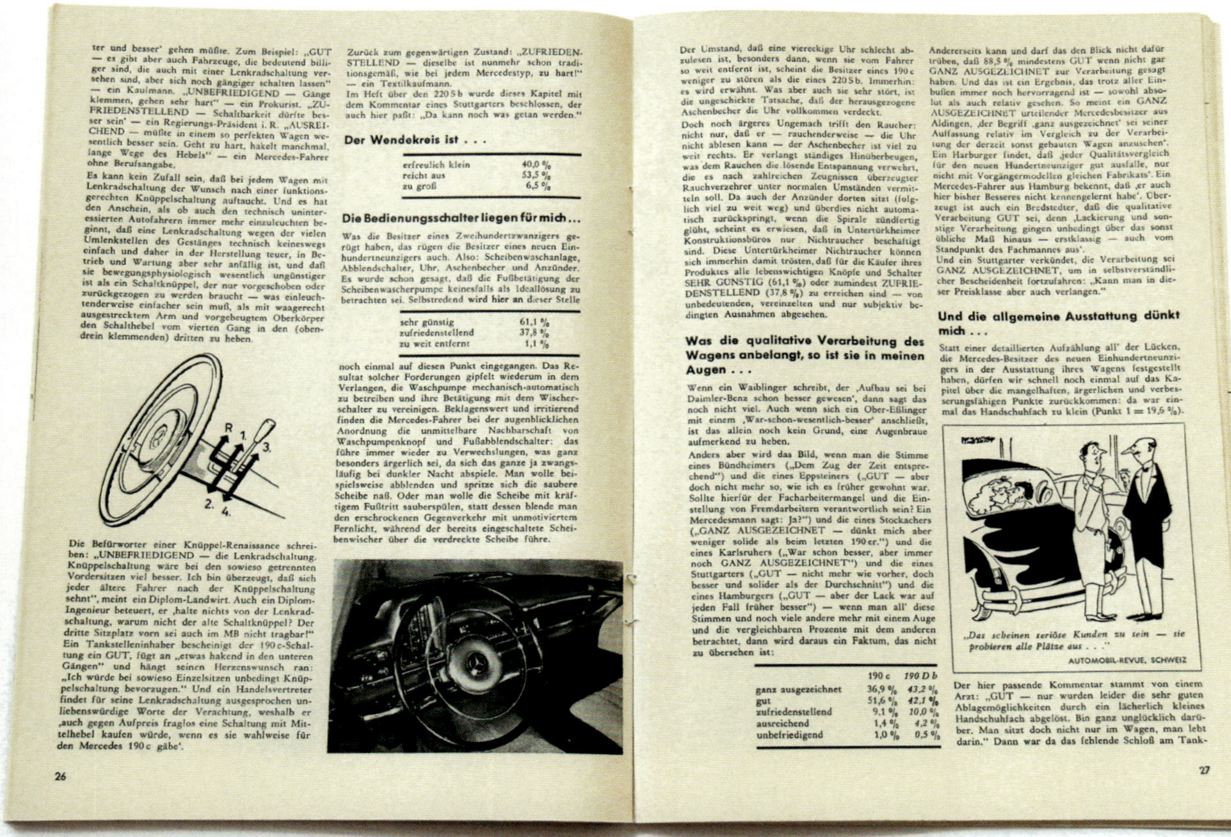

Wie das aufgeklappte Heft zeigt, wurden die Befragungsergebnisse deutlich, aber dennoch mit einer Prise Humor präsentiert.

nierten, nannten nur 3,4 Prozent der 190er-Besitzer diesen Punkt als Manko, der in der Verteilung der Kritik dann auch erst an 24. Stelle auftauchte.

Als Ärgernis Nummer eins empfanden 19,6 Prozent der W 110-Fahrer den zu klein geratenen Handschuhkasten (!), 14,7 Prozent bemängelten, dass der Tankdeckel nicht abschließbar sei, zwölf Prozent beklagten das Fehlen von Taschen in den Türen, es folgte Kritik an der Belüftung und an dem Nichtvorhandensein von Liegesitzen. Um reine Fahrernaturen handelte es sich offensichtlich nicht bei den 190er-Fahrern. Sie sahen ihr Auto in erster Linie als Transportmittel.

Als das diente der 190er ihnen mehr als zufriedenstellend – denn ernsthafte Pannen gab es nur selten zu beklagen, meist handelte es sich um Kleinigkeiten: 7,2 Prozent der 190-Eigner monierten so etwa Klappergeräusche, 5,5 Prozent beklagten zu hohen Ölverbrauch und 5,2 Prozent mussten wegen inspektionsbedürftiger Bremsen außerplanmäßig die Werkstatt aufsuchen. Alle weiteren Defekte und außerplanmäßigen Werkstattaufenthalte betrafen weniger als fünf Prozent der 190-Besitzer – der Vollständigkeit halber seien sie hier in Kurzform aufgelistet: Stoßdämpfer-Schäden (4,5 Prozent), Motordefekte (Ersatzmotor, teilweise wegen hohen Ölverbrauchs, 2,4 Prozent), Hinterachsdefekte (2,4 Prozent), Wasserundichtigkeiten der Karosserie (2,4 Prozent), undichte Simmerringe (2,1 Prozent) ...

Gute Autos, zufriedene Besitzer – das ist das auf einen Nenner gebrachte Fazit der zeitgenössischen Besitzerumfrage.

Das Gleiche kann auch auf Sie zutreffen, wenn Sie sich einen Heckflossen-Mercedes zulegen – die wichtigsten Dinge, die Sie heute beim Kauf einer antiquarischen Heckflosse beachten sollten, nennt Ihnen eine Kaufberatung, die Sie über den Clubshop der Mercedes-Benz InteressenGemeinschaft (Anschrift siehe Impressum) beziehen können.

# Die Heckflossen-Mercedes in der Presse

Nur wenige Autotypen wurden in der Presse so übereinstimmend und fast überschwänglich gelobt wie die diversen Varianten der Heckflosse. Und bei den Lobgesängen handelte es sich keinesfalls nur um zu Papier gebrachte Anfangs-Euphorien begeisterter Journalisten nach den ersten Fahreindrücken. Auch gründliche Tests brachten durchweg positive Ergebnisse.

Nach ausgiebigen Testfahrten hieß es in „das Auto, Motor und Sport" am 12. September 1959 über die neuen Mercedes-Benz W 111-Modelle: „Sie sind wohlausgewogene Konstruktionen, die den Fachleuten, wo sie auch stehen mögen, höchste Bewunderung abnötigen müssen. (...) Glückwunsch den Vätern dieser Automobile." Das Foto entstand bei „AMS"-Testfahrten auf der alten Solitude-Rennstrecke. Der 220 Sb zeigt beim Gummieren des Rundkurses bis zum „Einklappen" der Pendelachse, was sein Fahrwerk kann.

## DIE HECKFLOSSEN-MERCEDES IN DER PRESSE

„‚Fabelhaft' is the German word for fabulous and this about sums up the new 220 Mercedes. It sets a new standard for the industry, a standard that few manufacturers will be able to equal",

so lautete im Dezember 1959 das Fazit eines Testberichts der renommierten amerikanischen Zeitschrift „Sports Cars Illustrated" über die Mercedes-Benz 220 Sb und 220 SEb.

Die amerikanische Auto-Zeitschrift „Sports Cars Illustrated" bemühte gar die deutsche Vokabel „fabelhaft", um den 220 b mit einem Wort in der Ausgabe zum Dezember 1959 zu beschreiben.

Frei übersetzt meinten die Amerikaner: „Fabelhaft ist das deutsche Wort für fabulous und das beschreibt den Mercedes 220 b in einem Wort. Er setzt einen neuen Standard für die Industrie, einen Standard, den nur wenige andere Hersteller erreichen werden." Was die Amerikaner schrieben, ist symptomatisch: Kaum ein anderes Auto wurde nach seiner Vorstellung mit so vielen lobenden Worten bedacht wie die Mercedes-Benz Heckflossen-Autos.

Weitaus nüchterner, aber umso langatmiger, betrachtete die „Motor-Rundschau" in Heft 17/1959 die neuen Mercedes-Modelle: „Die Entwicklung bei den neuen Sechszylinder-Modellen von Mercedes-Benz setzte genau richtig an und brachte den Wagen wieder einen guten Schritt voran, ohne die Linie zu verlassen, denn, so meinen seine Schöpfer, auch der Stil des neuen Wagens reiht sich in die lange Kette der Wagen, die seit über 70 Jahren das Werk verlassen, ein: So hat der neue 220 die gleiche Konzeption wie bisher, aber in einer neuen Form und einer ‚zukunfts-

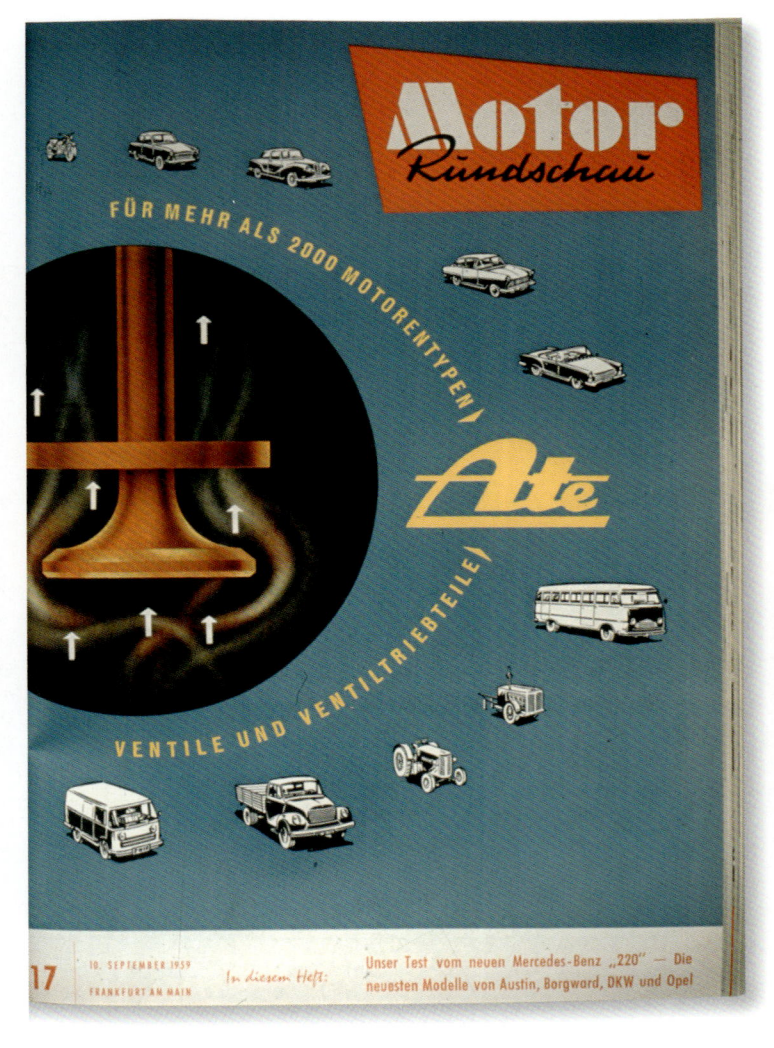

Auch die „Motor Rundschau" nahm sich der Heckflosse an und fand neben vielen lobenden Worten auch einige Kritikpunkte. Neben dem obligatorischen Tadel am Tacho äußerte der „MR"-Redakteur unter anderem den Wunsch nach griffgeformten Lenkradspeichen und nach damals noch nicht lieferbaren Lehnenverstellungen für die Vordersitze.

trächtigen' Ausführung. Damit wurde dieser 220 ein neues Wertmaß für den repräsentativen Fünf-/Sechssitzer, und dieser Wagen wird zweifellos auf allen Kontinenten seinen Weg machen."

Das Magazin „das Auto, Motor und Sport" widmete dem neuen Mercedes einen ausführlichen Testbericht, der Analyse, Information und subjektive Eindrücke in Heft 19/1959 nach Art des Hauses verpackte: „Die jetzigen 220-Versionen sind nicht nur von stilsicherer Hand völlig neu angezogen worden – wobei man alle modischen Entartungen vermied –, sondern das Niveau ihrer Fahreigenschaften ist so außerordentlich deutlich angehoben worden, daß darin selbst Daimler-Benz einen technischen Höhepunkt erblicken dürfte."

„das Auto, Motor und Sport", das kompetenteste deutsche Automobil-Fachblatt, unterzog den 220 Sb kurz nach seiner Vorstellung einem ausgiebigen Test – der Bericht in Ausgabe 19/1959 war voller Lob.

## DIE HECKFLOSSEN-MERCEDES IN DER PRESSE

▲

„Er arbeitet weich und geschmeidig mit mäßig lautem, sehr gesunden Ton, der auch bis zum Vollgasbereich und voller Belastung kaum anschwillt", schrieb die „Motor Rundschau" im Jahr 1959 über den Sechszylinder des 220 Sb.

Neben der neuen Karosserie imponierte Dieter Korp, Tester von „auto, motor und sport", vor allem das Fahrverhalten: „Der 220 S ist bis zu einer Grenze, die der Normalfahrer kaum erreichen wird, völlig neutral und macht keinerlei Lenkkorrekturen erforderlich (...) Es ist begeisternd, wie in hart gefahrenen Kurven die Räder sich geradezu selbst ihr Gleis legen, von dem sie nicht mehr wegzubringen sind. Die schon so abgegriffenen Vergleiche wie ‚klebt am Boden' oder ‚nicht von der Straße wegzubringen' gewinnen eigentlich erst an diesem Wagen ihre richtige Bedeutung." Während die Laufruhe des Sechszylinders heute maximal als mittelmäßig gelten kann, maß man 1959 noch mit anderen Maßstäben: „Was uns an diesem Motor besonders gefällt, ist seine Laufruhe bis zu den höchsten Drehzahlen und seine Elastizität in allen Gängen, die auch schaltfaule Fahrer vor keine Probleme stellt", so noch einmal Diplom-Ingenieur Korp in „das Auto, Motor und Sport".

Die „Motor-Rundschau" äußerte sich wiederum nüchterner über den Motor der 220 b-Heckflosse: „Er arbeitet weich und geschmeidig mit mäßig lautem, sehr gesunden Ton, der auch bis zum Vollgasbereich und voller Belastung kaum anschwillt", doch die

Bemerkung „Der Motor sorgt für das beachtliche Wagentemperament" sagt über die tatsächlichen Fahrleistungen wenig aus.

Der Journalist Hans-Günther Wolf wurde da in „Hobby" konkreter, als er das Beschleunigungsvermögen des 220 Sb beschrieb: „Mit korrektem Durchschalten von null auf hundert km/h kam eine Zeit von 13,6 sec heraus, womit mein alter Rekord mit dem 220er um 1,4 Sekunden geschlagen war", und über Elastizitätsmessungen von 20 km/h bis 100 km/h im großen Gang schrieb Wolf: „Nach 25,2 Sekunden waren ehrliche 100 km/h erreicht, und mehr kann wohl auch der sogenannte stärkste Mann nicht verlangen."

Nur Lob für den neuen Mittelklasse-Mercedes? Im Prinzip ja: „das Auto, Motor und Sport", seinerzeit die Bibel für Auto-Interessierte, konnte lediglich drei Kritikpunkte nennen, die aber nicht an der Substanz kratzten: „Getriebetunnel im Fußraum ist etwas groß ausgefallen. Ablesbarkeit der Tachometerskala könnte für einen derartig schnellen Wagen noch gewinnen. Betätigungskräfte für Lenkradschaltung erscheinen zu hoch", hieß es in der Rubrik „Seine Nachteile".

Die „Motor-Rundschau" wünschte sich ebenso eine etwas übersichtlichere Instrumentierung ihres 220 b-Testwagens: „Bei dem neuen Kombi-Instrument sollten alle Skalen und Anzeigen, zugunsten des neuen Signaltachos, etwas zurücktreten". Zu den weiteren Punkten der „Motor-Rundschau"-Wunschliste gehörten „griffgeformte Lenkradspeichen, anatomischer gestaltete Vordersitze mit verstellbarer Lehne, noch mehr Ablagen und Abdeckung des Reserverades gegen das Gepäck durch eine dünne Platte [!, d. Verf.] und volles Abfangen auch noch der kurzen kleinen Stöße schneller Folge – Schaltung noch spielender".

Die Technik-Zeitschrift „Hobby" beschrieb den Kofferraum des 220 b als „überdimensioniert" (!!!) und „Sports Cars Illustrated" zeigte kommentarlos ein Foto mit dem imposanten Koffersatz hinter dem 220 b.

## DIE HECKFLOSSEN-MERCEDES IN DER PRESSE

Der riesige Kofferraum imponierte schon damals den Testern: „Das Volumen des Kofferraums hat sich um 50 Prozent gegenüber früher erhöht. Schwer sich vorzustellen, daß diese gewaltige Gepäckhöhle irgendjemanden nicht zufriedenstellen kann", schrieb „das Auto, Motor und Sport". Und „Hobby" bezeichnete den Kofferraum gar als „überdimensioniert", während „Sports Cars Illustrated" kommentarlos ein Foto mit dem Mercedes-Koffersatz hinter dem 220 b zeigte, um das schier unglaubliche Fassungsvermögen des Gepäckabteils zu demonstrieren.

Kurz nach der Vorstellung des 300 SE anno 1961 erschienen in den diversen Motorblättern die ersten Testberichte und Kritiken. Während die 220er-Reihe schon mit Lob überhäuft wurde, so überboten sich die Journalisten mit Superlativen, als sie das Dreiliter-Spitzenmodell der Heckflossen-Baureihe beschrieben: „Noch nie hatten die Konstrukteure bei der Entwicklung eines neuen Modells so ungezügelt freie Hand wie beim 300 SE. (...) Auf diese Weise wurde der 300 SE zu einem technisch perfekten Automobil", schrieb Ober-Ing. Georg Wanner in der „ADAC Motorwelt" 9/1962 und: „Der 300 SE vermag jeden zu begeistern, dem Fahrsicherheit und Fahrkomfort mehr bedeuten, als die Hervorhebung eines nur auf Äußerlichkeiten abgestellten Geltungswertes".

Dr. Ing. G. Wirbitzky aus Stuttgart stellte den 300 SE „als Beispiel der Personenkraftwagen von morgen" in der Fachzeitschrift „Der Personenverkehr", Heft 2/1963 vor: „Der 300 SE stellt gegenwärtig die Spitze einer langen Reihe sehr bekannt gewordener Konstruktionen des Hauses Daimler-Benz dar, die sich in allen Erdteilen bewährt haben und vielfach auf den Rennpisten der Welt Zeugnis von dem Streben dieses Werkes nach technischer Vervollkommnung gaben." Und als die Zeitschrift „Hobby" in einer großen Leserwahl die besten

Juan Manuel Fangio in einem Daimler-Benz-internen Versuchsbericht nach dem Gran Premio Internacional Standard 1962 in Argentinien: „Ich kenne kein Auto, das in den Fahreigenschaften diesem Fahrzeug gleichkäme."

Autos der Welt küren ließ, lautete das Fazit: „Ganz souverän beherrschte praktisch vom ersten Wahlschein an bis zur Schlußauswertung der große Mercedes-Benz die Klasse der Großen. Dazu gibt es kaum einen Kommentar, denn der Mercedes 300 SE ist nach wie vor der Traumwagen comme il faut."

Doch wer sich aufmacht, zum Olymp emporzusteigen, muss sich mit strengen Maßstäben messen lassen. Die „Motor-Rundschau" ging mit dem 300 SE in einem Großtest kräftig ins Gericht. Zwar heißt es in der Rubrik „Kurz und bündig": „Ein europäischer Spitzenwagen mit starkem, elastischem Benzin-Einspritzmotor, automatischem Viergang-Getriebe, Servolenkung, vier Scheibenbremsen mit Bremshelf. – Pionierleistung auf dem Gebiet der äußeren und inneren Sicherheit. – Ein sehr bequemer, sorgfältig bemessener und ausgestatteter Wagen der großen Mittelklasse und ein temperamentvoller Reisewagen, sehr leicht zu handhaben und auch sehr sportlich zu fahren." Doch in der Spalte „Unsere Wünsche" ließ das Testteam Ingenieur Joachim Fischer und Ingenieur Christian Bartsch deutliche Kritik ab: „Der 300 SE gehört zur europäischen Spitzenklasse (auch preislich), deshalb haben wir so hohe Ansprüche: Noch bessere Starteigenschaften des Motors. Geringeres Motorengeräusch bei hoher Drehzahl. (...) Besser der Motorcharakteristik angepaßtes Getriebe mit kleinerem Sprung zwischen drittem und viertem Gang. Kleinere Schaltstöße in der Automatik. Beseitigung der noch vorhandenen Federhärte bei kleinen Fahrbahnunebenheiten. Größere Räder mit größeren Bremsscheiben! (...) Großer Rundtacho und gleichgroßer Drehzahlmesser. Hupenring abgeflacht."

Doch in der Grundtendenz stimmten alle Tester mit Juan Manuel Fangio überein, dessen Einschätzung in einem Daimler-Benz-internen Versuchsbericht vom 9. November 1962 nach dem Einsatz des 300 SE beim Gran Premio Internacional Standard 1962 in Argentinien aufgeführt ist: „Fangio hat geäußert, daß er kein Auto kennt, das in den Fahreigenschaften diesem Fahrzeug gleichkäme." Dem ist nichts hinzuzufügen.

Die Maßstäbe, die Journalisten an die Vierzylindertypen der Heckflosse anlegten, waren etwas anders gerastert. Hier zählte das Preis-Leistungs-Verhältnis mehr als 150-prozentige Perfektion. So ist auch eine Zwischenbilanz im Testbericht von Reinhard Seiffert, Redakteur bei „Auto, Motor und Sport" zu verstehen: „Hier wird ein Auto von ungewöhnlicher Qualität zu einem wirklich günstigen Preis angeboten."

Erstaunt waren die Stuttgarter Auto-Tester vom Motor des 190ers: „Den leisen Motorlauf hatten wir vom 190 nicht erwartet, da der Motor vom bisherigen 190 übernommen wurde, und dort war er ein ziemlich rauher Geselle. Umso mehr überraschte darum der kultivierte Motorlauf." Weniger Überraschung drückte sich in der Beschreibung des Fahrverhaltens aus: „Allzuviel über die Fahreigenschaften des 190 zu sagen, erscheint uns als Wiederholung, denn in dieser Hinsicht unterscheidet er sich kaum von den Sechszylindern, deren hervorragendes Fahrverhalten inzwischen allgemein bekannt und anerkannt ist. Der 190 hat die gleiche unbeirrbare Richtungsstabilität, die gleiche Unempfindlichkeit gegen Verreißen der Lenkung, das gleiche gutmütige Verhalten auf nasser, rutschiger oder loser Fahrbahndecke."

Auch bei artfremder hurtiger Kurvenfahrt zeigte der 190 c im Test von „das Auto, Motor und Sport" „ein hervorragendes Fahrverhalten".

DIE HECKFLOSSEN-MERCEDES IN DER PRESSE

▲

Bremsen bis zum Trommelerweichen und Kurvenfahrten bis zum Reifenplatzer – wenn die Profis der „AMS" in die Eisen stiegen und in die Lenkradspeichen griffen, schenkten sie den Autos nichts. Auf Rennstrecken und einem stillgelegten Flugplatz in der Nähe von Stuttgart nahmen sie die Probanden so richtig zur Brust, so wie hier den 190er. Trotz seines eher betulichen Temperaments schlug er sich äußerst wacker.

Ein Kritikpunkt von „Auto, Motor und Sport" wirkt heutzutage allerdings reichlich kurios: „Hinten dagegen hat er den Riesen-Kofferraum, der Mercedes-Sechszylinder. Großer Kofferraum ist lobenswert, allein erschien uns dieser Kofferraum schon bei den Sechszylindern als zu groß geraten." Autofahrer der Moderne schütteln bei dieser Bemerkung angesichts der Mini-Kofferräume moderner Aerodynamik-Autos nur mit dem Kopf ...

"Er ist vielleicht der deutscheste aller deutschen Personenwagen, und das erklärt seine noch immer zunehmende Beliebtheit", resümierte „das Auto, Motor und Sport" in Heft 1/1962 über den Mercedes-Benz 190 Dc.

noch immer zunehmende Beliebtheit." Allerdings hat der 190 D den Testern von „das Auto, Motor und Sport" keinen Spaß bereitet. Das geht aus dem letzten Satz des in Heft 1/1962 erschienen Testberichts von Reinhard Seiffert deutlich hervor: „Wir müssen freilich bei aller Achtung vor der in diesem Wagen steckenden maschinenbaulichen Leistung wiederholen, daß uns so viel geruhsame Solidität nicht liegt – aber jedem das Seine. Dieser Wagen braucht Fahrer, die seinem Charakter entsprechen."

Und die sprach Daimler-Benz ganz gezielt an. 1966 beispielsweise organisierte das Werk eine europäische Diesel-Sternfahrt mit fünf Heckflossen-200 D mit dem Zweck, den niedrigen Kraftstoffverbrauch des Diesels zu belegen. Die Berichte in einigen Tageszeitungen sprachen für sich: „Für 47,80 DM nach Moskau" lautete die Überschrift über einem Bericht. „Besonders günstige Dieselkraftstoffpreise in den anderen Ländern hielten die reinen Fahrtkosten erstaunlich niedrig: zum Beispiel kostete die Fahrt nach Moskau 143,50 Mark, das heißt pro Kopf (drei Mann) 47,80 Mark!" Die fünf Mercedes 200 D schwärmten damals nach Moskau, Syrakus, Rovaniemi am Polarkreis, Lissabon und Istanbul aus. „Den höchsten Verbrauch gab es mit 9,4 Liter pro 100 Kilometer Kraftstoff auf der Straße nach Moskau, den geringsten mit 8,7 Liter pro 100 Kilometer auf der Reise nach Istanbul." Moderne Diesel-Automobile schaffen die gleiche Strecke mit halbiertem Diesel-Verbrauch. Doch 1966 galten die seinerzeit erreichten Verbrauchswerte als ausgesprochen günstig: „Für die insgesamt 28.670 Kilometer lange Strecke benötigten alle fünf Wagen 2.625,9 Liter Diesel-Kraftstoff und elf Liter Motorenöl. Alle Rechnungen komplett: 1.051,03 Mark." Die eigentliche Sensation der Fahrt: „Keinerlei Defekte oder auch nur Mucken der Wagen!" Das deckt sich mit den Erfahrungen, die Mercedes-Fahrer in der Praxis mit ihren Autos machten – siehe voriges Kapitel.

Während bei den Benzin-Varianten der kleinen Heckflossen-Modelle noch Kriterien wie ruhiger Motorlauf und Temperament zur Beurteilung zählten, traten solche Dinge bei den Diesel-Varianten in den Hintergrund. Bei ihnen war Sparsamkeit gefragt. Kein Wunder, dass „das Auto, Motor und Sport" Folgendes über den 190 D resümierte: „Möge ihm südländisches Temperament auch abgehen, eines fehlt dem 190 D ganz bestimmt nicht: ein kräftiges Fluidum von Solidität und vertrauenserweckender Qualität. So gesehen ist er vielleicht der deutscheste aller deutschen Personenwagen, und das erklärt seine

SPORTSCHAU

# Die Heckflossen-Mercedes im Rennsport

Zu schnell für den Fotografen: Eugen Böhringer donnert beim Internationalen ADAC 6-Stunden-Rennen für Tourenwagen auf dem Nürburgring am 21. Juni 1964 am Werks-Fotografen vorbei. Das Fahrerteam Eugen Böhringer/Dieter Glemser belegte mit einem Mercedes-Benz Typ 300 SE Werkswagen den 1. Platz im Gesamtklassement.

**Die Siege der Heckflossen-Mercedes auf den Renn- und Rallyestrecken der Welt sind Legion – es ist unmöglich, sie alle statistisch zu erfassen. Dieses Kapitel erhebt folglich nicht den Anspruch, eine vollständige Pokalsammlung zu präsentieren. Sie finden hier deshalb einige Streiflichter auf bisher weniger bekannte Tatsachen und Details aus dem glorreichen Sportler-Leben der Heckflossen-Mercedes.**

## DIE HECKFLOSSEN-MERCEDES IM RENNSPORT

Rennsport hat bei der heutigen Daimler AG Tradition und fußt auf dem Fundament des Rennsport-Engagements vor allem der Daimler-Benz AG mit der Automarke Mercedes-Benz.

Zwar haben auch die Fahrzeuge der Vorgänger-Firmen Daimler-Motoren-Gesellschaft und Benz & Cie. fleißig Rennlorbeeren eingefahren. Doch die publicityträchtigsten Siege erkämpften sich Mercedes-Benz Renn-, Rennsport- und Renntourenwagen – die mit dem Lorbeer umrankten Stern als Markenzeichen.

Wie wichtig die Daimler-Benz-Chefs den Sport – auch und besonders – mit den großen Heckflossen-Autos nahmen, zeigt schon die Tatsache, dass der 300 SE vor allem deshalb mit Schaltgetriebe gebaut wurde, um ihn auch in Rallyes und Rennen einsetzen zu können. Dort wäre er mit Automatik-Getriebe (wie anfangs ausschließlich lieferbar) chancenlos gewesen. Obwohl Produktionsvorstand Dr. Wilhelm Langheck auf die Belastung hinwies, „die eine zusätzliche Variante in der

◀ Auf Siegestour:
Walter Schock und sein Beifahrer Rolf Moll im Werks-220 SEb waren die ersten Deutschen in der seit 1911 (mit Unterbrechungen durch die Weltkriege) ausgetragenen Rallye Monte Carlo, die diese Sternfahrt mit Renncharakter auf den Zeitetappen gewinnen konnten.

Zweitplatzierte bei der 1960er Monte: Eugen Böhringer und Hermann Socher mit leicht lädiertem 220 SEb. Der Wagen fuhr übrigens vorne auf 13-Zoll-Rädern, an der Hinterachse hatten die Räder einen Durchmesser von 15 Zoll. ▶

Fertigung dieses ohnedies sehr anspruchsvollen Typs bringen würde", entschloss sich der Daimler-Vorstand am 31. Juli 1962 zur Produktion des 300 SE mit Handschaltung: „Eingedenk der guten Publicity, die die DBAG aus den Rallye-Erfolgen erzielt, wäre es schade, wenn in Zukunft keine Rallyes mehr gefahren würden", so das Vorstands-Protokoll.

Bei „Daimlers" war man sich sehr wohl des Werbe-Effekts sportlicher Erfolge bewusst. Keine Kunst: Schließlich hatten die 220 SEb bis dahin schon gezeigt, welche Resonanz Sporterfolge in der Presse hervorrufen können. Schon Anfang 1960 sorgten Walter Schock und sein Beifahrer Rolf Moll für Schlagzeilen, als sie als erste Deutsche auf einem Mercedes 220 SEb die 3.567 Kilometer lange Rallye Monte Carlo gewinnen konnten.

▲
Eberhard Mahle, der (ebenso wie die anderen Heckflossen-Fahrer und -Fahrerinnen) als Privatfahrer die Werkswagen fuhr, holte den dritten Platz mit seinem Beifahrer Roland Ott.

## DIE HECKFLOSSEN-MERCEDES IM RENNSPORT

Nach dem Dreifachsieg gab's einen großen Empfang mit Presserummel vor dem Stuttgarter Hauptbahnhof. Von links nach rechts: Eugen Böhringer, Hermann Socher, Walter Schock, Mercedes-Rennleiter Karl Kling, Rolf Moll, Roland Ott und Eberhard Mahle.

Der 220 SEb war seinerzeit noch kein halbes Jahr der Öffentlichkeit bekannt, da steigerte er seinen Bekanntheitsgrad durch diesen spektakulären Sieg. Dass die Plätze zwei und drei mit Eugen Böhringer/Hermann Socher und Eberhard Mahle/Rolandt Ott, ebenfalls auf Mercedes 220 SEb, belegt wurden, tat dem Ruf des 220 SEb als besonders dynamisches Automobil gut. Die Rennen und Rallyes festigten gleichzeitig den Ruf der Mercedes als besonders stabile Automobile: Wenn „das Auto, Motor und Sport" in Heft 5/1961 unter der Überschrift „Wüstenrennen ohne Gnade" vom glorreichen Sieg von Karl Kling/Rainer Günzler in der Rallye Algier-

SPORTSCHAU

Rallye Algier-Zentralafrika, vom 19. Januar bis 6. Februar 1961: Mercedes-Benz Typ 220 SEb mit den Startnummern 6 und 7. Karl Kling und Rainer Günzler, die Spitzenreiter der MB-Mannschaft, bei einer wohlverdienten Zigarettenpause am Ende einer heißen Etappe, dahinter Sergio Bettoja und Hermann Eger am Wagen. Die Wagen fuhren auf 15-Zoll-Rädern.

Bangui-Algier über 11.492 Kilometer durch die Wüste in unverhohlenem Pathos berichtet, Continental in ganzseitigen Anzeigen damit wirbt, dass Mercedes diese Rallye gewann (natürlich dank Continental-Reifen), so stellt das eine unbezahlbare Werbung für die Marke Mercedes-Benz dar. Damals war die Behauptung, dass der Rennsport den Serienwagen-Bau befruchtet, noch richtig. Nach den großen Renn- und Rallyeveranstaltungen verfasste die Versuchsabteilung teilweise ausführliche Berichte, wie der vom 9. November 1962, in der die Beanstandungen der Einsatzwagen W 111 und W 112 beim 6. Grand Premio Internacional Standard 1962 in Argentinien akribisch aufgelistet wurden.

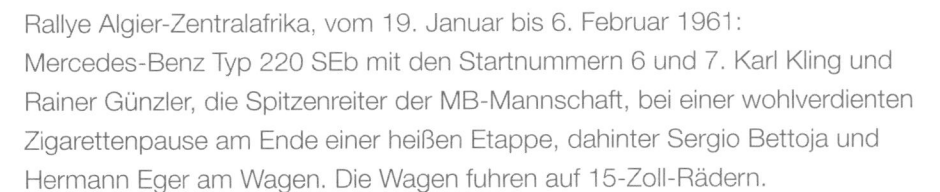

Mercedes-Benz **HECKFLOSSE** 195

# DIE HECKFLOSSEN-MERCEDES IM RENNSPORT

Auf Schotterpisten durch die Berge mit Durchschnittsgeschwindigkeiten bis 181 km/h: Beim Großen Straßenpreis für Tourenwagen in Argentinien schenkten die Fahrer und Fahrerinnen den 220 SEb respektive 300 SE nichts. 1962 gewann das schwedische Damenteam Ewy Rosqvist/Ursula Wirth auf einem Mercedes-Benz Typ 220 SEb die Tortur vom 25. Oktober bis 4. November – ein Flugzeug zur Überwachung müht sich mitzuhalten.

„Schon bei der Überführung vom Schiff zur Garage Fangio ist am dritten Wagen – Trainingswagen W 112 – das Getriebe ausgefallen", heißt es da, und: „Die Untersuchung des Getriebes hat ergeben, daß die Büchse für die Lagerung des 3. Gang-Rades an der Hauptwelle gerissen war und dadurch das 3. Gang-Rad verklemmt wurde.(...) Nach der gesamten Trainingsrunde von 4.624 km wurde lediglich festgestellt, daß der Auspuffhalter durch Steinschlag aufgerissen war." Daneben registrierten die Techniker um Rennleiter Karl Kling einige weitere Unregelmäßigkeiten, wie einen nicht zufriedenstellend wirkenden Bremsverstärker, eine schlecht zu dosierende Kupplung, hervorgerufen durch zu großes Axialspiel der Kurbelwelle.

Einige andere Bemerkungen in den Versuchsberichten belegten, welchen Strapazen die Heckflossen-Renner und ihre Fahrer beim Gran Premio ausgesetzt waren, das nicht ohne Grund zu den schwersten Straßenrennen zählte: „Nach einer halben bis dreiviertel Stunde Vollastfahrt mit genau 6.000/min auf Sandstrecke und Außentemperaturen von 36 bis 38 Grad und Bodentemperaturen von zirka 45 bis 50 Grad wurde eine Motoröltemperatur von kurzzeitig 170 Grad erreicht." Genug zum Frittieren, genug auch um Motorschäden zu verursachen, doch war an der hohen Temperaturangabe eventuell die falsche Eichung eines Temperaturgebers schuld. Jedenfalls gilt als verbrieft, dass bei diesem Rennen Motoröltemperaturen von 140 Grad Celsius bei Mercedes an der Tagesordnung waren, wobei die Unterbodenschutzbleche wegen der Verschlechterung der Wärme-Ableitung auch zu den hohen Temperaturen im Motorraum beigetragen haben.

Was sich für die Fahrer und Autos als Tortur erwies, schätzten die Techniker der Versuchsabteilung als optimale Versuchsstrecke – mit perfideren Foltertricks als auf der Einfahrbahn in Untertürkheim. 40 Prozent der über 4.000 Kilometer langen Dauerprüfungsbahn waren asphaltiert, die übrige Strecke setzte sich zusammen aus festgefahrenem Lehmboden mit ausgeschwemmten spitzen Steinen, die zum Teil zehn bis 20 Millimeter aus dem Boden ragten, aus reinen Geröllstraßen und aus Schotterstraßen, die bis zu 200 Millimeter starke Staubschichten trugen.

Man hört die Versuchsingenieure beinahe jubeln, wenn man die folgende Passage eines Versuchsberichts vom 9. November 1962 liest: „Die Lehmstraßen haben vielfach kurze Bremsrattermarken mit einem Abstand von zirka 60 bis 80 Millimeter, wobei durch das Überfahren dieser Stellen mit hoher Geschwindigkeit der gesamte Fahrzeugaufbau sowohl beim 220 SEb und 300 SE in sehr starke Schwingungen kommt, ähnlich wie auf unserer Einfahrbahn auf der Strecke mit den durchgezogenen Rillen."

Diese Straßen weisen außerdem noch lange Wellen mit einer Wellenlänge von zehn bis 20 Metern auf, auf denen die Heckflossen-Mercedes bis zur vollen Ausfederung und zum Hartanschlag der Gummifederung federn mussten. Komfortabler waren da die Staubstrecken: „Auf den reinen Staubstrecken fährt man ähnlich wie auf Glatteis. Der Staub ist so dünn, daß er durch die geschlossene Belüftung und geschlossene Fenster in das Fahrzeuginnere dringt, außerdem in die im Kofferraum liegenden Koffer."

Staubstraßen mit Glatteis-Eigenschaften, Rubbelbahnen und ausgetrocknete Flussbetten (Vados) quer über die Straße, teilweise zwei Meter lang und einen halben Meter tief steil nach unten fallend, hielten die Mercedes-Treter wie Walter Schock, Eugen Böhringer, Dieter Glemser, Hans Herrmann und

## DIE HECKFLOSSEN-MERCEDES IM RENNSPORT

◀ Die gefährlichen Wasserdurchfahrten, Vados genannt, bildeten einen beliebten Anziehungspunkt für die Zuschauer beim Großen Straßenpreis für Tourenwagen von Argentinien. Die spätere Siegermannschaft Eugen Böhringer/Klaus Kaiser durchpflügte mit dem Werks-Mercedes 300 SE auf diesem Bild einen solchen Vado im 1964er-Rennen (28. Oktober – 7. November 1964).

die unerschrockene Ewy Rosqvist nicht davon ab, kräftig zu heizen. Eugen Böhringer, Hotelier aus Stuttgart, der ebenso wie die anderen Mercedes-Fahrer nicht angestellt war, sondern jeweils Werkswagen für ihre Einsätze „ausgeliehen" bekamen, berichtete in einem Gespräch mit dem Verfasser: „Die erste Etappe ab Pilar bei Buenos Aires über 400 Kilometer legten wir in einer Stunde und 54 Minuten zurück, das entspricht einer Durchschnittsgeschwindigkeit von über 200 km/h. Danach ging's in die Berge, mit nur noch 181 km/h im Durchschnitt."

Rennleiter Karl Kling hatte für diese erste Etappe anno 1964 in Argentinien „Feuer frei" gegeben, Mercedes sollte schließlich zum vierten Mal im argentinischen Grand Prix die ersten Plätze belegen. Auf etwa 1.350 Kilogramm Kampfgewicht waren die 300 SE abgespeckt und hatten dabei noch einen auf 120 Liter vergrößerten Tank im Heck – bei dieser Vollgas-Hetze eine berechtigte Änderung. Böhringer: „Nachdem Kling das Kommando gab, ‚fahrt so schnell, wie ihr könnt', haben wir entsprechend Gas gegeben, der Benzinverbrauch lag bei 42 Litern pro 100 Kilometer. Nachdem die Konkurrenz am Ende der ersten Etappe schon ziemlich dezimiert war, fuhren wir mit etwa 70 Prozent der möglichen Geschwindigkeit – mit einem Durchschnittsverbrauch von rund 28 Litern." Daimler-Benz konnte stolz auf ihre Heckflossen-Mercedes sein: Von 264 in Argentinien im Jahr 1964 gestarteten Wagen erreichten gerade 58 das Ziel, auf den Plätzen 1 bis 3 jeweils ein Mercedes 300 SE.

## DIE HECKFLOSSEN-MERCEDES IM RENNSPORT

Wieder ein Heckflossen-Dreifachsieg beim Großen Straßenpreis für Tourenwagen in Argentinien vom 28. Oktober bis 7. November 1964: Die drei erfolgreichen 300 SE brausten in Arrecifes an der schwarz-weiß karierten Flagge vorbei. Reihenfolge: Ewy Baronin von Korff-Rosqvist/Eva-Maria Falk, Eugen Böhringer/Klaus Kaiser sowie Dieter Glemser/Martin Braungart. Nur ein Fünftel aller Starter erreichte das Ziel – alle Heckflossen hielten tapfer durch.

## Die Sage von Eugen und der Taube.

Und weil's trotz aller Unschärfe so schön ist, hier noch ein Bild aus Argentinien: Eugen Böhringer auf dem Siegesflug beim Großen Straßenpreis von Argentinien 1963 – die nach einem Überschlag deformierte Karosserie ist gut zu erkennen.

Grund für den Überschlag war, dass Böhringer mit weit über 200 km/h viel zu schnell für eine Taube auf dem Weg zum Sieg beim VII. Großen Straßenpreis von Argentinien 1963 unterwegs war. Der anschließende Überschlag nach der Kollision mit dem Vogel endete wieder auf den Rädern. Böhringer nahm es allem Anschein nach gelassen und hielt das Corpus Delicti in die Höhe. Er und sein Beifahrer Klaus Kaiser blieben unverletzt – auch, weil sie angeschnallt waren. „Die Ersatzscheibe wird mit Klebeband befestigt", heißt es im Mercedes-Pressetext zu dem Bild, und: „Den Sieg des 300 SE mit der Startnummer 705 kann dieser Zwischenfall nicht verhindern. Aber er beweist eindrücklich die Stabilität der Karosserie und die Sicherheit der Mercedes-Benz Personenwagen."

Bei einem Gespräch mit dem Autor in den frühen 2000er-Jahren gestand Böhringer, dass es vor dem Überschlag keine Feindberührung mit dem Vogel gegeben habe. Diesen habe er erst später mit dem 300 SE erlegt, vom Straßenrand aufgesammelt und als willkommenes Alibi für den Überschlag mitgenommen. Ob wahr oder unwahr: Allein der „knitze" Gesichtsausdruck vom „Eigeen" (so die korrekte schwäbische Aussprache von Eugen) spricht Bände. Und wer nicht weiß, was „knitze" ist: Es ist eine schwäbische – anerkennend gemeinte – Vokabel für hintertrieben, verschlagen, neckisch, frech …

## DIE HECKFLOSSEN-MERCEDES IM RENNSPORT

VIII. Internationale Rallye Akropolis vom 19. bis 22. Mai 1960. Das Team Walter Schock/Rolf Moll (Startnummer 34) gewann mit einem Mercedes-Benz Typ 220 SEb Tourenwagen die Rallye.

Ein ähnliches Bild bot die East African Safari 1965: Von 85 gestarteten Teams erreichten nur 16 das Ziel. Einer davon ein Mercedes 190 des privaten Teams Sprinzel/Wilson, die den vierten Platz belegten. „Auto, Motor und Sport" zitierte Böhringer, der einen 300 SE-Werkswagen fuhr und die 5.000 Kilometer-Strecke zweimal trainiert hatte, seinerzeit mit folgenden Worten: „Auf alle Fälle sind die Straßen schlechter und schwieriger als irgendetwas, was einem bei Lüttich-Sofia-Lüttich oder dem Argentinischen Gran Premio unterkommt." Böhringer, der an 47. Stelle gestartet war, hatte nach 500 Kilometern Fahrtstrecke bereits 35 Konkurrenten überholt, landete im Schlamm, steckte dort rund vier Stunden fest und kehrte entnervt um, nachdem er von einem Land Rover befreit worden war. Hätte der sieggewohnte Schwabe damals geahnt, dass der Siegerwagen der Safari in jenem Jahr mit fünfeinhalb Stunden Verspätung auf die Sollzeit in Nairobi eintraf, er hätte sich nicht chancenlos gewähnt und aufgegeben. Doch der Böhringer-300 SE war nicht der einzige Werkswagen bei dieser Safari: Drei weitere stellte Kling dem afrikanischen Mercedes-Importeur zur Verfügung, der die Wagen mit Einheimischen besetzte. Bis auf einen fielen alle 300 SE aus, die einzige überlebende Werks-Heckflosse belegte den 6. Platz, ein weiterer 190 landete auf Platz sieben.

## SPORTSCHAU

Gran Premio, East African Safari, Lüttich-Sofia-Lüttich, Rallye Monte Carlo – die Mercedes-Werkswagen räumten bei den Rallyes (abgesehen von wenigen Ausnahmen, wie der Safari) überdurchschnittlich oft die dicksten Pokale ab. Neben den schon erwähnten vier Siegen in Argentinien gewannen Heckflossen-Mercedes im Mai 1960 die Akropolis-Rallye; 1961 die Polen-Rallye (Böhringer/Aaltonen, 220 SEb) und die 1.000-Seen-Rallye in Finnland (Aaltonen/Nurmian, 220 SEb), in der Endabrechnung lag Mercedes auf dem zweiten Platz der Rallye-Europameisterschaft.

1962 standen die Rallye Akropolis, die Polen-Rallye und Spa-Sofia-Lüttich auf der Erfolgsliste von Eugen Böhringer und des 220 SEb, ein zweiter Platz bei der Monte kam Anfang des Jahres noch dazu – Lohn des Einsatzes: die Rallye-Europameisterschaft für Böhringer/Mercedes.

Von Misserfolgen soll hier nicht die Rede sein, die gab es 1963 bei der Monte, als Carlsson auf Saab gewann und die Mercedes-Werkswagen abgeschlagen hinten im Gesamtklassement landeten. In den Siegerlisten tauchte 1963 der erstmals eingesetzte 300 SE bei der Akropolis-Rallye ganz vorne

XXIII. Internationale Polen-Rallye vom 31. Juli bis 4. August 1963: Gesamtsieger Dieter Glemser/Martin Braungart mit einem Mercedes-Benz Typ 220 SEb.

## DIE HECKFLOSSEN-MERCEDES IM RENNSPORT

Start zum Großen Preis der Tourenwagen auf dem Nürburgring 1963: Nach gelungenem Start verlor Eugen Böhringer durch einen Reifenschaden in der dritten Runde alle Siegchancen gegen den Jaguar Mk II von Peter Lindner/Peter Nöcker, …

… doch tröstete der Klassensieg des Mercedes-Teams Ewy Rosqvist/Ursula Wirth/Eberhard Mahle (Startnummer 107) in der Klasse 8 bis 2.500 cm$^3$ mit einem Mercedes-Benz 220 SEb Tourenwagen über das Pech hinweg, …

… und Eberhard Mahle, der das Damenteam nach seinem Ausfall mit dem 300 SE verstärkte, konnte sich auf dem Siegerpodest wie der Hahn im Korb fühlen.

auf, ebenso bei der Deutschland-Rallye. Die Polen-Rallye in diesem Jahr gewann Dieter Glemser mit Beifahrer Braungart auf Mercedes 220 SEb.

Auch die Monte 1964 wurde zum Mercedes-Desaster: Rallye-Star Böhringer errang lediglich Platz acht – die große Zeit der Minis brach mit einem Sieg von Hopkirk/Liddon an. Kleine, wendige Rallye-Kobolde begannen die Szene zu beherrschen. Die Zeit der glorreichen Siege schwerer Reisewagen ging zu Ende.

Dafür ging es auf den Rundstrecken hoch her: Mercedes-Siege in den spannendsten Tourenwagen-Rennen seit Kriegsende brachten dem Werk gehörige Schlagzeilen – und Publicity. Rennleiter Kling berichtete nach den diversen Werkseinsätzen dem Vorstand regelmäßig über Erfolge und Misserfolge. Die Klingsche Analyse nach dem ersten spektakulären Mercedes-Werkseinsatz auf der Rundstrecke, am 16. Juni 1963 beim Großen Preis der Tourenwagen (Internationales ADAC 6-Stunden-Tourenwagen-Rennen) auf dem Nürburgring lautete wie folgt: „Den siegreichen Jaguar von Lindner konnten wir zwar durch unsere bessere Straßenlage einigermaßen halten, jedoch verlor Herr Böhringer gleich am Anfang in der dritten Runde durch Reifenwechsel auf der Strecke fast sieben Minuten. Bei der Verfolgungsjagd konnte Herr Böhringer während der sechs Stunden dem Jaguar wieder 2 1/2 Minuten abnehmen. Hätte noch eine weitere Runde gefahren werden müssen, so wäre der Jaguar wegen Vorderachsschaden ausgefallen. Er konnte nur noch in langsamer Fahrt die Ziellinie passieren."

Das Duell Eugen Böhringer/Mercedes gegen Peter Lindner/Jaguar sollte auch im folgenden Jahr für Schlagzeilen sorgen. Heckflossen-300 SE gewannen unter anderem die 24 Stunden von Spa-Francorchamps (Crevits/Gosselin, Böhringer wurde wegen einer nicht reglementgerechten Reparatur disqualifiziert) und das Sechsstunden-Rennen auf dem Nürburgring (Böhringer/Glemser). Bei diesem Rennen unterbot Glemser mit einer Zeit von 10:20,9 den vorjährigen Rundenrekord

## DIE HECKFLOSSEN-MERCEDES IM RENNSPORT

Zwar gewann die 24 Stunden von Spa-Francorchamps des Jahres 1964 das 300 SE-Team Crevits/Gosselin, doch hieß der moralische Sieger Eugen Böhringer (links im Bild, beim Fahrerwechsel). Zusammen mit Dieter Glemser dominierte er das Rennen, wurde aber wegen einer nicht reglementgerechten Reparatur disqualifiziert.

Mit verschiedenen Hinterachsübersetzungen zwischen 4,42 und 3,75 als längste Übersetzung konnte der 300 SE den unterschiedlichen Einsatzbedingungen angepasst werden. Zwei Werte geben einen Anhaltspunkt über die erreichbaren Geschwindigkeiten: Mit der 3,75-Achse brachte der 300er in Spa bei der Anfahrt zur Brücke von Malmedy rund 255 km/h (Böhringer: „Da konnten wir die Wagen so richtig laufen lassen"), mit der beispielsweise bei der Akropolis-Rallye verwendeten 4,05-Achse lief die Rallye-Flosse bei 5.500/min rund 180 km/h.

Um die Bodenfreiheit zu erhöhen, rollten die Rallye-Varianten auf 15 Zoll-Felgen (statt der serienmäßigen 13-Zöller), alte Rennreifen mit handgeschnittenem Profil sorgten für gute Traktion.

Böhringers um mehr als zehn Sekunden, während der schnellste Jaguar-Pilot John Sparrow 11:10,0 für seine schnellste Runde benötigte. 1965 standen lediglich zwei große Werkseinsätze auf dem Programm, die Akropolis-Rallye und die Safari. Bei der Akropolis fielen Böhringer/Kaiser (300 SE) aus, bester Mercedes war ein 230 SL mit Glemser/Braungart auf dem fünften Platz. Und bei der Safari belegte, wie schon erwähnt, ein privater Heckflossen-190 den vierten Platz als bester Mercedes.

In Sachen Technik hielten sich die Rennflossen relativ eng an ihre Serienbrüder. Die 220 SEb bekamen für die argentinischen Straßen lediglich verstärkte Stoßdämpfer-Aufhängungen. Teilweise wurden ZF-Fünfganggetriebe eingebaut. Das Motortuning beschränkte sich auf Feinarbeiten – lediglich bei der Rallye Spa-Sofia-Lüttich 1962 fuhr ein auf 2,5 Liter aufgebohrter 220 SEb mit.

Der 300 SE erhielt dagegen weiterreichende Veränderungen. Eugen Böhringer dazu: „Ab 1963 hatten unsere 300 SE die Direkteinspritzung des 300 SL. Damit dürften die Motoren etwa 200 bis 210 PS gebracht haben. Die Drehzahlgrenze lag bei 6.000/min – doch bei Langstreckenrennen haben wir selten über 5.000/min gedreht. Das Hochjubeln brachte nicht viel, denn ab etwa 5.000 fiel die Leistung rapide ab."

Eugen Böhringer bei den
24 Stunden von Spa-Francorchamps
1964 im Mercedes-Benz 300 SE.

Auf der Rundstrecke setzte Daimler-Benz Böhringers Angaben zufolge Dunlop Racing ein, mit 3,5 atü stramm aufgeblasen. Wie sehr die Reifen auf dem Nürburgring belastet wurden, zeigen Versuchsergebnisse: Im vollen Renntempo mit 13-Zoll-Serienreifen gefahren, war der linke Vorderreifen nach drei Runden k.o., ein 185 x 14 Dunlop-Gürtelreifen hielt fünf Runden, die 6.00 Dunlop-Racing waren gut für 14 Runden. Der Benzinverbrauch auf dem Ring betrug übrigens 36 bis 38 Liter pro 100 Kilometer. Einige weitere Zahlen, die Karl Kling dem Verfasser aus der Erinnerung nannte, belegen den Aufwand, mit dem Daimler-Benz seinerzeit den Tourenwagen-Sport betrieb: „In unserer Rennabteilung hatten wir zwischen 16 und 20 Mann beschäftigt. Nach Argentinien sind wir meistens mit etwa 28 Mann gefahren. Die Versuchsabteilung hat da ausgeholfen. Dazu kamen drei Einsatzwagen und zwei Trainingsautos – und drei große Container voll mit Ersatzteilen." Als Novum setzte Kling damals sogar ein Flugzeug zur Organisation aus der Luft ein. Gegen heutige Verhältnisse kämpften die Sportler in den 1960er-Jahren noch mit vergleichsweise minimalem Aufwand. Auch in der Technik der Tourenwagen hat sich bis heute sehr viel geändert.

**DATEN & FAKTEN**

# Detailinformationen zu den Heckflossen-Mercedes

Hier geht es den Heckflossen-Mercedes an die Substanz: Dieses Kapitel ist denjenigen gewidmet, die tiefer in die Technik der Objekte ihrer Begierde einsteigen wollen und Fakten der schicken Ober- und Mittelklasse-Automobile mit dem Stern in konzentrierter Form verinnerlichen wollen.

| Auf einen Blick: Die Modelle und ihre offiziellen Baureihen-Bezeichnungen | |
|---|---|
| **Modell (Typbezeichnung)** | **Baureihenbezeichnung** |
| 190 c | W 110 B I |
| 190 Dc | W 110 D I |
| 200 | W 110 B II |
| 200 D | W 110 D II |
| 220 b | W 111/1 |
| 220 Sb | W 111/2 |
| 220 SEb | W 111/3 |
| 230 | W 110 B III |
| 230 S | W 111/I A |
| 300 SE | W 112/3 |
| 220 SEb CC* | W 111/3 |
| 250 SE CC* | W 111/III A |
| 280 SE CC* | W 111 E 28 |
| 280 SE 3.5 CC* | W 111 E 35/1 |
| 300 SE CC* | W 112/3 |

CC = Coupé/Cabriolet

Mercedes-Benz **HECKFLOSSE** 209

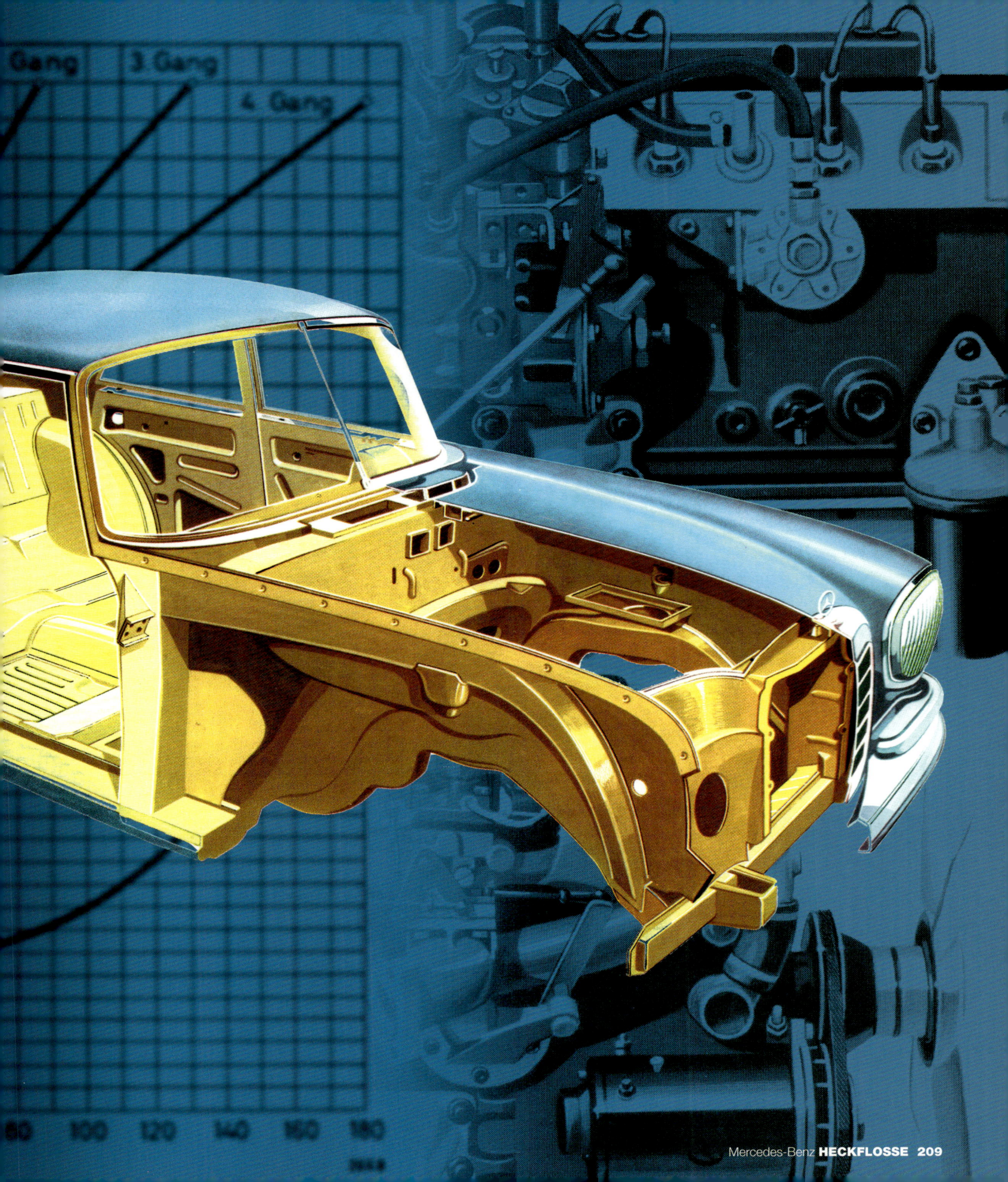

## DETAILINFORMATION: TECHNISCHE DATEN

### Tabelle 1: 190 c, 190 Dc, 200

| Typ (Baureihe) | | 190 c (W 110 B I) | 190 Dc (W 110 D I) | 200 (W 110 B II) |
|---|---|---|---|---|
| Baumuster | | 110.010 | 110.110 | 110.010 |
| Motor | | 4 Zylinder Otto | 4 Zylinder Diesel | 4 Zylinder Otto |
| Typ/Baumuster | | M 121 B V/121.924 | OM 621 III/621.912 | M 121 B XI/121.940 |
| Bohrung x Hub | mm | 85 x 83,6 | 87 x 83,6 | |
| Hubraum | cm$^3$ | 1.897 | 1.988 | |
| Verdichtung | | 8,7:1 | 21:1 | 9,0:1 |
| Leistung | PS bei U/min | 80 bei 5.000 | 55 bei 4.200 | 95 bei 5.200 |
| Drehmoment | mkg bei U/min | 14,5 bei 2.500 | 11,5 bei 2.400 | 15,7 bei 3.600 |
| Steuerung | | ohc, 1 obenliegende Nockenwelle | | |
| Schmierung | | Druckumlauf | | |
| Kühlung | | Wasser, Pumpe/Thermostat | | |
| Vergaser/Einspritzung | | Solex 34 PJCB | Bosch PES 4 | 2 Solex 38 PDSJ |
| Elektrik | | | | |
| Batterie | Ah | 52–56 | 66 | 44 |
| Kraftübertragung | | Antrieb auf Hinterräder | | |
| Kupplung | | Einscheiben-Trockenkupplung | | |
| Schaltung | | Lenkrad | Lenkrad | Lenkrad[1] |
| Getriebe | | 4-Gang[2] | 4-Gang[3] | 4-Gang[4] |
| Übersetzungen | | I. 4,05; II. 2,28; III. 1,53; IV. 1,00 | | I. 4,09; II. 2,25; III. 1,42; IV. 1,00 |
| Hinterachsübersetzung | | 4,08 | 3,92 | 4,08 |
| Chassis/Fahrwerk | | Rahmen-Bodenanlage mit offenem Mittelträger | | |
| Vorderradaufhängung | | Doppel-Querlenker, Schraubenfedern, Stabilisator | | |
| Hinterradaufhängung | | Eingelenk-Pendelachse, Schubstreben, Schraubenfedern | | |
| Lenkung | | Kugelumlauf[5] | | Kugelumlauf[6] |
| Betriebsbremse | | hydraulisch, Einkreis[7] | | hydraulisch, Zweikreis, Bremskraftverstärker |
| Bremsen vorn/hinten | | Trommeln/Trommeln[8] | | Scheiben/Trommeln |
| Feststellbremse | | mechanisch auf Hinterräder | | |
| Aufbau | | selbsttragende Ganzstahlkarosserie | | |
| Karosserie | | Limousine, 4 Türen | | |
| Radstand | mm | 2.700 | | 2.700, lang 3.350 |
| Spur vorn/hinten | mm | 1.468[9]/1.485 | | 1.482/1.485 |
| Fahrzeuglänge | mm | 4.730 | | 4.730, lang 5.380 |
| Fahrzeugbreite | mm | 1.795 | | |
| Fahrzeughöhe | mm | 1.495 | | |
| Räder | | 5 JK x 13 | | |
| Bereifung | | 7.00-13 | | 7.00 S 13 |
| Wendekreis | m | 11,4 | | |
| Tankinhalt | l | 52 | | 65 |
| Leergewicht (DIN) | kg | 1.250 | 1.300 | 1.275 |
| Zulässiges Gesamtgewicht | kg | 1.700–1.750 | 1.750–1.800 | 1.775 |
| **Messwerte** | | | | |
| Höchstgeschwindigkeit | km/h | 145/Aut. 142 | 125/Aut. 123 | 160/Aut. 155 |
| Beschleunigung 0–100 km/h | s | 17,7/Aut. 17,8 | 30,0/Aut. 30,7 | 15,2/Aut. 15,1 |
| Verbrauch (DIN) | l/100 km | 10,8/Aut. 11,0 | 7,6/Aut. 7,8 | 10,9/Aut. 11,1 |

Hinweis zum DIN-Verbrauch: Im realen Fahrbetrieb ist von Mehrverbräuchen von mindestens 20 % auszugehen!

(1) ab 12.1965: a. W. Mittelschaltung (auch Automatik)
(2) ab 1.1963: a. W. 4-Gang-Automatik
(3) ab 12.1963: a. W. 4-Gang-Automatik
(4) a. W. 4-Gang-Automatik
(5) ab 9.1964: a. W. Servounterstützung
(6) a. W. Servounterstützung
(7) ab 9.1963: Zweikreis, Bremskraftverstärker
(8) ab 9.1963: Scheiben/Trommeln
(9) ab 9.1963: 1.482

Quelle: MBIG Kaufberatung Mercedes-Benz Heckflosse

**DATEN & FAKTEN**

### Tabelle 2: 200 D, 220 b, 220 Sb

| Typ (Baureihe) | | 200 D (W 110 D II) | 220 b (W 111/1) | 220 Sb (W 111/2) |
|---|---|---|---|---|
| Baumuster | | 110.110 | 111.010 | 111.012 |
| Motor | | 4 Zylinder Diesel | 6 Zylinder Otto | |
| Typ/Baumuster | | OM 621 VIII/621.918 | M 180 IV/180.940 | M 180 V/180.941 |
| Bohrung x Hub | mm | 87 x 83,6 | 80 x 72,8 | |
| Hubraum | cm³ | 1.988 | 2.195 | |
| Verdichtung | | 21:1 | 8,7:1 | |
| Leistung | PS bei U/min | 55 bei 4.200 | 95 bei 4.800 | 110 bei 5.000 |
| Drehmoment | mkg bei U/min | 11,5 bei 2.400 | 17,2 bei 3.200 | 17,5 bei 3.500 |
| Steuerung | | ohc, 1 obenliegende Nockenwelle | | |
| Schmierung | | Druckumlauf | | |
| Kühlung | | Wasser, Pumpe/Thermostat | | |
| Vergaser/Einspritzung | | Bosch PES 4 | 2 Solex 34 PJCB | 2 Solex 34 PAJTA[1] |
| Elektrik | | 12 Volt | | |
| Batterie | Ah | 66 | 52–56 | |
| Kraftübertragung | | Antrieb auf Hinterräder | | |
| Kupplung | | Einscheiben-Trockenkupplung | | |
| Schaltung | | Lenkrad[2] | Lenkrad[3] | |
| Getriebe | | 4-Gang[4] | 4-Gang[5] | |
| Übersetzungen | | I. 4,09; II. 2,25; III. 1,42; IV.1,00 | I. 3,64; II. 2,30; III. 1,53; IV. 1,00[6] | |
| Hinterachsübersetzung | | 3,92 | 3,92[7] | 4,08 |
| Chassis/Fahrwerk | | Rahmen-Bodenanlage mit offenem Mittelträger | | |
| Vorderradaufhängung | | Doppel-Querlenker, Schraubenfedern, Stabilisator | | |
| Hinterradaufhängung | | Eingelenk-Pendelachse, Schubstreben, Schraubenfedern | | |
| Lenkung | | Kugelumlauf[8] | Kugelumlauf[9] | |
| Betriebsbremse | | hydraulisch, Zweikreis, Bremskraftverstärker | hydraulisch, Einkreis[10] | hydraulisch, Einkreis, Bremskraftverstärker[11] |
| Bremsen vorn/hinten | | Scheiben/Trommeln | Trommeln/Trommeln[12] | Trommeln/Trommeln[13] |
| Feststellbremse | | mechanisch auf Hinterräder | | |
| Aufbau | | selbsttragende Ganzstahlkarosserie | | |
| Karosserie | | Limousine, 4 Türen | | |
| Radstand | mm | 2.700, lang 3.350 | 2.750 | |
| Spur vorn/hinten | mm | 1.482/1.485 | 1.470[14]/1.485 | |
| Fahrzeuglänge | mm | 4.730, lang 5.380 | 4.875 | |
| Fahrzeugbreite | mm | 1.795 | | |
| Fahrzeughöhe | mm | 1.495 | 1.510 | |
| Räder | | 5 JK x 13 | | |
| Bereifung | | 7.00-13 | 7.25-13[15] | 7.25-13 Nylon Sport[16] |
| Wendekreis | m | 11,4 | 11,5 | |
| Tankinhalt | l | 65 | | |
| Leergewicht (DIN) | kg | 1.325 | 1.310–1.320 | 1.330–1.345 |
| Zulässiges Gesamtgewicht | kg | 1.825 | 1.760–1.820 | 1.780–1.845 |
| **Messwerte** | | | | |
| Höchstgeschwindigkeit | km/h | 130/Aut. 127 | 155/Aut. 150 | 165/Aut. 160 |
| Beschleunigung 0–100 km/h | s | 30,0/Aut. 30,7 | 15,0/Aut. 14,6 | 13,8/Aut. 13,6 |
| Verbrauch (DIN) | l/100 km | 8,1/Aut. 8,3 | 11,2/Aut. 11,4 | 10,7/Aut. 10,9 |

Hinweis zum DIN-Verbrauch: Im realen Fahrbetrieb ist von Mehrverbräuchen von mindestens 20 % auszugehen!

(1) ab 8.1963: 2 Zenith 35/40 INAT
(2) ab 12.1965: a. W. Mittelschaltung (auch Automatik)
(3) ab 11.1964: a. W. Mittelschaltung (Schaltgetriebe)
(4) a. W. 4-Gang-Automatik
(5) ab 11.1962: a. W. 4-Gang-Automatik
(6) ab 4.1963: 1. 4,05 2. 2,28
(7) ab 2.1964: 4,08
(8) a. W. Servounterstützung
(9) ab 8.1961: a. W. Servounterstützung
(10) a. W. Bremskraftverstärker, ab 9.63 Zweikreis, Bremskraftverstärker
(11) ab 9.1963: Zweikreis
(12) ab 8.1963: Scheiben/Trommeln
(13) ab 3.1962: Scheiben/Trommeln
(14) ab 4.1963: 1.482
(15) ab 8.1963: 6.70-13
(16) bis 8.1961: 6.70-13 W, ab 2.1964: 7.25 S 13
(17) bis 8.1961: 6.70-13

Quelle: MBIG Kaufberatung Mercedes-Benz Heckflosse

**DETAILINFORMATION: TECHNISCHE DATEN**

## Tabelle 3: 220 SEb, 230, 230 S

| Typ (Baureihe) | | 220 SEb (W 111/3) | 230 (W 110 B III) | 230 S (W 111/I A) |
|---|---|---|---|---|
| Baumuster | | 111.014 | 110.011 | 111.010 |
| Motor | | 6 Zylinder Otto | | |
| Typ/Baumuster | | M 127 III/127.982 | M 180 VI[1]/ 180.945/949/950 | M 180 VIII/180.947/951 |
| Bohrung x Hub | mm | 80 x 72,8 | 82 x 72,8 | |
| Hubraum | cm³ | 2.195 | 2.281 | |
| Verdichtung | | 8,7:1 | 9,0:1 | |
| Leistung | PS bei U/min | 120 bei 4.800 | 105 bei 5.200[1] | 120 bei 5.400 |
| Drehmoment | mkg bei U/min | 19,3 bei 3.900 | 17,7 bei 3.600[1] | 18,2 bei 4.000 |
| Steuerung | | ohc, 1 obenliegende Nockenwelle | | |
| Schmierung | | Druckumlauf | | |
| Kühlung | | Wasser, Pumpe/Thermostat | | |
| Vergaser/Einspritzung | | Bosch EP/ZEB 2 | 2 Solex 38 PDSI-2[1] | 2 Zenith 35/40 INAT |
| Elektrik | | 12 Volt | | |
| Batterie | Ah | 60 | 44 | |
| Kraftübertragung | | Antrieb auf Hinterräder | | |
| Kupplung | | Einscheiben-Trockenkupplung | | |
| Schaltung | | Lenkrad[2] | Lenkrad[3] | Lenkrad[4] |
| Getriebe | | 4-Gang[5] | 4-Gang[6] | |
| Übersetzungen | | I. 3,64; II. 2,36; III. 1,53; IV. 1,00[7] | I. 4,09; II. 2,20; III. 1,42; IV. 4. 1,00 | I. 4,0; II. 2,23; III. 1,40; IV. 1,00 |
| Hinterachsübersetzung | | 4,08 | | |
| Chassis/Fahrwerk | | Rahmen-Bodenanlage mit offenem Mittelträger | | |
| Vorderradaufhängung | | Doppel-Querlenker, Schraubenfedern, Stabilisator | | |
| Hinterradaufhängung | | Eingelenk-Pendelachse, Schubstreben, Schraubenfedern, Ausgleichs-Schraubenfeder | | |
| Lenkung | | Kugelumlauf[8] | Kugelumlauf[9] | |
| Betriebsbremse | | hydraulisch, Einkreis, Bremskraftverstärker[10] | hydraulisch, Zweikreis, Bremskraftverstärker | |
| Bremsen vorn/hinten | | Trommeln/Trommeln[11] | Scheiben/Trommeln | |
| Feststellbremse | | mechanisch auf Hinterräder | | |
| Aufbau | | selbsttragende Ganzstahlkarosserie | | |
| Karosserie | | Limousine, 4 Türen | | |
| Radstand | mm | 2.750 | 2.700 | 2.750 |
| Spur vorn/hinten | mm | 1.470[12]/1.485 | 1.482/1.485 | |
| Fahrzeuglänge | mm | 4.875 | 4.730 | 4.875 |
| Fahrzeugbreite | mm | 1.795 | | |
| Fahrzeughöhe | mm | 1.510 | 1.495 | 1.500 |
| Räder | | 5 JK x 13 | | |
| Bereifung | | 7.25-13 Nylon Sport[13] | 7.00 S 13 | 7.25 S 13 |
| Wendekreis | m | 11,5 | 11,4 | 11,5 |
| Tankinhalt | l | 65 | | |
| Leergewicht (DIN) | kg | 1.360–1.375 | 1.305 | 1.350 |
| Zulässiges Gesamtgewicht | kg | 1.810–1.875 | 1.805 | 1.850 |
| **Messwerte** | | | | |
| Höchstgeschwindigkeit | km/h | 170/Aut. 165 | 170/Aut. 165[1] | 175/Aut. 170 |
| Beschleunigung 0–100 km/h | s | 12,8/Aut. 12,6 | 14,2/Aut. 13.8[1] | 13,1/Aut. 12,9 |
| Verbrauch (DIN) | l/100 km | 10,7/Aut. 10,9 | 11,2/Aut. 11,4 | |

Quelle: MBIG Kaufberatung Mercedes-Benz Heckflosse

Hinweis zum DIN-Verbrauch: Im realen Fahrbetrieb ist von Mehrverbräuchen von mindestens 20 % auszugehen!

(1) ab 8.1966: M 180 X, Daten/Fahrleistungen wie 230 S
(2) ab 11.1964: a. W. Mittelschaltung (Schaltgetriebe)
(3) ab 12.1965: a. W. Mittelschaltung (auch Automatik)
(4) a. W. Mittelschaltung, ab 12.1965: auch Automatik
(5) ab 8.1961: a. W. 4-Gang-Automatik
(6) a. W. 4-Gang-Automatik
(7) ab 4.1963: 1. 4,05 2. 2.28
(8) ab 8.1961: a. W. Servounterstützung
(9) a. W. Servounterstützung
(10) ab 9.1963: Zweikreis
(11) ab 3.1962: Scheiben/Trommeln
(12) ab 4.1963: 1.482
(13) bis 8.1961: 6.70-13 N.S., ab 2.1964 7.25 S 13

## Tabelle 4: 300 SE, 300 SE lang

| Typ (Baureihe) | | 300 SE (W 112/3) | 300 SE lang (W 112/3) |
|---|---|---|---|
| Baumuster | | 112.014 | 112.015 |
| Motor | | 6-Zylinder Otto | |
| Typ/Baumuster | | M 189 III[(1)]/189.984/986 | |
| Bohrung x Hub | mm | 85 x 88 | |
| Hubraum | cm³ | 2.996 | |
| Verdichtung | | 8,7:1[(2)] | |
| Leistung | PS bei U/min | 160 bei 5.000[(3)] | |
| Drehmoment | mkg bei U/min | 25,6 bei 3.800[(4)] | |
| Steuerung | | ohc, 1 obenliegende Nockenwelle | |
| Schmierung | | Druckumlauf | |
| Kühlung | | Wasser, Pumpe/Thermostat | |
| Vergaser/Einspritzung | | Bosch EP/ZEB 2[(5)] | |
| Elektrik | | 12 Volt | |
| Batterie | Ah | 66 | |
| Kraftübertragung | | Antrieb auf Hinterräder | |
| Kupplung | | Einscheiben-Trockenkupplung | |
| Schaltung | | Lenkrad | |
| Getriebe | | 4-Gang-Automatik[(6)] | |
| Übersetzungen | | Aut.: I. 3,98; II. 2,52; III. 1,58; IV. 1,00 | |
| Hinterachsübersetzung | | 4,08[(7)] | |
| Chassis/Fahrwerk | | Rahmen-Bodenanlage mit offenem Mittelträger | |
| Vorderradaufhängung | | Doppel-Querlenker, Luftfederung, Stabilisator | |
| Hinterradaufhängung | | Eingelenk-Pendelachse, Schubstreben, Luftfederung | |
| Lenkung | | Kugelumlauf, Servounterstützung | |
| Betriebsbremse | | hydraulisch, Zweikreis, Bremskraftverstärker | |
| Bremsen vorn/hinten | | Scheiben/Scheiben | |
| Feststellbremse | | mechanisch auf Hinterräder | |
| Aufbau | | selbsttragende Ganzstahlkarosserie | |
| Karosserie | | Limousine, 4 Türen | |
| Radstand | mm | 2.750 | 2.850 |
| Spur vorn/hinten | mm | 1.482/1.490 | |
| Fahrzeuglänge | mm | 4.875 | 4.975 |
| Fahrzeugbreite | mm | 1.795 | |
| Fahrzeughöhe | mm | 1.455 | |
| Räder | | 5 JK x 13 | |
| Bereifung | | 7.50-13 Nylon Sport[(8)] | |
| Wendekreis | m | 11,7 | 12,0 |
| Tankinhalt | l | 65[(9)] | |
| Leergewicht (DIN) | kg | 1.530–1.565 | 1.615 |
| Zulässiges Gesamtgewicht | kg | 2.010–2.065 | 2.115 |
| **Messwerte** | | | |
| Höchstgeschwindigkeit | km/h | 185/Aut. 180[(10)] | |
| Beschleunigung 0–100 km/h | s | Aut. 13,0[(11)] | |
| Verbrauch (DIN) | l/100 km | 13,0/Aut. 14,5[(12)] | |

Quelle: MBIG Kaufberatung Mercedes-Benz Heckflosse

Hinweis zum DIN-Verbrauch: Im realen Fahrbetrieb ist von Mehrverbräuchen von mindestens 20 % auszugehen!

(1) ab 1.1964: M 189 V
(2) ab 1.1964: 8,8:1
(3) ab 1.1964: 170 bei 5.400
(4) ab 1.1964: 25,4 bei 4.000
(5) ab 1.1964: Bosch PES 6
(6) ab 3.1963: a. W. 4-Gang-Schaltgetriebe
(7) ab 3.1963: 3,92, ab 4.1964 a. W. 3,75
(8) ab 5.1963: Super Sport, ab 8.1964 7.50 H 13
(9) ab 12.1962: 82
(10) ab 1.1964: 190/Aut. 185 mit HA 3,92, 200/Aut. 195 mit HA 3,75
(11) ab 1.1964: Aut. 11,2 (HA 3,92)
(12) ab 1.1964: 12,5/Aut. 13,7 mit HA 3,92, 11,8/Aut. 13,0 mit HA 3,75

## DETAILINFORMATION: TECHNISCHE DATEN

### Tabelle 5: 220 SEb Coupé/Cabriolet, 300 SE Coupé/Cabriolet

| Typ (Baureihe) | | 220 SEb Coupé/Cabriolet (W 111/3) | 300 SE Coupé/Cabriolet (W112/3) |
|---|---|---|---|
| Baumuster | | 111.021 / 111.023 | 112.021/112.023 |
| Motor | | 6 Zylinder Otto | 6 Zylinder Otto |
| Typ/Baumuster | | M 127 III/127.984 | M 189 III (V)/189.985/987 |
| Bohrung x Hub | mm | 82 x 78,8 | 85 x 88 |
| Hubraum | cm³ | 2.195 | 2.996 |
| Verdichtung | | 8,7:1 | 8,7:1[1] |
| Leistung | PS bei U/min | 120 bei 4.800 | 160 bei 5.000[2] |
| Drehmoment | mkg bei U/min | 19,3 bei 3.900 | 25,6 bei 3.800[3] |
| Steuerung | | ohc, 1 obenliegende Nockenwelle | |
| Schmierung | | Druckumlauf | |
| Kühlung | | Wasser, Pumpe/Thermostat | |
| Vergaser/Einspritzung | | Bosch EP/ZEB 2 | Bosch EP/ZEB 2[4] |
| Elektrik | | 12 Volt | |
| Batterie | Ah | 60 | 66 |
| Kraftübertragung | | Antrieb auf Hinterräder | |
| Kupplung | | Einscheiben-Trockenkupplung | |
| Schaltung | | Mittelschaltung | Lenkrad |
| Getriebe | | 4-Gang[5] | 4-Gang Automatik[6] |
| Übersetzungen | | I. 3,64; II. 2,36; III. 1,53; IV. 1,00[22] | Aut.: I. 3,98; II. 2,52; III. 1,58; IV. 1,00 |
| Hinterachsübersetzung | | 4,08 | 4,08[7] |
| Chassis/Fahrwerk | | Rahmen-Bodenanlage mit offenem Mittelträger | |
| Vorderradaufhängung | | Doppel-Querlenker, Schraubenfedern, Stabilisator | Doppel-Querlenker, Luftfederung, Stabilisator |
| Hinterradaufhängung | | Eingelenk-Pendelachse, Schubstreben, Schraubenfedern, Ausgleichs-Schraubenfeder | Eingelenk-Pendelachse, Schubstreben, Luftfederung |
| Lenkung | | Kugelumlauf[8] | Kugelumlauf, Servounterstützung |
| Betriebsbremse | | hydraulisch, Einkreis, Bremskraftverstärker[9] | hydraulisch, Zweikreis, Bremskraftverstärker |
| Bremsen vorn/hinten | | Trommeln/Trommeln[10] | Scheiben/Scheiben |
| Feststellbremse | | mechanisch auf Hinterräder | mechanisch auf Hinterräder |
| Aufbau | | selbsttragende Ganzstahlkarosserie | |
| Karosserie | | Coupé, 2 Türen/Cabriolet 2 Türen | |
| Radstand | mm | 2.750 | |
| Spur vorn/hinten | mm | 1.470[11]/1.485 | 1482/1490 |
| Fahrzeuglänge | mm | 4.880 | 4.880 |
| Fahrzeugbreite | mm | 1.845 | 1.845 |
| Fahrzeughöhe | mm | 1.445 | 1.420/1.435 |
| Räder | | 5 JK x 13/5 ½ JK x 13 | 5 1/2 JK x 13[12] |
| Bereifung | | 7.25-13 Nylon Sport/ 7.50-13 Nylon Sport | 7,50 H 13[13] |
| Wendekreis | m | 11,5 | 11,8 |
| Tankinhalt | l | 65 | 65[14] |
| Leergewicht (DIN) | kg | 1.450/1.520 | 1.590/1.690[15] |
| Zulässiges Gesamtgewicht | kg | 1.880/1.950 | 2.060/2.160[16] |
| **Messwerte** | | | |
| Höchstgeschwindigkeit | km/h | 170/Aut. 165 | 175[17] |
| Beschleunigung 0–100 km/h | s | 12,8 | 11,5[18] |
| Verbrauch (DIN) | l/100km | 10,8/Aut. 11,0 | 13[19] |

Quelle: Mercedes-Benz Classic Archive

Hinweis zum DIN-Verbrauch: Im realen Fahrbetrieb ist von Mehrverbräuchen von mindestens 20 % auszugehen!

(1) ab 1.1964: 8,8:1
(2) ab 1.1964: 170 bei 5.400
(3) ab 1.1964: 25,4 bei 4.000
(4) ab 1.1964: Bosch PES 6
(5) a. W.: Viergang Automatik
(6) ab 3.1963: a. W. 4-Gang-Schaltgetriebe
(7) ab 3.1963: 3,92, ab 4.1964: a. W. 3,75
(8) ab 8.1961: a. W. Servounterstützung
(9) ab 9.1963: Zweikreis
(10) ab 3.1962: Scheiben/Trommeln
(11) ab 4.1963: 1.482
(12) ab 8.1965: 6J x 14 B
(13) ab 8.1965: 7,35 H 14 oder 185 H 14
(14) ab 12.1962: 82
(15) ab 8.1965: 1.650/1.715
(16) ab 8.1965: 2.120/2.185
(17) bei HA 4,10/4,08; bzw. 180 km/h (HA 3,92); ab 01.1964: 195 km/h (HA 3,75/3,69) bzw. 185 km/h (HA 3,92)
(18) ab 1.1964: 11,4 s (HA 3,75/3,69) bzw. 11,1 s (HA 3,92)
(19) ab 1.1964: 13,7 l (HA 3,92)

## DATEN & FAKTEN

### Tabelle 6: 250 SE Coupé/Cabriolet, 280 SE Coupé/Cabriolet, 280 SE 3.5 Coupé/Cabriolet

| Typ (Baureihe) | | 250 SE Coupé/Cabriolet (W 111/III A) | 280 SE Coupé/Cabriolet (W 111 E 28) | 280 SE 3.5 Coupé/Cabriolet (W 111 E 35/1) |
|---|---|---|---|---|
| Baumuster | | 111.021/111.023 | 111.024/111.025 | 111.026/111.027 |
| Motor | | 6 Zylinder Otto | 6 Zylinder Otto | 8 Zylinder Otto V |
| Typ/Baumuster | | M 129 I/129.980 | M 130 E 28/130.980 | M 116 E 35/116.980 |
| Bohrung x Hub | mm | 82 x 78,8 | 86,5 x 78,8 | 92 x 65,8 |
| Hubraum | cm³ | 2.496 | 2.778 | 3.449 |
| Verdichtung | | 9,5:1 | | |
| Leistung | PS bei U/min | 150 bei 5.500 | 160 bei 5.500 | 200 bei 5.800 |
| Drehmoment | mkg bei U/min | 22,0 bei 4.250 | 24,5 bei 4.250 | 29,2 bei 4.000 |
| Steuerung | | ohc, 1 obenliegende Nockenwelle | | ohc, je 1 Nockenwelle pro Zylinderbank |
| Schmierung | | Druckumlauf | | |
| Kühlung | | Wasser, Pumpe/Thermostat | | |
| Vergaser/Einspritzung | | mechanische Saugrohreinspritzung mit Bosch Sechsstempel-Einspritzpumpe | | Bosch D-Jetronic |
| Elektrik | | 12 V | | |
| Batterie | Ah | 55 | 55 | 66 |
| Kraftübertragung | | Antrieb auf Hinterräder | | |
| Kupplung | | Einscheiben-Trockenkupplung | | |
| Schaltung | | Mittelschaltung | Mittelschaltung | Mittelschaltung |
| Getriebe | | 4-Gang(1) | 4-Gang(2) | 4-Gang(1) / 4-Gang-Automatik |
| Übersetzungen | | I. 4,05; II. 2,23; III. 1,40; IV. 1,0; R. 3,58 | I. 4,05; II. 2,23; III. 1,40; IV. 1,0; R. 3,58(2) | I. 3,96; II. 2,34; III. 1,44; IV. 1,0; R. 3,72 / I. 3,98; II. 2,39; III. 1,46; IV. 1,0; R. 5,47 |
| Hinterachsübersetzung | | 3,92 | 3,92(2) | 3,69; später 3,46 |
| Chassis/Fahrwerk | | Rahmen-Bodenanlage mit offenem Mittelträger | | |
| Vorderradaufhängung | | Doppel-Querlenker, Schraubenfedern, Stabilisator | Doppel-Querlenker, Schraubenfedern, Gummi-Zusatzfedern, Stabilisator | Doppel-Querlenker, Schraubenfedern, Gummi-Zusatzfedern, Stabilisator |
| Hinterradaufhängung | | Eingelenk-Pendelachse, Schubstreben, Schraubenfedern mit hydropneumatischem Druckausgleich | | |
| Lenkung | | Kugelumlauf(3) | | Kugelumlauf-Servolenkung |
| Betriebsbremse | | hydraulisch, Zweikreis mit Unterdruck-Bremskraftverstärker | | |
| Bremsen vorn/hinten | | Scheiben/Scheiben | | |
| Feststellbremse | | mechanisch auf Hinterräder | | |
| Aufbau | | selbsttragende Ganzstahlkarosserie | | |
| Karosserie | | Coupé, 2 Türen/Cabriolet 2 Türen | | |
| Radstand | mm | 2.750 | | |
| Spur vorn/hinten | mm | 1.482/1.485 | | |
| Fahrzeuglänge | mm | 4.880(4) | | 4.905 |
| Fahrzeugbreite | mm | 1.845 | | |
| Fahrzeughöhe | mm | 1.420/1.435 | | 1.410/1.420 |
| Räder | | 6J x 14 HB | 6J x 14 HB | 6J x 14 HB(5) |
| Bereifung | | 7,35 H 14 oder 185 H 14 / 7.75 H 14 oder 195 H 14 | 7,35 H 14 oder 185 H 14 6 PR | 185 V 14(6) |
| Wendekreis | m | 11,8 | 11,68 | 11,77 |
| Tankinhalt | l | 82 | | |
| Leergewicht (DIN) | kg | 1.490/1.575 | 1.510/1.590 | 1.570/1.650 |
| Zulässiges Gesamtgewicht | kg | 1.960/2.045 | 1.980/2.060 | 2.040/2.120 |
| **Messwerte** | | | | |
| Höchstgeschwindigkeit | km/h | 190(7) | 190(7) | 210(8) / 205 |
| Beschleunigung 0–100 km/h | s | 11,8(9) | 10,5(10) | 9,0(11) / 9,4 |
| Verbrauch (DIN) | l/100km | 11,7 | 12,3 | 13/13,5 |

Hinweis zum DIN-Verbrauch: Im realen Fahrbetrieb ist von Mehrverbräuchen von mindestens 20 % auszugehen!

(1) a. W. 4-Gang-Automatik, a. W. Wählhebel am Lenkrad oder in Wagenmitte
(2) ab 5.1969: Getriebeübersetzung I. 3,96; II. 2,34; III. 1,43; IV. 1,0; R. 3,72; Achsübersetzung: 3,69. a. W.: 5-Gang-Schaltgetriebe, Übersetzungen: I. 3,96; II. 2,34; III. 1,43; IV. 1,0; V. 0,87; R. 3,72; Achsübersetzung: 4,08, später 3,92. a. W. bis 5.1969: 4-Gang-Automatikgetriebe, Getriebe-Übersetzung I. 3,98; II. 2,52; III. 1,58; IV. 1,0; R. 4,15; Achsübersetzung 3,92. a. W. ab 5.1969: 4-Gang-Automatikgetriebe, Getriebe-Übersetzung: I. 3,98; II. 2,39; III. 1,46; IV. 1,0; R. 5,47; Achsübersetzung 3,69. Bei Automatik: Wählhebel a. W am Lenkrad oder in Wagenmitte.
(3) a. W. Kugelumlauf-Servolenkung
(4) ab 9.1969: 4.905 mm
(5) ab 8.1970 a. W. Leichtmetallräder
(6) a.W. 185 VR 14
(7) Automatik: 185 km/h
(8) Automatik: 205 km/h
(9) Automatik: 12 s
(10) Automatik: 11,2 s
(11) Automatik: 9,4 s

Quelle: Mercedes-Benz Classic Archive

**DETAILINFORMATION: KONSTRUKTIONSMERKMALE**

# Motor 190 c, M 121 B V

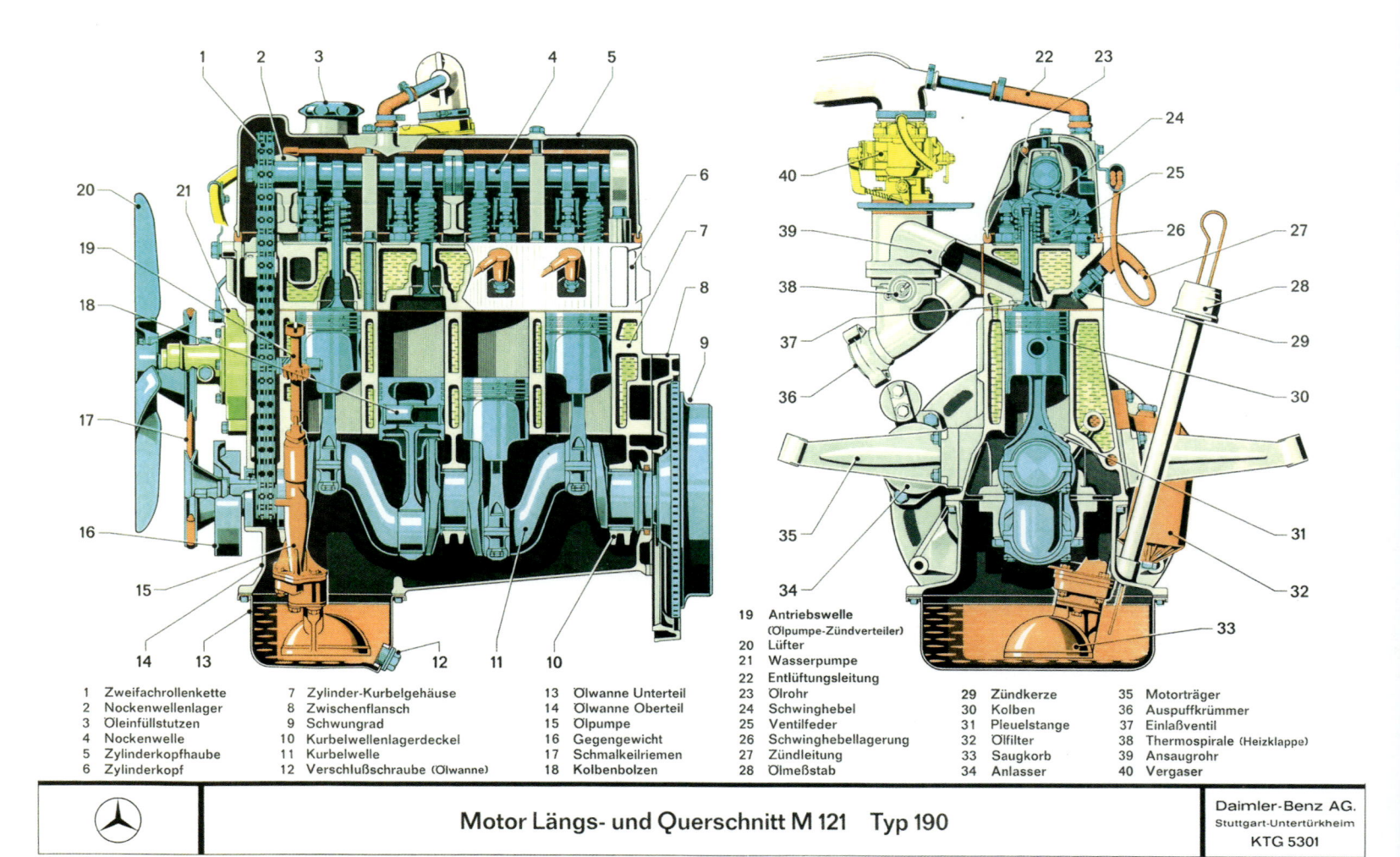

| | | | | | |
|---|---|---|---|---|---|
| 1 Zweifachrollenkette | 7 Zylinder-Kurbelgehäuse | 13 Ölwanne Unterteil | 19 Antriebswelle (Ölpumpe-Zündverteiler) | 29 Zündkerze | 35 Motorträger |
| 2 Nockenwellenlager | 8 Zwischenflansch | 14 Ölwanne Oberteil | 20 Lüfter | 30 Kolben | 36 Auspuffkrümmer |
| 3 Öleinfüllstutzen | 9 Schwungrad | 15 Ölpumpe | 21 Wasserpumpe | 31 Pleuelstange | 37 Einlaßventil |
| 4 Nockenwelle | 10 Kurbelwellenlagerdeckel | 16 Gegengewicht | 22 Entlüftungsleitung | 32 Ölfilter | 38 Thermospirale (Heizklappe) |
| 5 Zylinderkopfhaube | 11 Kurbelwelle | 17 Schmalkeilriemen | 23 Ölrohr | 33 Saugkorb | 39 Ansaugrohr |
| 6 Zylinderkopf | 12 Verschlußschraube (Ölwanne) | 18 Kolbenbolzen | 24 Schwinghebel | 34 Anlasser | 40 Vergaser |
| | | | 25 Ventilfeder | | |
| | | | 26 Schwinghebellagerung | | |
| | | | 27 Zündleitung | | |
| | | | 28 Ölmeßstab | | |

**Motor Längs- und Querschnitt M 121   Typ 190**

Daimler-Benz AG.
Stuttgart-Untertürkheim
KTG 5301

### Die wichtigsten Motorkonstruktionsmerkmale

Motor: Typ M 121 B V, Baumuster 121.924. Viertakt-Vergaser-Reihenmotor mit vier Zylindern, an drei Punkten gummigelagert, Zylinder im Block ohne Laufbuchsen mit Kurbelgehäuse vergossen. Graugusskurbelgehäuse, geteilte Ölwanne, Aluminium-Oberteil, Blech-Unterteil. Geschmiedete Kurbelwelle, drei Mehrstoff-Gleitlager mit Stahlstützschale, Pleuelstangen mit Doppel-T-Schaftquerschnitt, Mehrstoff-Pleuelstangengleitlager mit Stahlstützschalen, gegossene Leichtmetallkolben von Mahle oder Nüral. Zylinderkopf aus Leichtmetall mit Eisen-Asbest-Zylinderkopfdichtung, je ein Einlass- und Auslass-Ventil pro Zylinder, senkrecht hängend angeordnet, zwei Schraubenfedern pro Ventil, eine obenliegende, durch Duplex-Kette angetriebene Nockenwelle, Ventilbetätigung über Schwinghebel, Druckumlaufschmierung mit Zahnradpumpe. Gemischaufbereitung: Vergaser Solex 34 PJCB.

# DATEN & FAKTEN

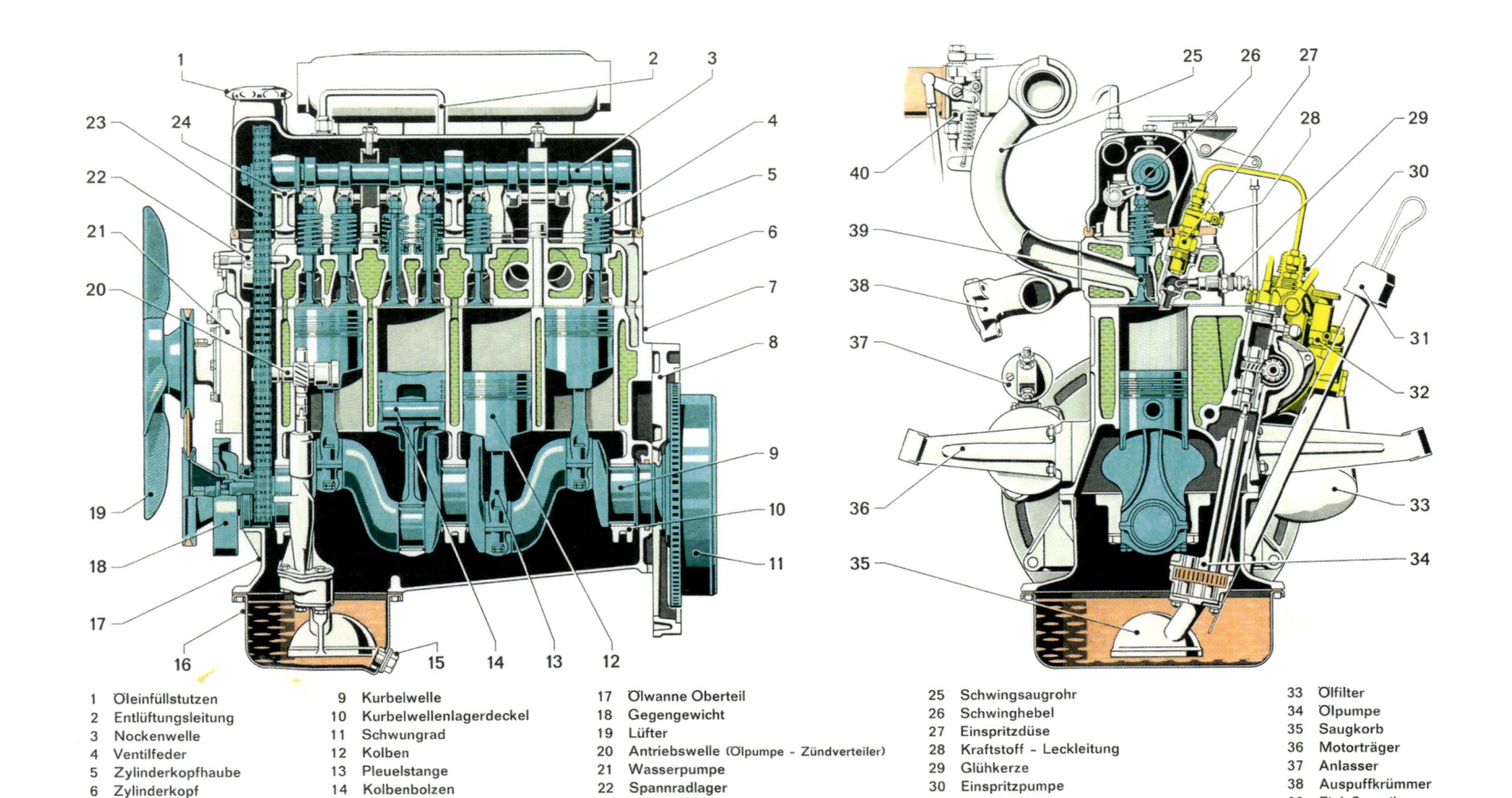

## Motor 190 Dc, OM 621 III

| | | |
|---|---|---|
| 1 Öleinfüllstutzen | 9 Kurbelwelle | 17 Ölwanne Oberteil |
| 2 Entlüftungsleitung | 10 Kurbelwellenlagerdeckel | 18 Gegengewicht |
| 3 Nockenwelle | 11 Schwungrad | 19 Lüfter |
| 4 Ventilfeder | 12 Kolben | 20 Antriebswelle (Ölpumpe – Zündverteiler) |
| 5 Zylinderkopfhaube | 13 Pleuelstange | 21 Wasserpumpe |
| 6 Zylinderkopf | 14 Kolbenbolzen | 22 Spannradlager |
| 7 Zylinder – Kurbelgehäuse | 15 Verschlußschraube (Ölwanne) | 23 Zweifachrollenkette |
| 8 Zwischenflansch | 16 Ölwanne Unterteil | 24 Nockenwellenlager |

| | | |
|---|---|---|
| 25 Schwingsaugrohr | 33 Ölfilter | |
| 26 Schwinghebel | 34 Ölpumpe | |
| 27 Einspritzdüse | 35 Saugkorb | |
| 28 Kraftstoff – Leckleitung | 36 Motorträger | |
| 29 Glühkerze | 37 Anlasser | |
| 30 Einspritzpumpe | 38 Auspuffkrümmer | |
| 31 Ölmeßstab | 39 Einlaßventil | |
| 32 Kraftstoff – Förderpumpe mit Handpumpe | 40 Klappenstutzen | |

Motor – Längs- und Querschnitt OM 621 Typ 190 D

Daimler-Benz AG.
Stuttgart-Untertürkheim
KTG 5394

### Die wichtigsten Motorkonstruktionsmerkmale

Motor: OM 621 III, Baumuster 621.912 – aufgeführt sind die wichtigsten vom Typ 190 c abweichenden konstruktiven Merkmale: Viertakt-Dieselmotor mit vier Zylindern in Reihe, DB-Vorkammerverfahren, Zylinderkopf aus Grauguss, Auslassventile mit je einer Schraubenfeder. Einspritzpumpe: Bosch-Vierstempelpumpe mit Spritzversteller, vier Bosch-Einspritzdüsen im Zylinderkopf, Einspritzung in Vorkammer. Gemischaufbereitung: mechanisch geregelte Einspritzpumpe Bosch PES 4.

**DETAILINFORMATION: KONSTRUKTIONSMERKMALE**

# Motor 200, M 121 B XI

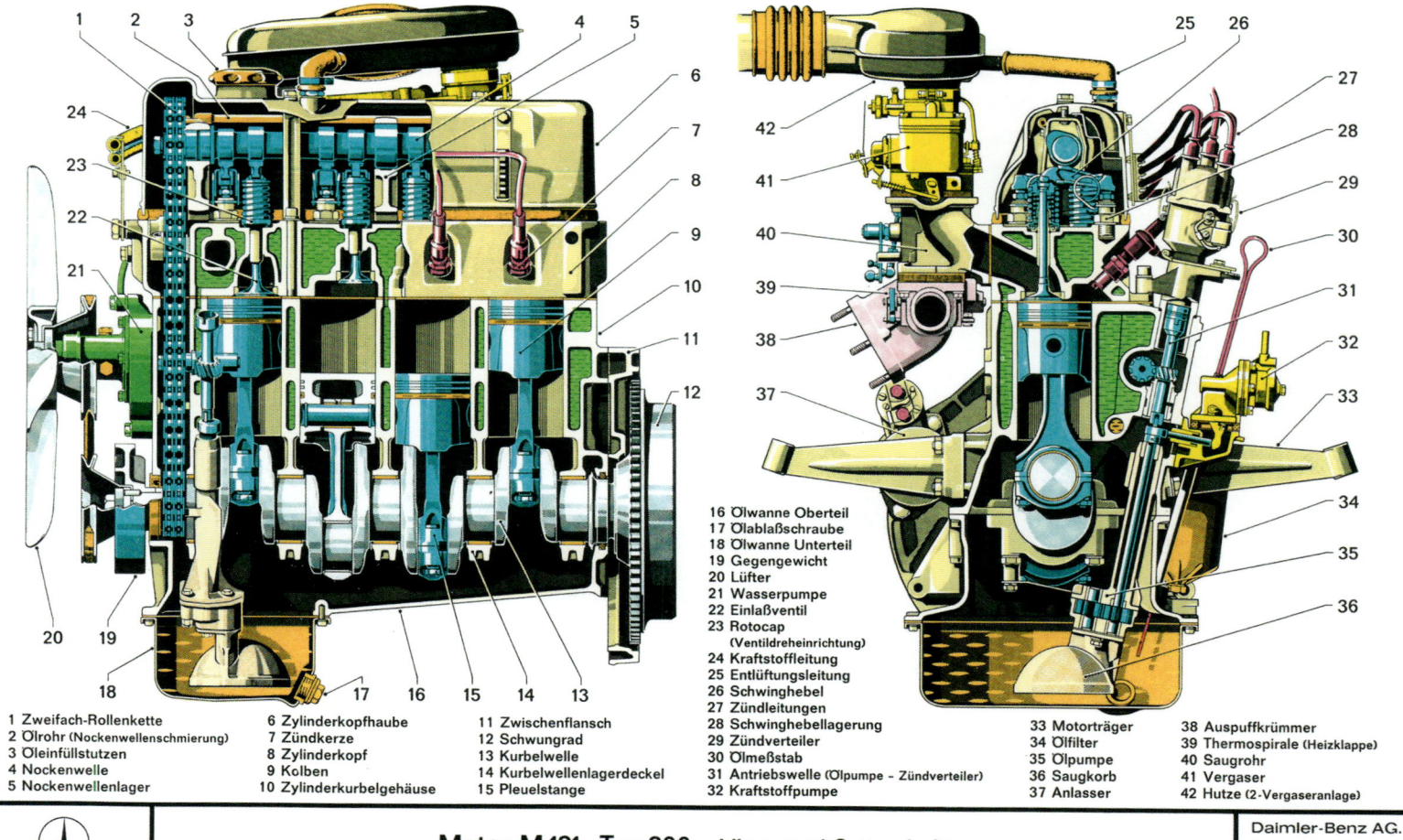

**Motor M 121 Typ 200 Längs- und Querschnitt**

Daimler-Benz AG.
Stuttgart-Untertürkheim
KTG 8844

1 Zweifach-Rollenkette
2 Ölrohr (Nockenwellenschmierung)
3 Öleinfüllstutzen
4 Nockenwelle
5 Nockenwellenlager
6 Zylinderkopfhaube
7 Zündkerze
8 Zylinderkopf
9 Kolben
10 Zylinderkurbelgehäuse
11 Zwischenflansch
12 Schwungrad
13 Kurbelwelle
14 Kurbelwellenlagerdeckel
15 Pleuelstange
16 Ölwanne Oberteil
17 Ölablaßschraube
18 Ölwanne Unterteil
19 Gegengewicht
20 Lüfter
21 Wasserpumpe
22 Einlaßventil
23 Rotocap (Ventildreheinrichtung)
24 Kraftstoffleitung
25 Entlüftungsleitung
26 Schwinghebel
27 Zündleitungen
28 Schwinghebellagerung
29 Zündverteiler
30 Ölmeßstab
31 Antriebswelle (Ölpumpe – Zündverteiler)
32 Kraftstoffpumpe
33 Motorträger
34 Ölfilter
35 Ölpumpe
36 Saugkorb
37 Anlasser
38 Auspuffkrümmer
39 Thermospirale (Heizklappe)
40 Saugrohr
41 Vergaser
42 Hutze (2-Vergaseranlage)

Die wichtigsten Motorkonstruktionsmerkmale

Motor: M 121 B XI, Baumuster 121.940 – aufgeführt sind die wichtigsten vom Typ 190 c abweichenden konstruktiven Merkmale: fünf Kurbelwellen-Mehrstoff-Gleitlager mit Stahlstützschalen. Gemischaufbereitung: Zwei Vergaser Solex 38 PDSJ.

**DATEN & FAKTEN**

# Motor 200 D, OM 621 VIII

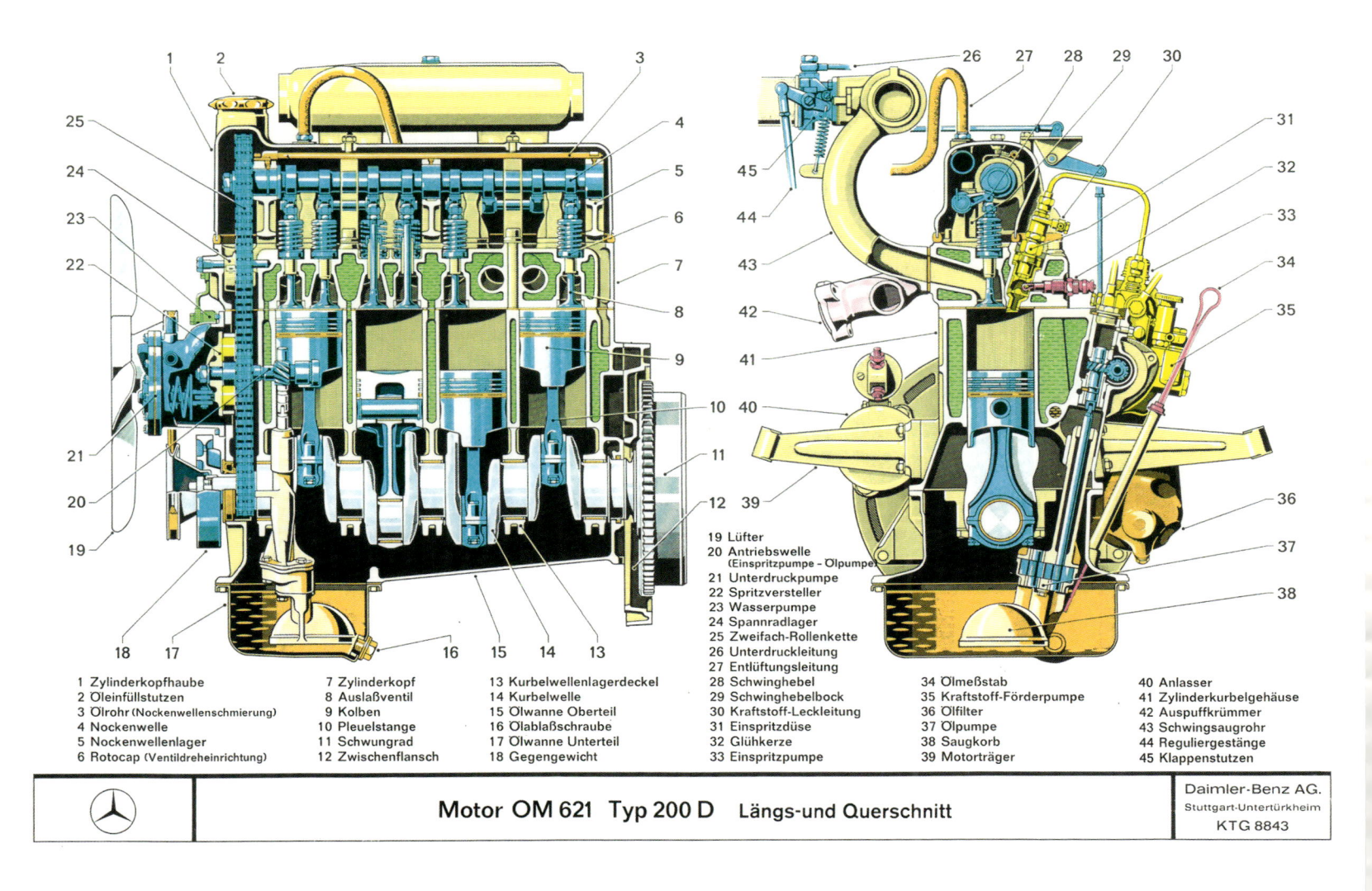

**Legende:**

1 Zylinderkopfhaube
2 Öleinfüllstutzen
3 Ölrohr (Nockenwellenschmierung)
4 Nockenwelle
5 Nockenwellenlager
6 Rotocap (Ventildreheinrichtung)
7 Zylinderkopf
8 Auslaßventil
9 Kolben
10 Pleuelstange
11 Schwungrad
12 Zwischenflansch
13 Kurbelwellenlagerdeckel
14 Kurbelwelle
15 Ölwanne Oberteil
16 Ölablaßschraube
17 Ölwanne Unterteil
18 Gegengewicht
19 Lüfter
20 Antriebswelle (Einspritzpumpe - Ölpumpe)
21 Unterdruckpumpe
22 Spritzversteller
23 Wasserpumpe
24 Spannradlager
25 Zweifach-Rollenkette
26 Unterdruckleitung
27 Entlüftungsleitung
28 Schwinghebel
29 Schwinghebelbock
30 Kraftstoff-Leckleitung
31 Einspritzdüse
32 Glühkerze
33 Einspritzpumpe
34 Ölmeßstab
35 Kraftstoff-Förderpumpe
36 Ölfilter
37 Ölpumpe
38 Saugkorb
39 Motorträger
40 Anlasser
41 Zylinderkurbelgehäuse
42 Auspuffkrümmer
43 Schwingsaugrohr
44 Reguliergestänge
45 Klappenstutzen

Motor OM 621 Typ 200 D Längs- und Querschnitt

Daimler-Benz AG.
Stuttgart-Untertürkheim
KTG 8843

**Die wichtigsten Motorkonstruktionsmerkmale**

Motor: OM 621 VIII, Baumuster 621.918 – aufgeführt sind die wichtigsten vom Typ 190 Dc abweichenden konstruktiven Merkmale: fünf Kurbelwellen-Mehrstoff-Gleitlager mit Stahlstützschalen.

Mercedes-Benz **HECKFLOSSE** 219

**DETAILINFORMATION: KONSTRUKTIONSMERKMALE**

# Motor 230 und 230 S, M 180 VI und M 180 VIII

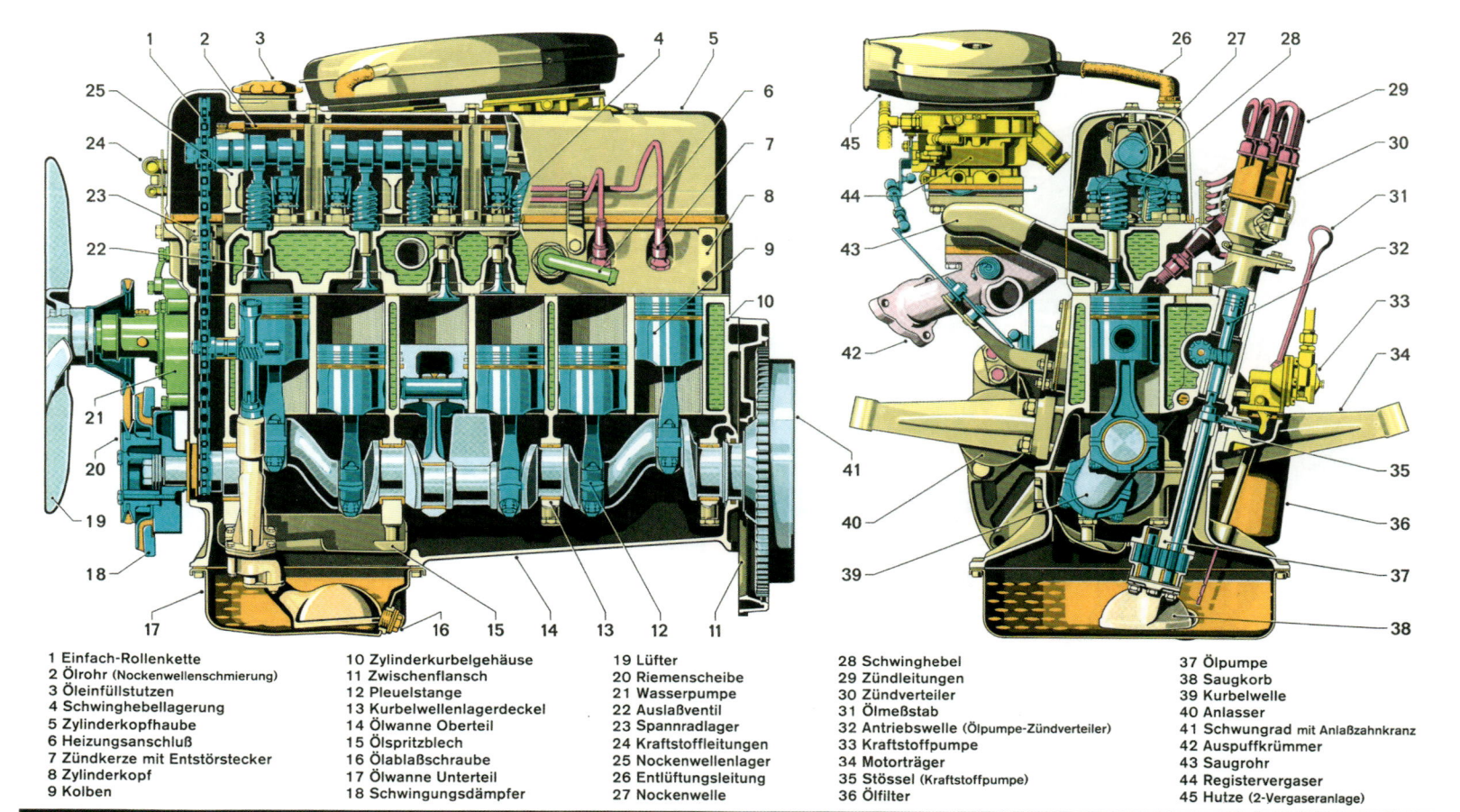

| | | |
|---|---|---|
| 1 Einfach-Rollenkette | 10 Zylinderkurbelgehäuse | 19 Lüfter |
| 2 Ölrohr (Nockenwellenschmierung) | 11 Zwischenflansch | 20 Riemenscheibe |
| 3 Öleinfüllstutzen | 12 Pleuelstange | 21 Wasserpumpe |
| 4 Schwinghebellagerung | 13 Kurbelwellenlagerdeckel | 22 Auslaßventil |
| 5 Zylinderkopfhaube | 14 Ölwanne Oberteil | 23 Spannradlager |
| 6 Heizungsanschluß | 15 Ölspritzblech | 24 Kraftstoffleitungen |
| 7 Zündkerze mit Entstörstecker | 16 Ölablaßschraube | 25 Nockenwellenlager |
| 8 Zylinderkopf | 17 Ölwanne Unterteil | 26 Entlüftungsleitung |
| 9 Kolben | 18 Schwingungsdämpfer | 27 Nockenwelle |
| 28 Schwinghebel | 37 Ölpumpe | |
| 29 Zündleitungen | 38 Saugkorb | |
| 30 Zündverteiler | 39 Kurbelwelle | |
| 31 Ölmeßstab | 40 Anlasser | |
| 32 Antriebswelle (Ölpumpe-Zündverteiler) | 41 Schwungrad mit Anlaßzahnkranz | |
| 33 Kraftstoffpumpe | 42 Auspuffkrümmer | |
| 34 Motorträger | 43 Saugrohr | |
| 35 Stössel (Kraftstoffpumpe) | 44 Registervergaser | |
| 36 Ölfilter | 45 Hutze (2-Vergaseranlage) | |

**Motor M 180  Typ 230 S  Längs- und Querschnitt**

Daimler-Benz AG.
Stuttgart-Untertürkheim
KTG 8845

Die wichtigsten Motorkonstruktionsmerkmale

Motor 230: M 180 VI, ab 8.1966: M 180 X, Baumuster 180.945/949/950 – aufgeführt sind die wichtigsten vom Typ 220 b abweichenden konstruktiven Merkmale: Hubraumvergrößerung durch Aufbohren von 80 auf 82 mm. Gemischaufbereitung: zwei Vergaser Solex 38 PDSI-2.

Motor 230 S: M 180 VIII, Baumuster 180.947/951 – aufgeführt sind die wichtigsten vom Typ 230 abweichenden konstruktiven Merkmale: Gemischaufbereitung: zwei Zenith 35/40 INAT (wie Typ 220 Sb).

**DATEN & FAKTEN**

# Motor 300 SE, M 189 III

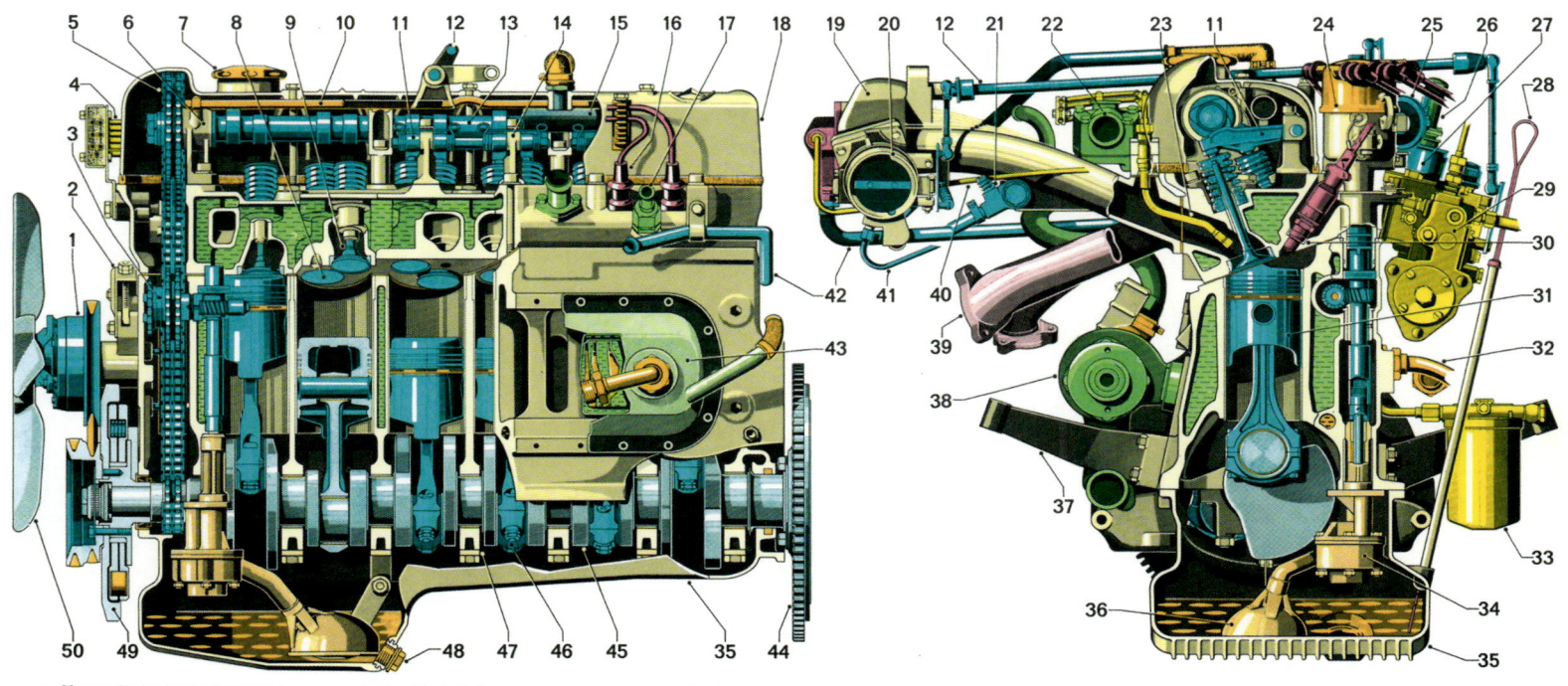

**Motor M 189 Typ 300 SE** — Längs und Querschnitt

| 1 Magnetische Lüfterkupplung | 11 Schwinghebel | 21 Leerlaufregulierung | 31 Kolben | 41 Unterdruckleitung (zum Zündverteiler) |
| --- | --- | --- | --- | --- |
| 2 Halteblech (für Riemenscheibe) | 12 Regulierwelle | 22 Kühlwasserregler | 32 Ölleitung (zum Ölkühler) | 42 Warmluftleitung (Einspritzpumpe Startventil) |
| 3 Kettenrad (für Einspritzpumpe) | 13 Nockenwelle | 23 Einspritzventil | 33 Kraftstoff-Filter | 43 Ölkühler |
| 4 Kraftstoffdruckleitungen | 14 Schwinghebelbock | 24 Zündverteiler | 34 Ölpumpe | 44 Schwungrad |
| 5 Zweifach-Rollenkette | 15 Entlüftungsrohr | 25 Unterdruckversteller | 35 Ölwanne | 45 Kurbelwelle |
| 6 Nockenwellenlager | 16 Entstörstecker | 26 Kühlwasserthermostat | 36 Saugkorb | 46 Pleuelstange |
| 7 Öleinfüllstutzen | 17 Kühlwasseranschluß (zum Regelventil) | 27 Höhendose | 37 Motorträger | 47 Kurbelwellenlagerdeckel |
| 8 Einlaßventil | 18 Zylinderkopfhaube | 28 Ölmeßstab | 38 Wasserpumpe | 48 Ölablaßschraube |
| 9 Auslaßventil | 19 Saugrohr | 29 Einspritzpumpe | 39 Auspuffkrümmer | 49 Schwingungsdämpfer |
| 10 Ölrohr (für Nockenwellenschmierung) | 20 Klappenstutzen | 30 Zündkerze | 40 Kraftstoffleitung (Startventil) | 50 Lüfter |

Daimler-Benz AG, Stuttgart-Untertürkheim — KTG 8849

### Die wichtigsten Motorkonstruktionsmerkmale

Motor: M 189 III, ab 1.1964: M 180 V, Baumuster 189.984/986 – Viertakt-Einspritz-Reihenmotor mit sechs Zylindern, Leichtmetall-Kurbelgehäuse, Zylinder: trocken eingezogene Büchsen, sieben Kurbelwellenhauptlager als Mehrstoffgleitlager mit Stahlstützschalen, Gemischaufbereitung: mechanisch geregelte Bosch Sechsstempel-Einspritzpumpe mit Start- und Warmlaufautomatik, berücksichtigt Gaspedalstellung, Motordrehzahl, Luftdruck und Kühlwassertemperatur, sechs Bosch-Einspritzdüsen im Saugrohr.

**DETAILINFORMATION: KONSTRUKTIONSMERKMALE**

# Motor 250 SE, M 129 I

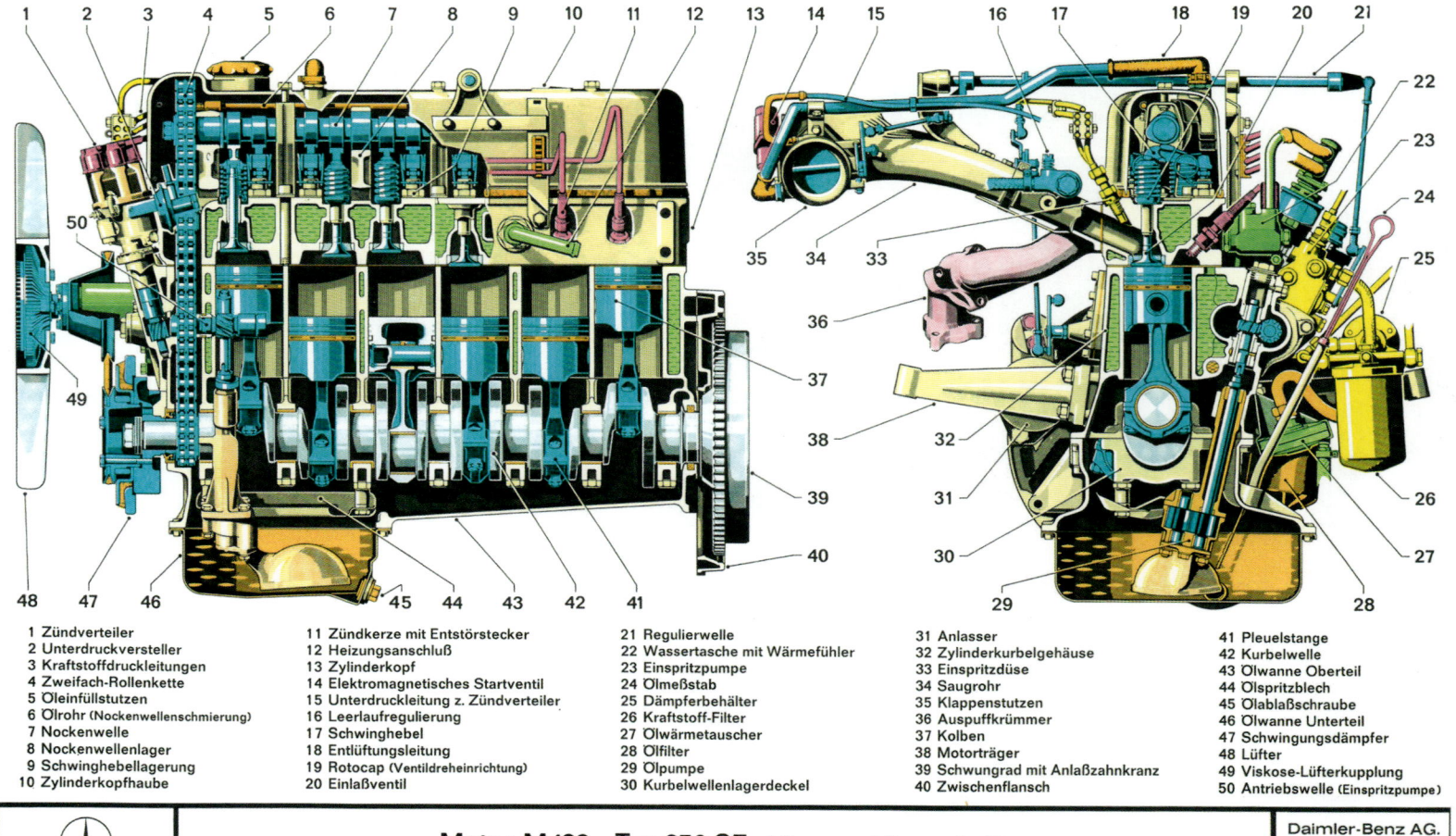

| | | |
|---|---|---|
| 1 Zündverteiler | 11 Zündkerze mit Entstörstecker | 21 Regulierwelle |
| 2 Unterdruckversteller | 12 Heizungsanschluß | 22 Wassertasche mit Wärmefühler |
| 3 Kraftstoffdruckleitungen | 13 Zylinderkopf | 23 Einspritzpumpe |
| 4 Zweifach-Rollenkette | 14 Elektromagnetisches Startventil | 24 Ölmeßstab |
| 5 Öleinfüllstutzen | 15 Unterdruckleitung z. Zündverteiler | 25 Dämpferbehälter |
| 6 Ölrohr (Nockenwellenschmierung) | 16 Leerlaufregulierung | 26 Kraftstoff-Filter |
| 7 Nockenwelle | 17 Schwinghebel | 27 Ölwärmetauscher |
| 8 Nockenwellenlager | 18 Entlüftungsleitung | 28 Ölfilter |
| 9 Schwinghebellagerung | 19 Rotocap (Ventildreheinrichtung) | 29 Ölpumpe |
| 10 Zylinderkopfhaube | 20 Einlaßventil | 30 Kurbelwellenlagerdeckel |
| 31 Anlasser | 41 Pleuelstange |
| 32 Zylinderkurbelgehäuse | 42 Kurbelwelle |
| 33 Einspritzdüse | 43 Ölwanne Oberteil |
| 34 Saugrohr | 44 Ölspritzblech |
| 35 Klappenstutzen | 45 Ölablaßschraube |
| 36 Auspuffkrümmer | 46 Ölwanne Unterteil |
| 37 Kolben | 47 Schwingungsdämpfer |
| 38 Motorträger | 48 Lüfter |
| 39 Schwungrad mit Anlaßzahnkranz | 49 Viskose-Lüfterkupplung |
| 40 Zwischenflansch | 50 Antriebswelle (Einspritzpumpe) |

**Motor M 129   Typ 250 SE   Längs-und Querschnitt**

Daimler-Benz AG.
Stuttgart-Untertürkheim
KTG 8848

Die wichtigsten Motorkonstruktionsmerkmale

Motor: M 129 I, Baumuster 129.980 – aufgeführt sind die wichtigsten vom Typ 220 SEb abweichenden konstruktiven Merkmale: sieben Kurbelwellenlager. Gemischaufbereitung: mechanisch geregelte Bosch Sechsstempel-Einspritzpumpe.

# DATEN & FAKTEN

# Motor 280 SE, M 130 E 28

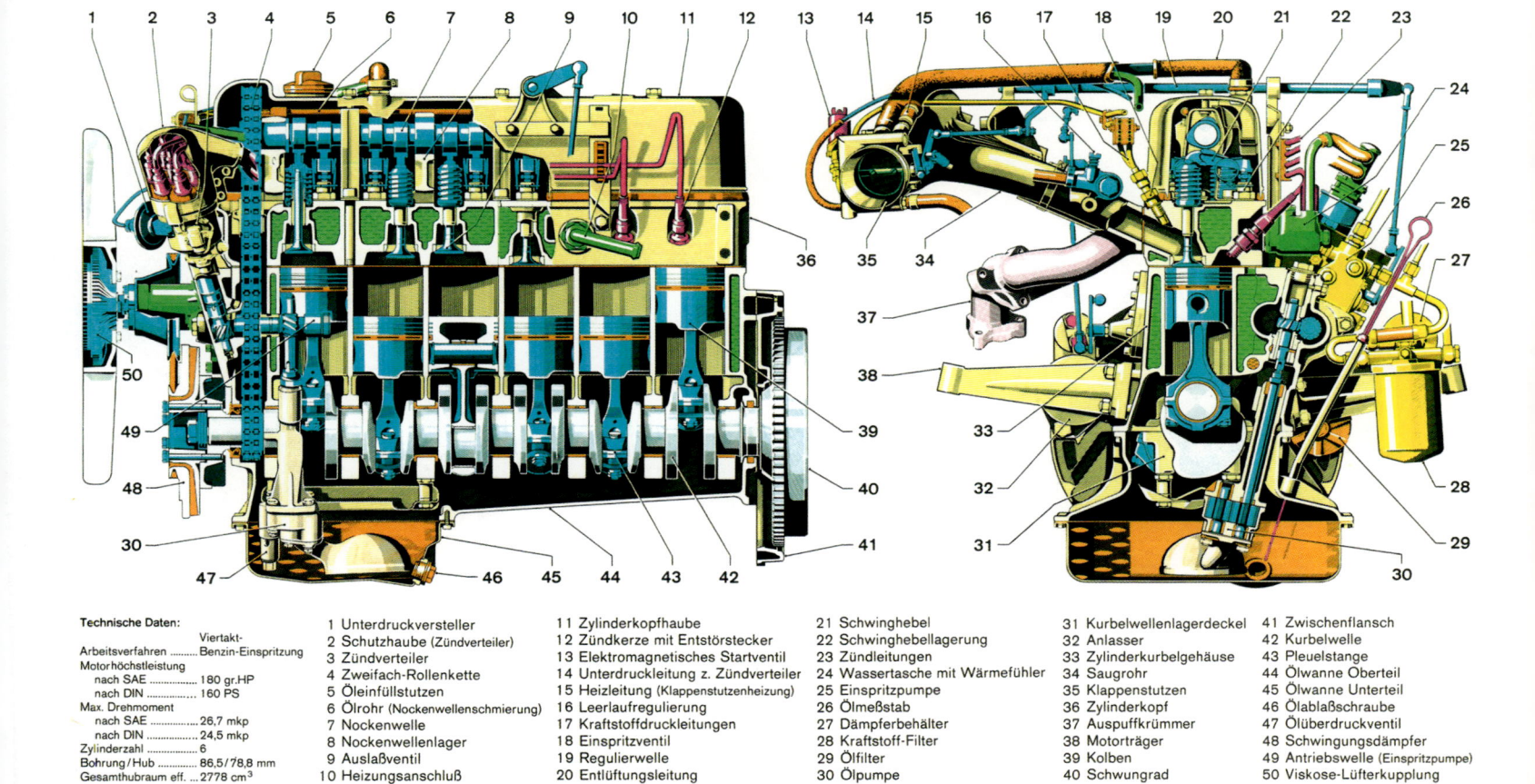

**Technische Daten:**

| | |
|---|---|
| Arbeitsverfahren | Viertakt-Benzin-Einspritzung |
| Motorhöchstleistung | |
| nach SAE | 180 gr.HP |
| nach DIN | 160 PS |
| Max. Drehmoment | |
| nach SAE | 26,7 mkp |
| nach DIN | 24,5 mkp |
| Zylinderzahl | 6 |
| Bohrung/Hub | 86,5/78,8 mm |
| Gesamthubraum eff. | 2778 cm³ |

1 Unterdruckversteller
2 Schutzhaube (Zündverteiler)
3 Zündverteiler
4 Zweifach-Rollenkette
5 Öleinfüllstutzen
6 Ölrohr (Nockenwellenschmierung)
7 Nockenwelle
8 Nockenwellenlager
9 Auslaßventil
10 Heizungsanschluß
11 Zylinderkopfhaube
12 Zündkerze mit Entstörstecker
13 Elektromagnetisches Startventil
14 Unterdruckleitung z. Zündverteiler
15 Heizleitung (Klappenstutzenheizung)
16 Leerlaufregulierung
17 Kraftstoffdruckleitungen
18 Einspritzventil
19 Regulierwelle
20 Entlüftungsleitung
21 Schwinghebel
22 Schwinghebellagerung
23 Zündleitungen
24 Wassertasche mit Wärmefühler
25 Einspritzpumpe
26 Ölmeßstab
27 Dämpferbehälter
28 Kraftstoff-Filter
29 Ölfilter
30 Ölpumpe
31 Kurbelwellenlagerdeckel
32 Anlasser
33 Zylinderkurbelgehäuse
34 Saugrohr
35 Klappenstutzen
36 Zylinderkopf
37 Auspuffkrümmer
38 Motorträger
39 Kolben
40 Schwungrad
41 Zwischenflansch
42 Kurbelwelle
43 Pleuelstange
44 Ölwanne Oberteil
45 Ölwanne Unterteil
46 Ölablaßschraube
47 Ölüberdruckventil
48 Schwingungsdämpfer
49 Antriebswelle (Einspritzpumpe)
50 Viskose-Lüfterkupplung

**Motor M 130** Längs- und Querschnitt
Typ 280 SE

Daimler-Benz AG
Stuttgart-Untertürkheim
KTG 9817

## Die wichtigsten Motorkonstruktionsmerkmale

Motor: M 130 E 28, Baumuster 130.980 – aufgeführt sind die wichtigsten vom Typ 250 SE Coupé/Cabriolet abweichenden konstruktiven Merkmale: Zylinder nicht in Zweiergruppen angeordnet, sondern mit gleichem Abstand.

**DETAILINFORMATION: KONSTRUKTIONSMERKMALE**

# Motor 280 SE 3.5, M 116 E 35

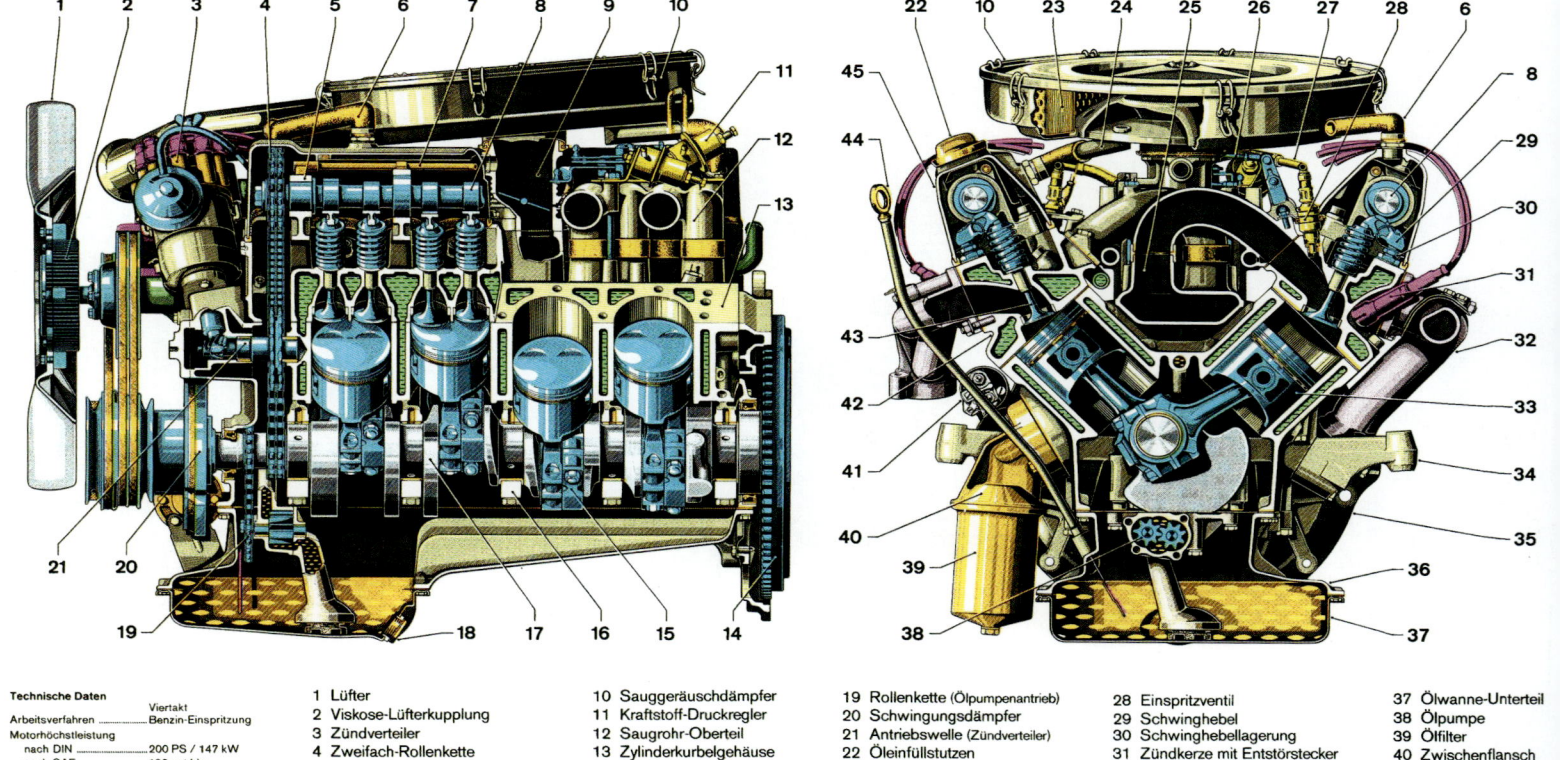

| **Technische Daten** | | | |
|---|---|---|---|
| Arbeitsverfahren | Viertakt Benzin-Einspritzung | | |
| Motorhöchstleistung | | | |
| nach DIN | 200 PS / 147 kW | | |
| nach SAE | 190 net bhp | | |
| Max. Drehmoment | | | |
| nach DIN | 29,2 mkp / 286 Nm | | |
| nach SAE | 204 net lb-ft | | |
| Zylinderzahl | 8 | | |
| Bohrung / Hub | 92 / 65,8 mm | | |
| Gesamthubraum eff. | 3499 cm³ | | |

1 Lüfter
2 Viskose-Lüfterkupplung
3 Zündverteiler
4 Zweifach-Rollenkette
5 Nockenwellenlager
6 Entlüftungsleitung
7 Ölrohr (Nockenwellenschmierung)
8 Nockenwelle
9 Klappenstutzen
10 Sauggeräuschdämpfer
11 Kraftstoff-Druckregler
12 Saugrohr-Oberteil
13 Zylinderkurbelgehäuse
14 Schwungrad
15 Pleuelstange
16 Kurbelwellenlagerdeckel
17 Kurbelwelle
18 Ölablaßschraube
19 Rollenkette (Ölpumpenantrieb)
20 Schwingungsdämpfer
21 Antriebswelle (Zündverteiler)
22 Öleinfüllstutzen
23 Entlüftungsleitung
24 Entlüftungsleitung
25 Saugrohr-Unterteil
26 Reguliergestänge
27 Kraftstoff-Ringleitung
28 Einspritzventil
29 Schwinghebel
30 Schwinghebellagerung
31 Zündkerze mit Entstörstecker
32 Auspuffkrümmer
33 Kolben
34 Motorträger
35 Zwischenflansch
36 Ölwanne-Oberteil
37 Ölwanne-Unterteil
38 Ölpumpe
39 Ölfilter
40 Zwischenflansch
41 Anlasser
42 Zylinderkopf
43 Auslaßventil
44 Ölmeßstab
45 Zylinderkopfhaube

**Motor M 116** mit elektronisch gesteuerter Benzineinspritzung; Längs- und Querschnitt
Typ 350 SE

Daimler-Benz AG
Stuttgart-Untertürkheim
TG 14 232

### Die wichtigsten Motorkonstruktionsmerkmale

Motor: M 116 E 35, Baumuster 116.980 – Viertakt-V8-Einspritzmotor, Zylinderwinkel 90°, Grauguss-Motorblock, geschmiedete Kurbelwelle, fünf Mehrstoffgleitlager, Leichtmetall-Zylinderköpfe mit je einem Einlass- und Auslassventil pro Zylinder, hängend angeordnet, zwei obenliegende, durch Duplexkette angetriebene Nockenwellen, Ventilbetätigung über Schwinghebel. Schmierung: Druckumlaufschmierung mit Zahnradpumpe. Gemischaufbereitung: Bosch D-Jetronic.

**DATEN & FAKTEN**

# Viergang-Schaltgetriebe

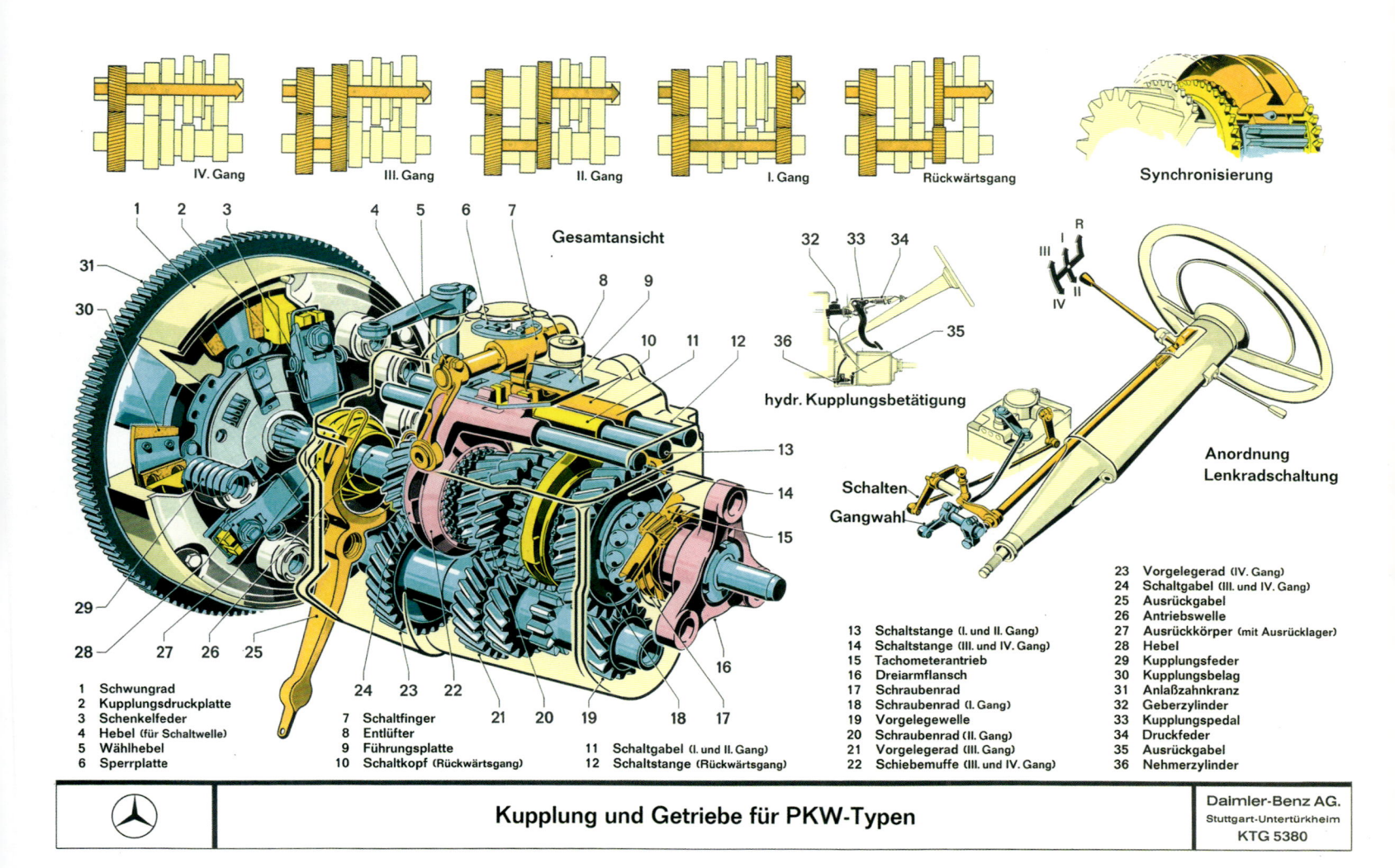

IV. Gang | III. Gang | II. Gang | I. Gang | Rückwärtsgang | Synchronisierung

Gesamtansicht

hydr. Kupplungsbetätigung

Schalten
Gangwahl

Anordnung Lenkradschaltung

1. Schwungrad
2. Kupplungsdruckplatte
3. Schenkelfeder
4. Hebel (für Schaltwelle)
5. Wählhebel
6. Sperrplatte
7. Schaltfinger
8. Entlüfter
9. Führungsplatte
10. Schaltkopf (Rückwärtsgang)
11. Schaltgabel (I. und II. Gang)
12. Schaltstange (Rückwärtsgang)
13. Schaltstange (I. und II. Gang)
14. Schaltstange (III. und IV. Gang)
15. Tachometerantrieb
16. Dreiarmflansch
17. Schraubenrad
18. Schraubenrad (I. Gang)
19. Vorgelegewelle
20. Schraubenrad (II. Gang)
21. Vorgelegerad (III. Gang)
22. Schiebemuffe (III. und IV. Gang)
23. Vorgelegerad (IV. Gang)
24. Schaltgabel (III. und IV. Gang)
25. Ausrückgabel
26. Antriebswelle
27. Ausrückkörper (mit Ausrücklager)
28. Hebel
29. Kupplungsfeder
30. Kupplungsbelag
31. Anlaßzahnkranz
32. Geberzylinder
33. Kupplungspedal
34. Druckfeder
35. Ausrückgabel
36. Nehmerzylinder

**Kupplung und Getriebe für PKW-Typen**

Daimler-Benz AG.
Stuttgart-Untertürkheim
KTG 5380

Die Kraftübertragung der Heckflossen-Mercedes erfolgt in der Regel über ein klassisches vollsynchronisiertes Vierganggetriebe, die Grafik stellt die Funktion der Lenkradschaltung – Standard bei den W 110-, W 111- und W 112-Limousinen – dar. Die Schaltung mit dem Schalthebel in Wagenmitte gab es meist nur als Sonderwunsch – bei den Coupés und Cabriolets war die Mittelschaltung serienmäßig.

**DETAILINFORMATION: KONSTRUKTIONSMERKMALE**

# DB-Viergang-Automatikgetriebe

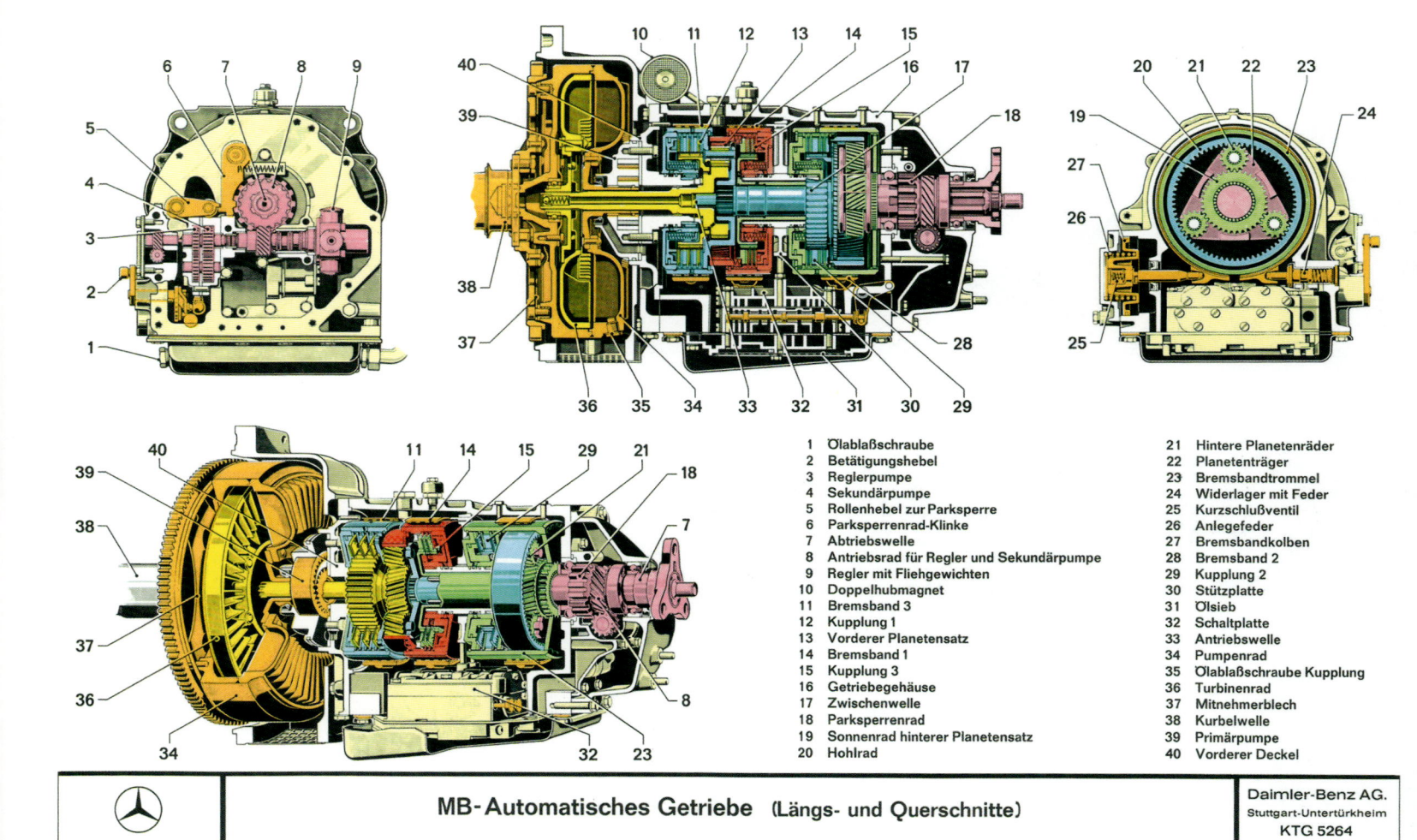

| | |
|---|---|
| 1 Ölablaßschraube | 21 Hintere Planetenräder |
| 2 Betätigungshebel | 22 Planetenträger |
| 3 Reglerpumpe | 23 Bremsbandtrommel |
| 4 Sekundärpumpe | 24 Widerlager mit Feder |
| 5 Rollenhebel zur Parksperre | 25 Kurzschlußventil |
| 6 Parksperrrad-Klinke | 26 Anlegefeder |
| 7 Abtriebswelle | 27 Bremsbandkolben |
| 8 Antriebsrad für Regler und Sekundärpumpe | 28 Bremsband 2 |
| 9 Regler mit Fliehgewichten | 29 Kupplung 2 |
| 10 Doppelhubmagnet | 30 Stützplatte |
| 11 Bremsband 3 | 31 Ölsieb |
| 12 Kupplung 1 | 32 Schaltplatte |
| 13 Vorderer Planetensatz | 33 Antriebswelle |
| 14 Bremsband 1 | 34 Pumpenrad |
| 15 Kupplung 3 | 35 Ölablaßschraube Kupplung |
| 16 Getriebegehäuse | 36 Turbinenrad |
| 17 Zwischenwelle | 37 Mitnehmerblech |
| 18 Parksperrrad | 38 Kurbelwelle |
| 19 Sonnenrad hinterer Planetensatz | 39 Primärpumpe |
| 20 Hohlrad | 40 Vorderer Deckel |

MB-Automatisches Getriebe (Längs- und Querschnitte)

Daimler-Benz AG.
Stuttgart-Untertürkheim
KTG 5264

Nur der 300 SE und der 280 SE 3.5 waren serienmäßig mit der DB-Viergangautomatik serienmäßig ausgerüstet. Bei allen anderen Typen war die Automatik (bis 4.1961 als Hydrak-Kupplungs-Automatik) mit Wandlerkupplung im Getriebegehäuse auf Wunsch lieferbar. Die Grafik zeigt den Aufbau der Planetengetriebe-Automatik.

**DATEN & FAKTEN**

# Vorderachse mit Trommelbremsen

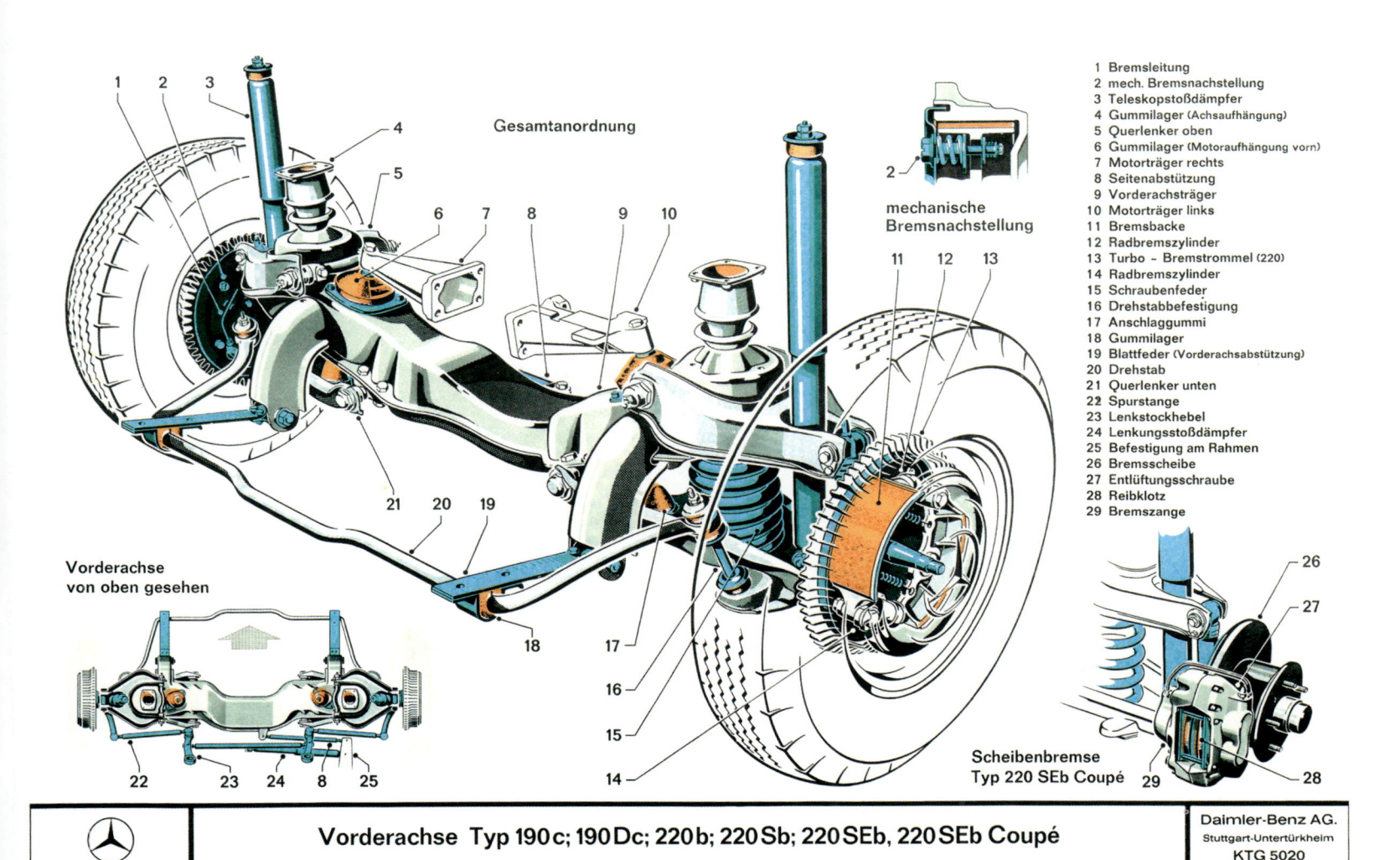

**Gesamtanordnung**

**mechanische Bremsnachstellung**

**Vorderachse von oben gesehen**

**Scheibenbremse Typ 220 SEb Coupé**

1 Bremsleitung
2 mech. Bremsnachstellung
3 Teleskopstoßdämpfer
4 Gummilager (Achsaufhängung)
5 Querlenker oben
6 Gummilager (Motoraufhängung vorn)
7 Motorträger rechts
8 Seitenabstützung
9 Vorderachsträger
10 Motorträger links
11 Bremsbacke
12 Radbremszylinder
13 Turbo – Bremstrommel (220)
14 Radbremszylinder
15 Schraubenfeder
16 Drehstabbefestigung
17 Anschlaggummi
18 Gummilager
19 Blattfeder (Vorderachsabstützung)
20 Drehstab
21 Querlenker unten
22 Spurstange
23 Lenkstockhebel
24 Lenkungsstoßdämpfer
25 Befestigung am Rahmen
26 Bremsscheibe
27 Entlüftungsschraube
28 Reibklotz
29 Bremszange

**Vorderachse Typ 190 c; 190 Dc; 220 b; 220 Sb; 220 SEb, 220 SEb Coupé**

Daimler-Benz AG.
Stuttgart-Untertürkheim
KTG 5020

Die wichtigsten Konstruktionsmerkmale der Heckflossen-Vorderachse

Die klassische Vorderradaufhängung der Heckflossen-Mercedes: Der stabile Fahrschemel trägt die komplette Aufhängung mit den Doppelquerlenkern, den Schraubenfedern und den außerhalb der Schraubenfedern angeordneten Stoßdämpfern sowie den Trommelbremsen.

Mercedes-Benz **HECKFLOSSE** 229

**DETAILINFORMATION: KONSTRUKTIONSMERKMALE**

# Vorderachse mit Scheibenbremsen

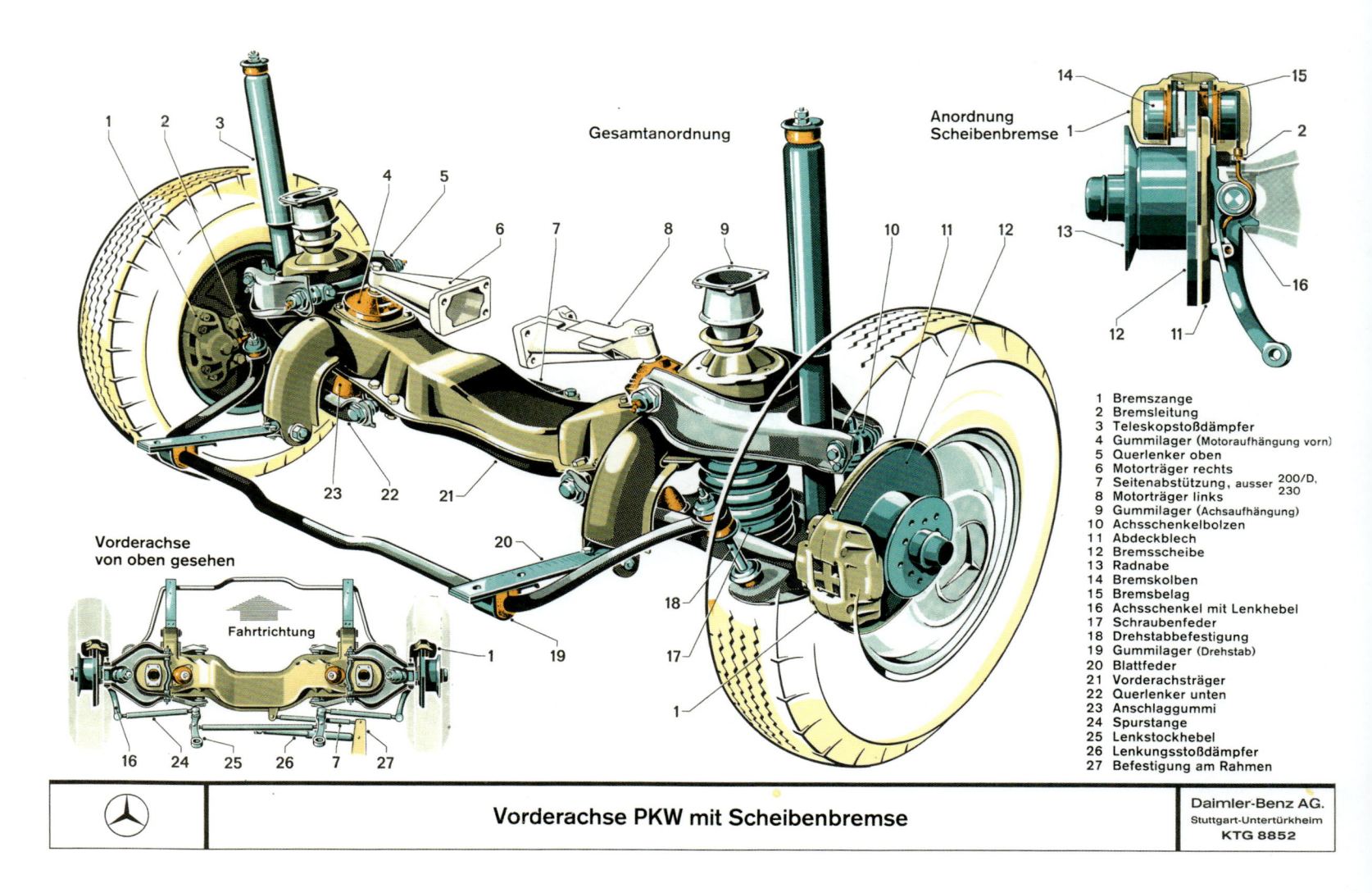

Gesamtanordnung

Anordnung Scheibenbremse

Vorderachse von oben gesehen

Fahrtrichtung

1 Bremszange
2 Bremsleitung
3 Teleskopstoßdämpfer
4 Gummilager (Motoraufhängung vorn)
5 Querlenker oben
6 Motorträger rechts
7 Seitenabstützung, ausser 200/D, 230
8 Motorträger links
9 Gummilager (Achsaufhängung)
10 Achsschenkelbolzen
11 Abdeckblech
12 Bremsscheibe
13 Radnabe
14 Bremskolben
15 Bremsbelag
16 Achsschenkel mit Lenkhebel
17 Schraubenfeder
18 Drehstabbefestigung
19 Gummilager (Drehstab)
20 Blattfeder
21 Vorderachsträger
22 Querlenker unten
23 Anschlaggummi
24 Spurstange
25 Lenkstockhebel
26 Lenkungsstoßdämpfer
27 Befestigung am Rahmen

**Vorderachse PKW mit Scheibenbremse**

Daimler-Benz AG.
Stuttgart-Untertürkheim
KTG 8852

Die wichtigsten Konstruktionsmerkmale der Heckflossen-Vorderachse mit Scheibenbremsen

Wichtigste Änderung an der Heckflossen-Vorderachse: Ab 4.1962 wurden die Trommelbremsen durch Scheibenbremsen ersetzt.

230 Mercedes-Benz **HECKFLOSSE**

# DATEN & FAKTEN

## Hinterachse mit hydraulischer Ausgleichsfeder

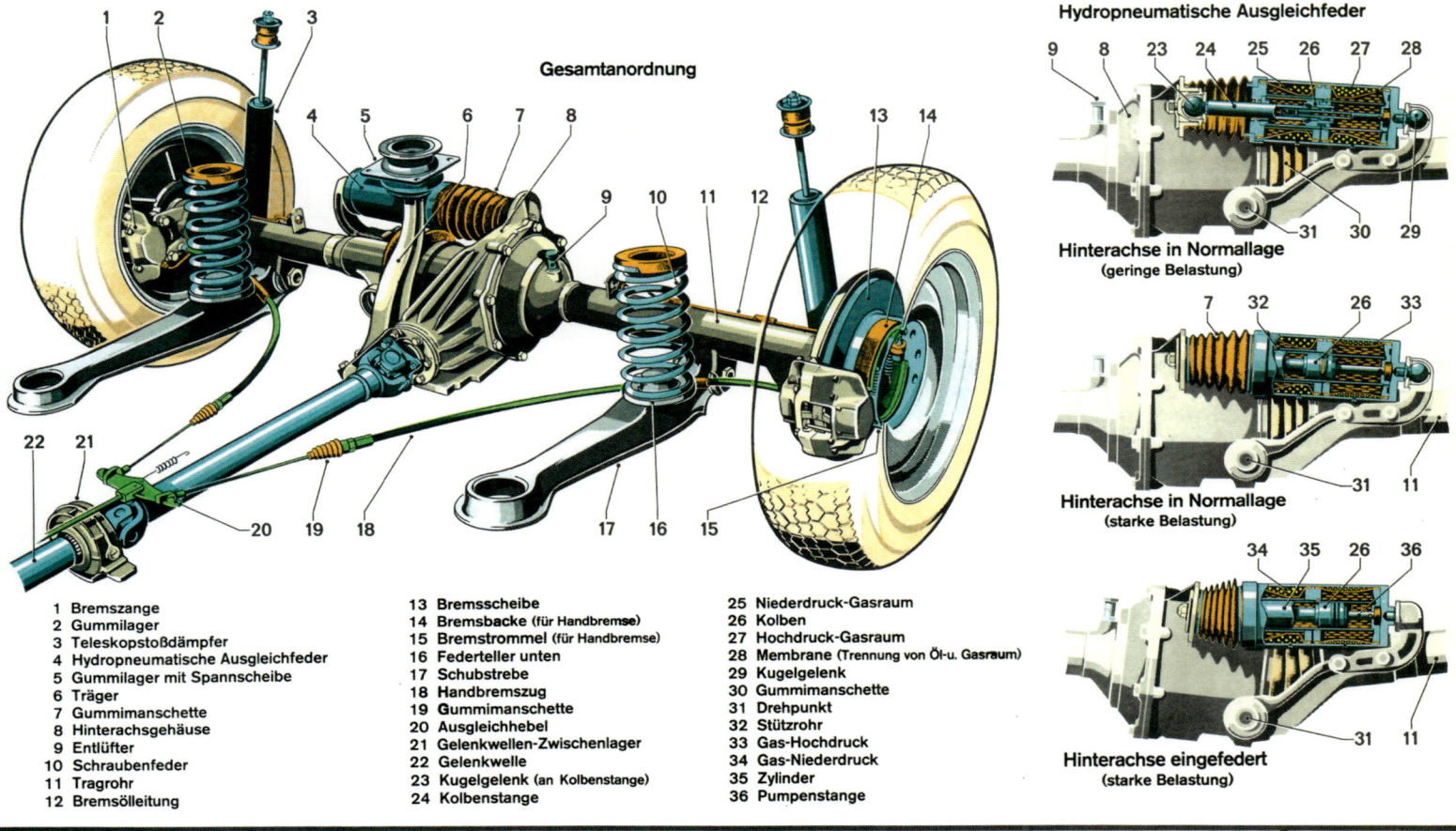

**Gesamtanordnung**

**Hydropneumatische Ausgleichsfeder**

**Hinterachse in Normallage** (geringe Belastung)

**Hinterachse in Normallage** (starke Belastung)

**Hinterachse eingefedert** (starke Belastung)

1 Bremszange
2 Gummilager
3 Teleskopstoßdämpfer
4 Hydropneumatische Ausgleichsfeder
5 Gummilager mit Spannscheibe
6 Träger
7 Gummimanschette
8 Hinterachsgehäuse
9 Entlüfter
10 Schraubenfeder
11 Tragrohr
12 Bremsölleitung
13 Bremsscheibe
14 Bremsbacke (für Handbremse)
15 Bremstrommel (für Handbremse)
16 Federteller unten
17 Schubstrebe
18 Handbremszug
19 Gummimanschette
20 Ausgleichhebel
21 Gelenkwellen-Zwischenlager
22 Gelenkwelle
23 Kugelgelenk (an Kolbenstange)
24 Kolbenstange
25 Niederdruck-Gasraum
26 Kolben
27 Hochdruck-Gasraum
28 Membrane (Trennung von Öl-u. Gasraum)
29 Kugelgelenk
30 Gummimanschette
31 Drehpunkt
32 Stützrohr
33 Gas-Hochdruck
34 Gas-Niederdruck
35 Zylinder
36 Pumpenstange

**Hinterachse PKW mit hydropneumatischer Ausgleichsfeder**

Daimler-Benz AG.
Stuttgart-Untertürkheim
KTG 8853

---

Die wichtigsten Konstruktionsmerkmale der Heckflossen-Hinterachse

DB-Eingelenk-Pendelachse mit tiefgelegtem Drehpunkt und gummigelagerter Schubstrebe, Schraubenfedern und Ausgleichsfeder, hydraulische Teleskopstoßdämpfer, progressiv wirkender Gummianschlag bei Einfederung, Stoßdämpfer als Fangband bei Ausfederung. Die hydropneumatische Boge-Zusatzfeder mit Niveauausgleich konnte ab März 1965 als Sonderausstattung zum nachträglichen Einbau beim Händler geordert werden. Serienmäßig ist an der Hinterachse eine Schraubenfeder als Ausgleichsfeder vorgesehen.

**DETAILINFORMATION: MESSWERTE**

# Motorleistung/Drehmoment, Beschleunigung, Ganggeschwindigkeit

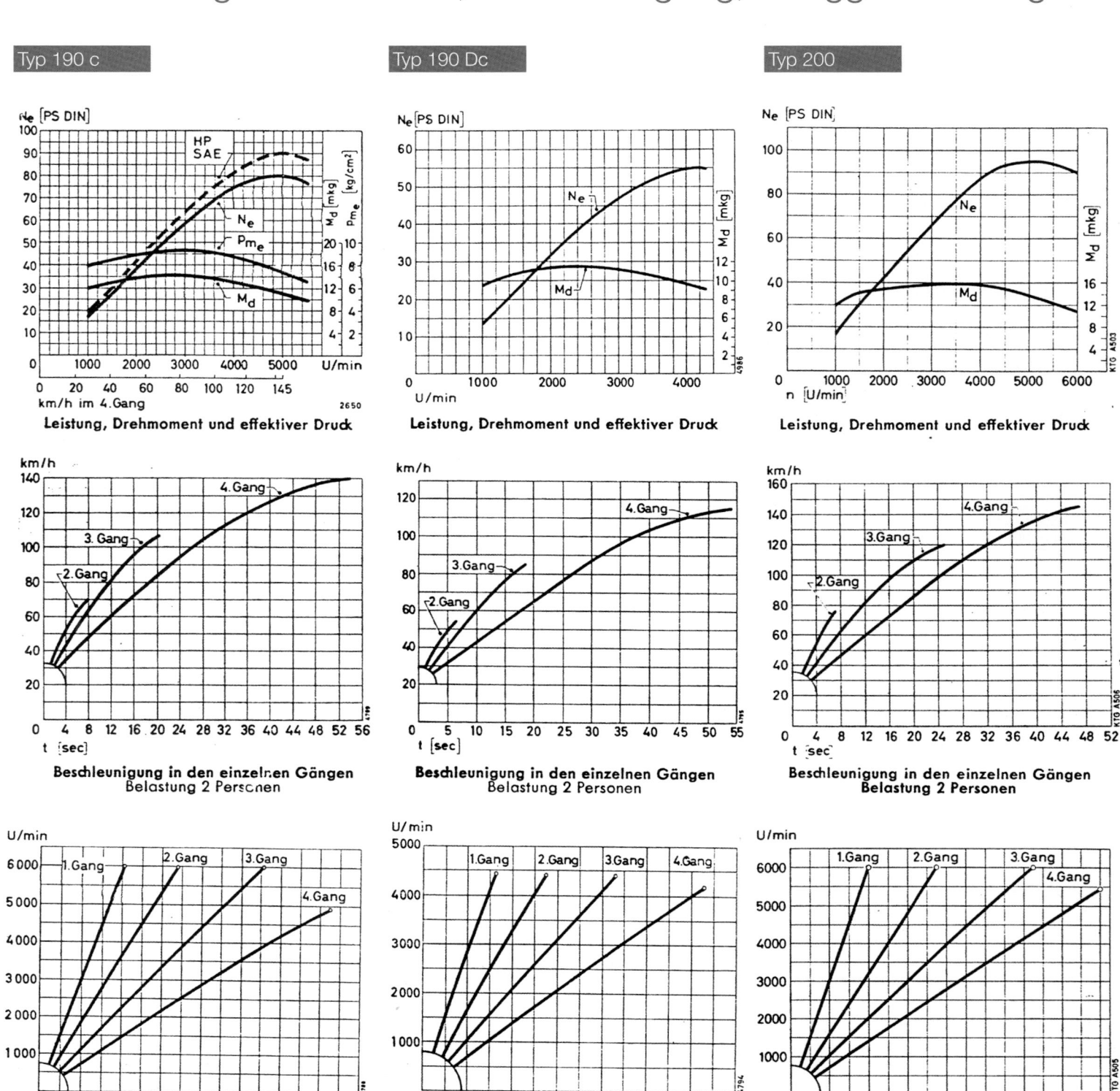

### Typ 190 c

Leistung, Drehmoment und effektiver Druck

Beschleunigung in den einzelnen Gängen
Belastung 2 Personen

Ganggeschwindigkeit und Motordrehzahl

### Typ 190 Dc

Leistung, Drehmoment und effektiver Druck

Beschleunigung in den einzelnen Gängen
Belastung 2 Personen

Ganggeschwindigkeit und Motordrehzahl

### Typ 200

Leistung, Drehmoment und effektiver Druck

Beschleunigung in den einzelnen Gängen
Belastung 2 Personen

Ganggeschwindigkeit und Motordrehzahl

Mercedes-Benz **HECKFLOSSE**

## DATEN & FAKTEN

### Typ 200 D

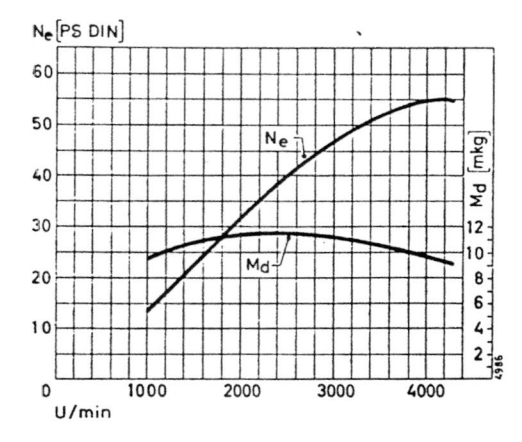

Leistung, Drehmoment und effektiver Druck

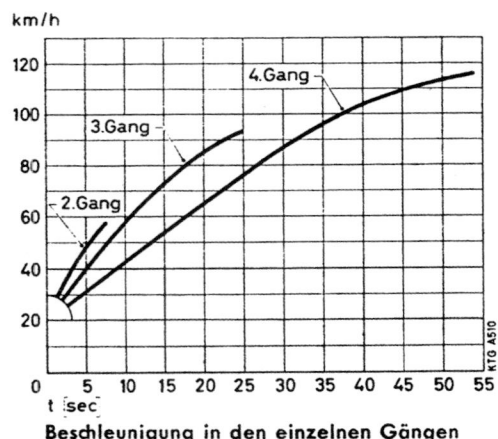

Beschleunigung in den einzelnen Gängen
Belastung 2 Personen

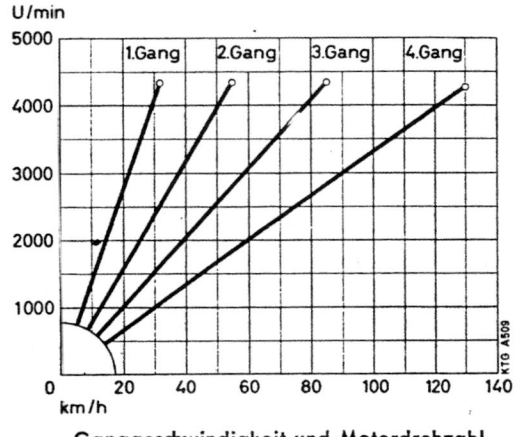

Ganggeschwindigkeit und Motordrehzahl

### Typ 220 b

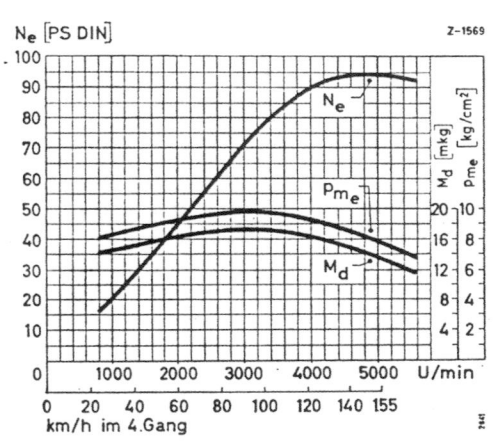

Leistung, Drehmoment und effektiver Druck

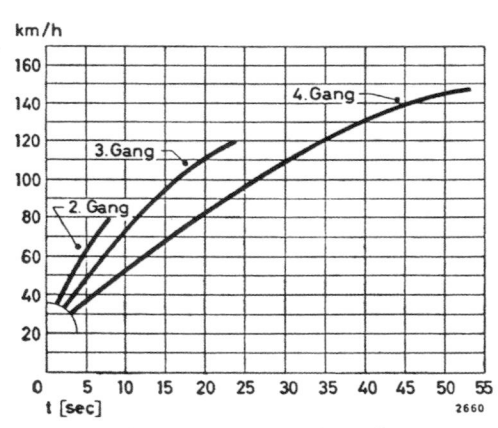

Beschleunigung in den einzelnen Gängen
Belastung 2 Personen

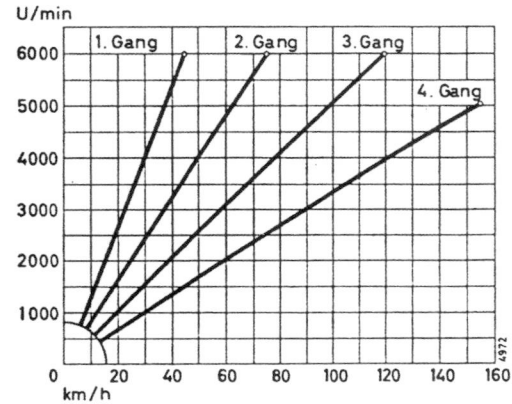

Ganggeschwindigkeit und Motordrehzahl

### Typ 220 Sb

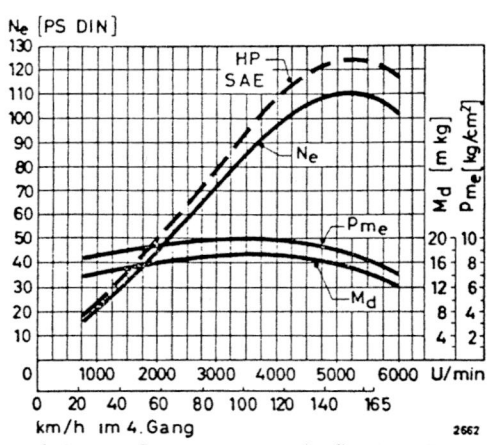

Leistung, Drehmoment und effektiver Druck

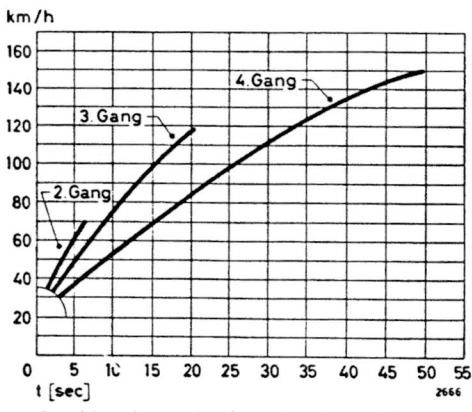

Beschleunigung in den einzelnen Gängen
Belastung 2 Personen

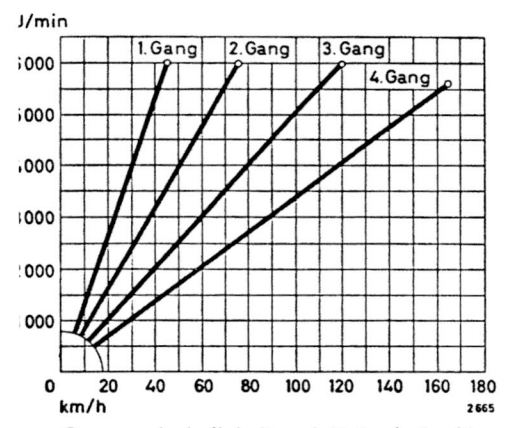

Ganggeschwindigkeit und Motordrehzahl

**DETAILINFORMATION: MESSWERTE**

# Motorleistung/Drehmoment, Beschleunigung, Ganggeschwindigkeit

### Typ 220 SEb

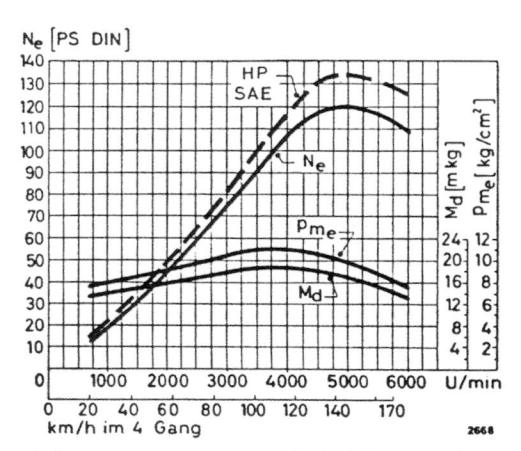

Leistung, Drehmoment und effektiver Druck

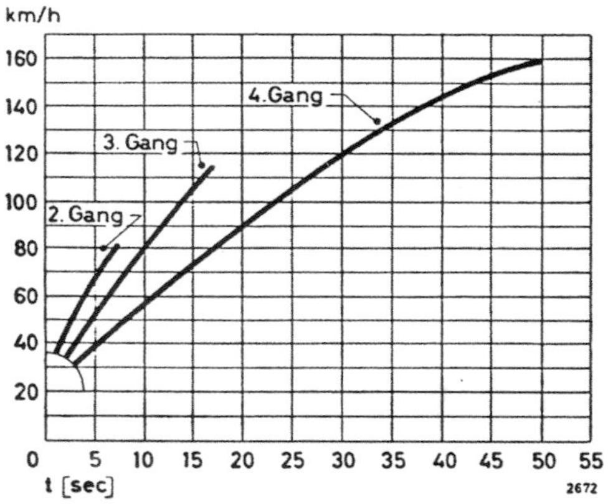

Beschleunigung in den einzelnen Gängen
Belastung 2 Personen

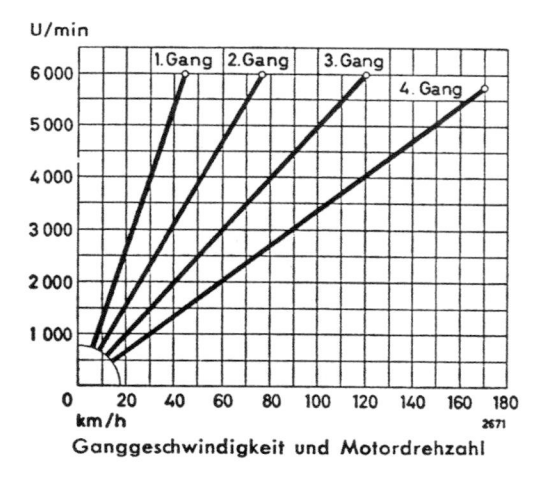

Ganggeschwindigkeit und Motordrehzahl

### Typ 230

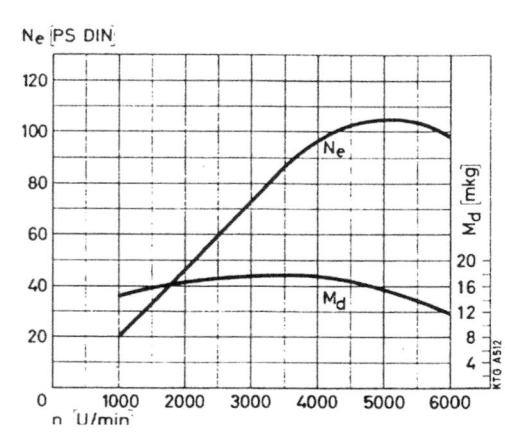

Leistung, Drehmoment und effektiver Druck

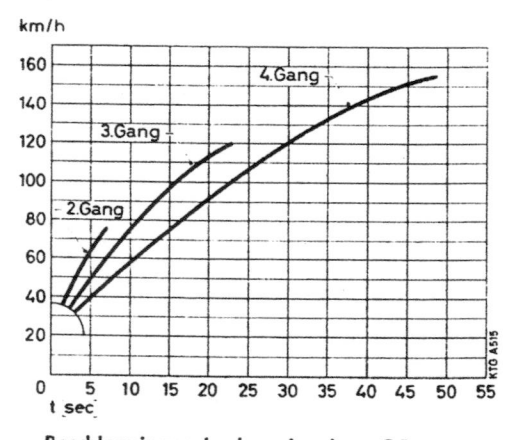

Beschleunigung in den einzelnen Gängen
Belastung 2 Personen

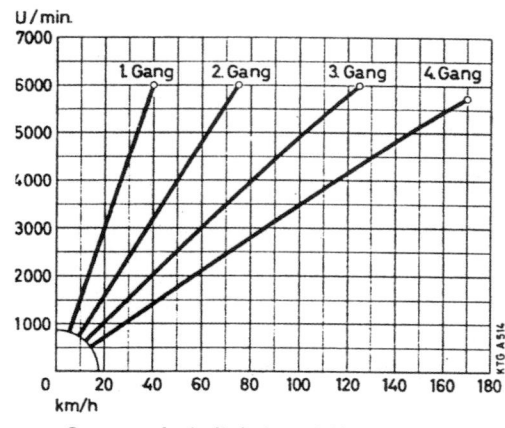

Ganggeschwindigkeit und Motordrehzahl

### Typ 230 S

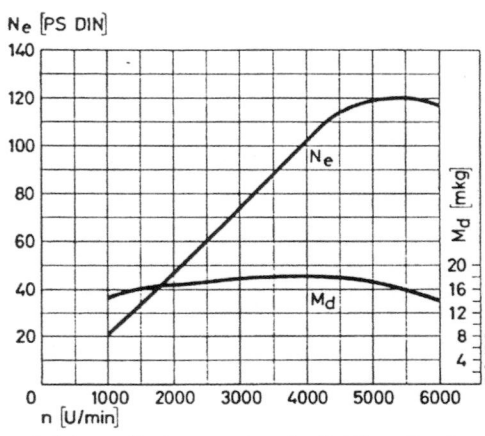

Leistung, Drehmoment und effektiver Druck

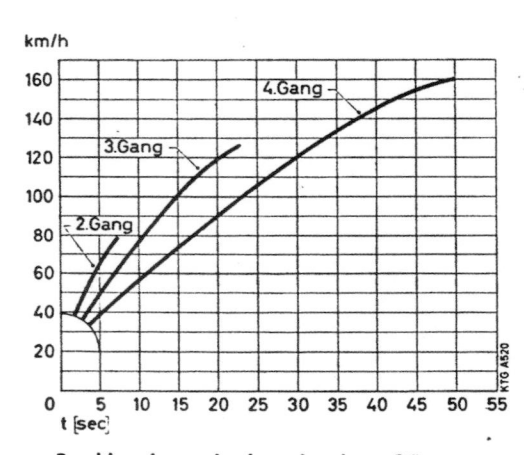

Beschleunigung in den einzelnen Gängen
Belastung 2 Personen

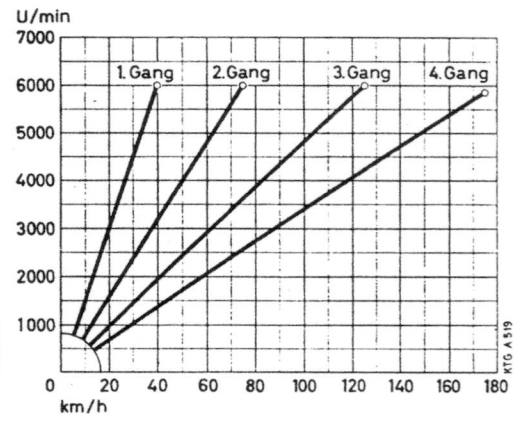

Ganggeschwindigkeit und Motordrehzahl

# DATEN & FAKTEN

## Typ 300 SE (160 PS)

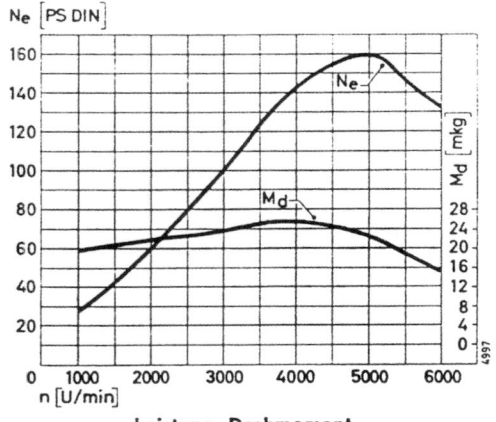

Leistung, Drehmoment

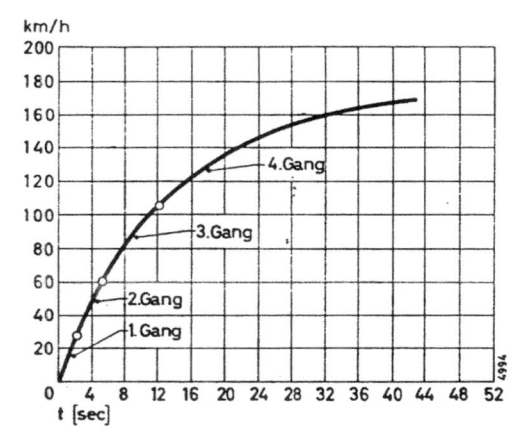

Beschleunigung, Belastung 2 Personen
(Wählhebelstellung 3 mit Übergas)

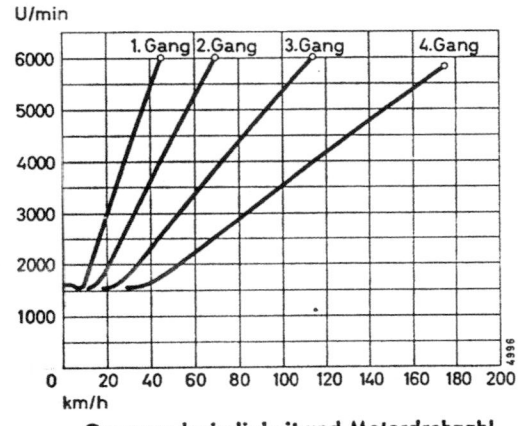

Ganggeschwindigkeit und Motordrehzahl

## Typ 300 SE (170 PS, ab 1.1964)

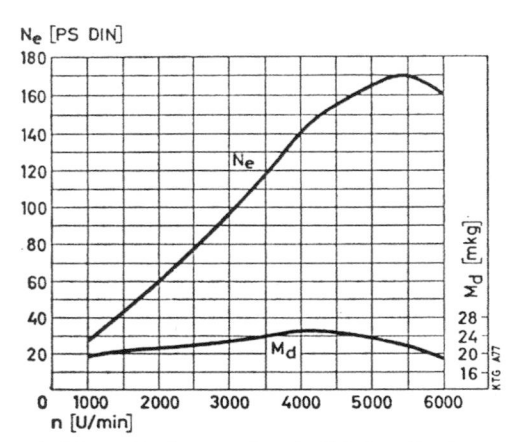

Leistung, Drehmoment und effektiver Druck

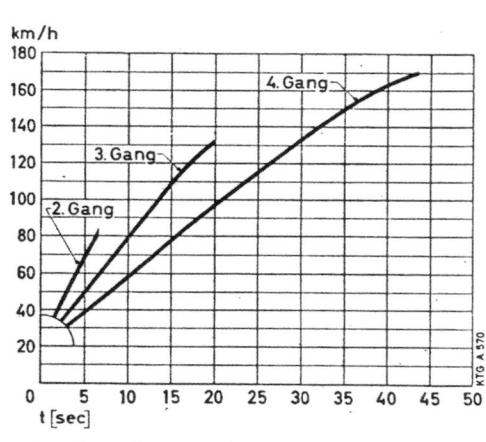

Beschleunigung in den einzelnen Gängen,
Belastung 2 Personen*

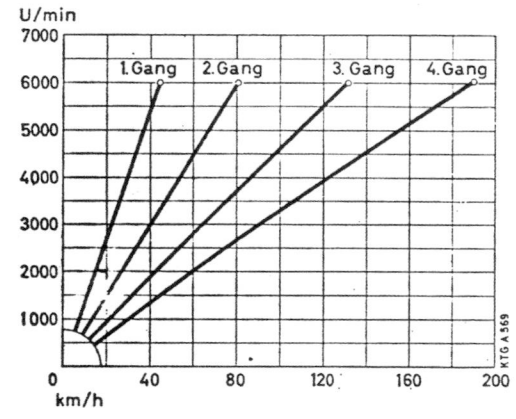

Ganggeschwindigkeit und Motordrehzahl
(m. mech. Getriebe)

## Typ 250 SE

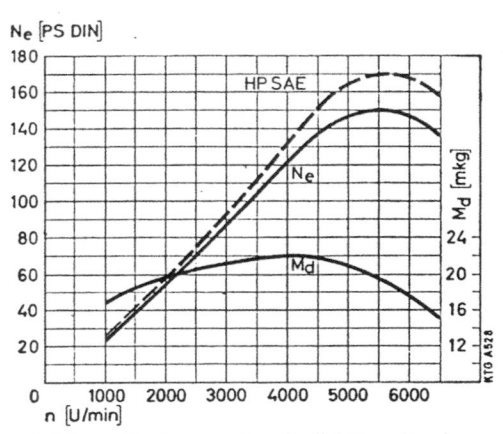

Leistung, Drehmoment und effektiver Druck

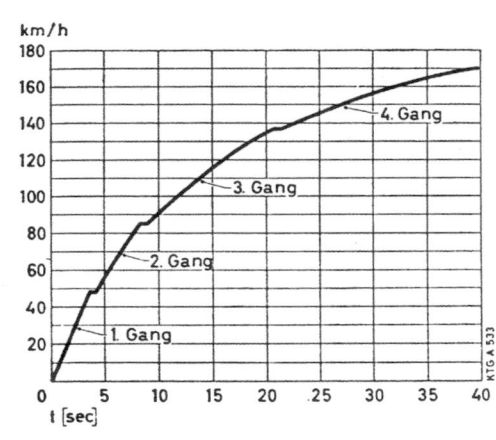

Beschleunigung mit Durchschalten
Belastung 2 Personen

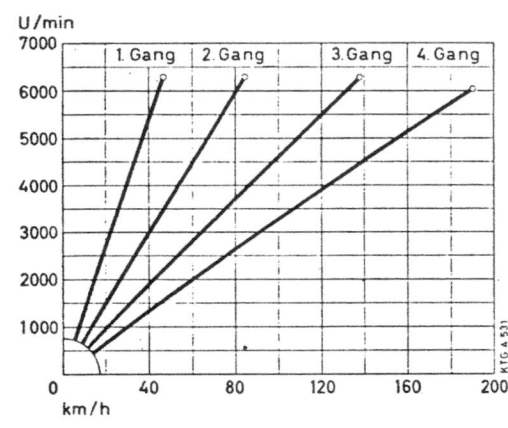

Ganggeschwindigkeit und Motordrehzahl

Mercedes-Benz **HECKFLOSSE** 235

# DETAILINFORMATION: MESSWERTE

## Motorleistung/Drehmoment, Beschleunigung, Ganggeschwindigkeit

### Typ 280 SE

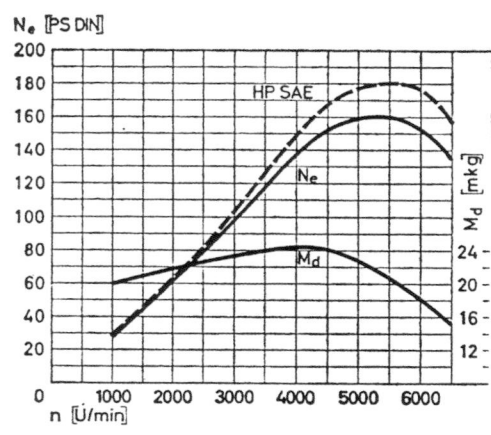

**Leistung, Drehmoment und effektiver Druck**

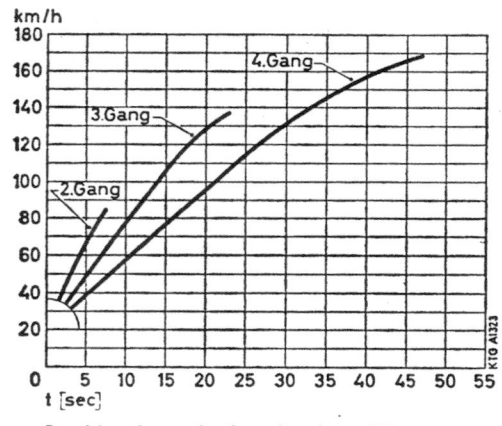

**Beschleunigung in den einzelnen Gängen, Belastung 2 Personen**

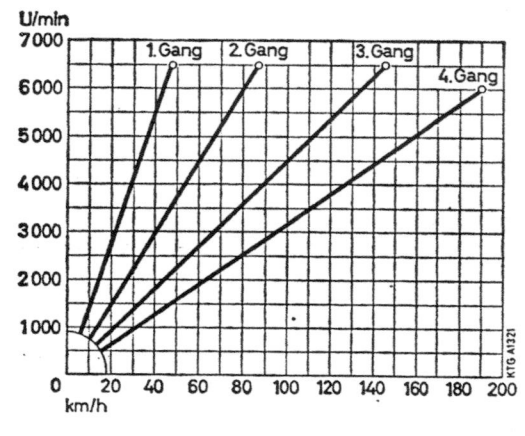

**Ganggeschwindigkeit und Motordrehzahl**

### Typ 280 SE 3.5

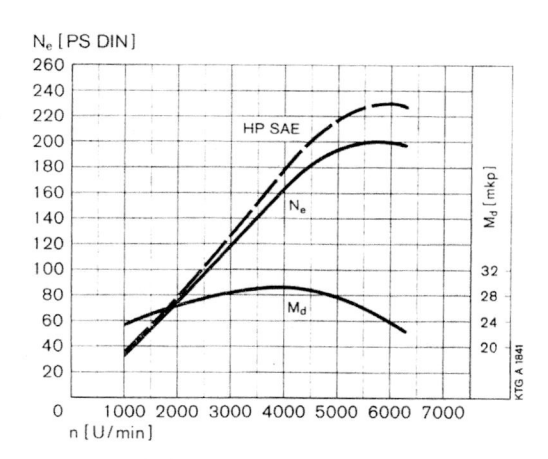

**Leistung und Drehmoment**

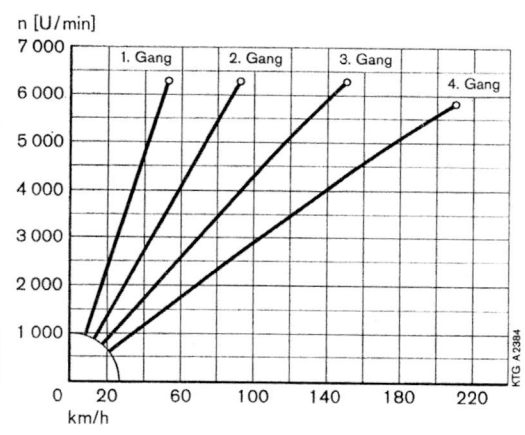

**Steigfähigkeit, Belastung 2 Personen**

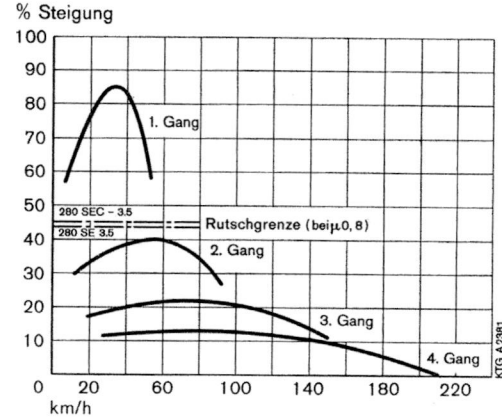

**Ganggeschwindigkeit und Motordrehzahl**

**DATEN & FAKTEN**

# Karosserien: Formen und Dimensionen

## 190 c / 190 Dc

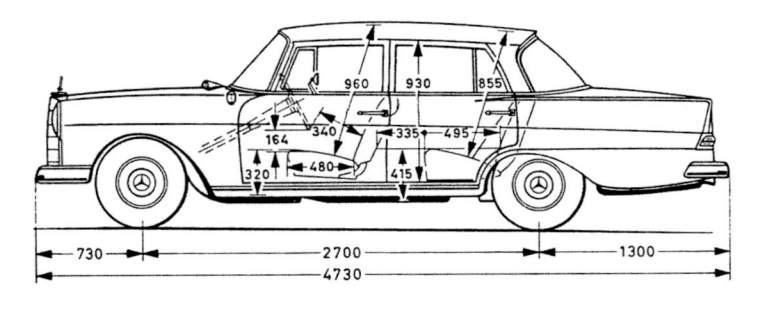

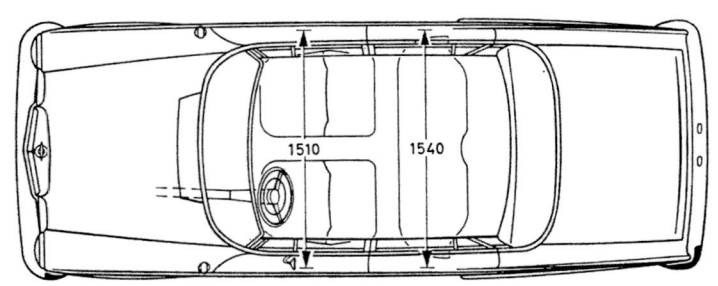

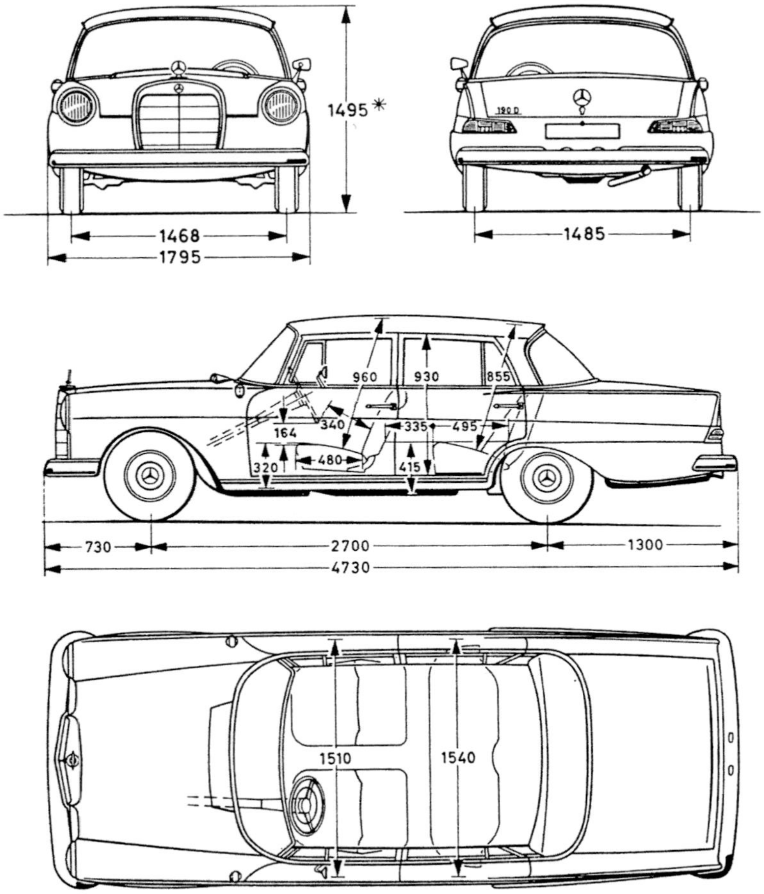

## 200 / 200 D / 230

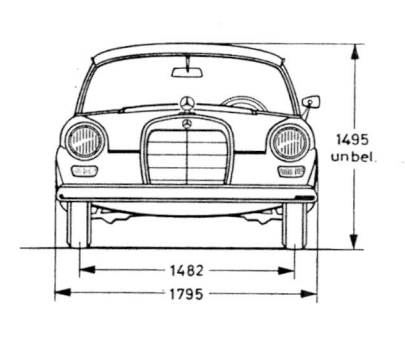

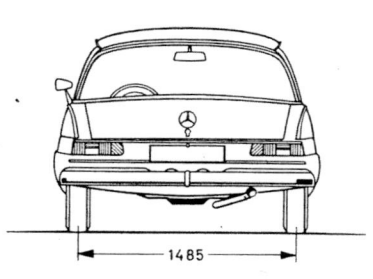

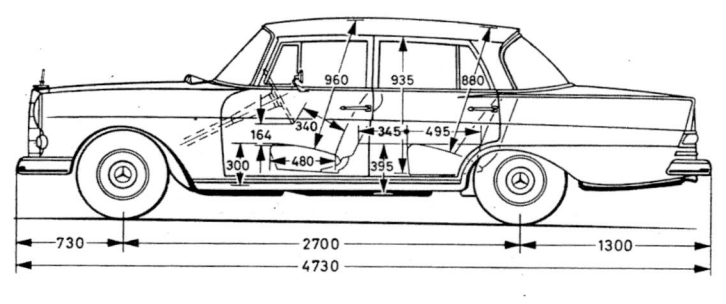

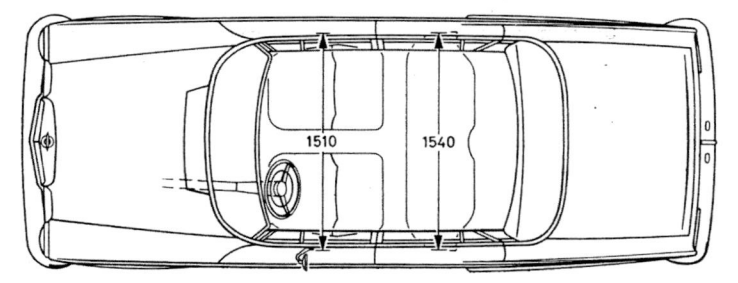

Mercedes-Benz **HECKFLOSSE** 237

**DETAILINFORMATION: KAROSSERIEANSICHTEN**

## Karosserien: Formen und Dimensionen

### 220 b

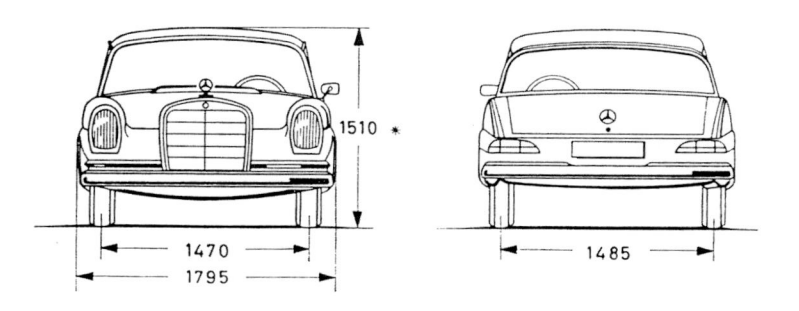

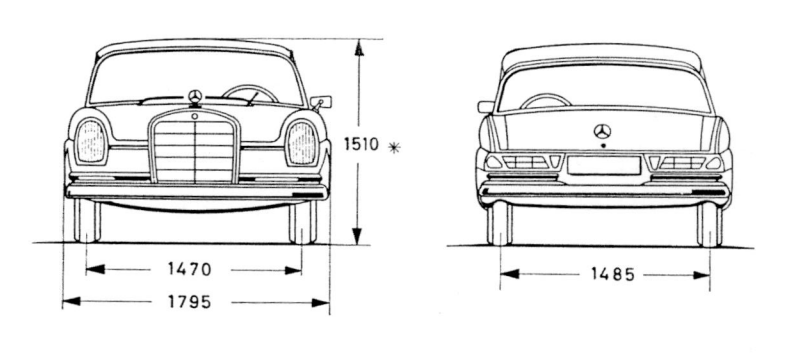

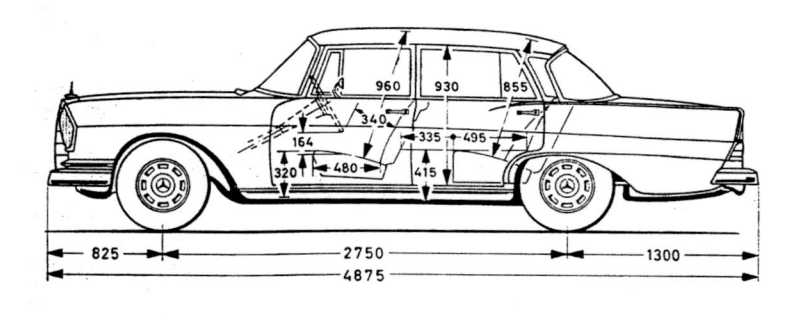

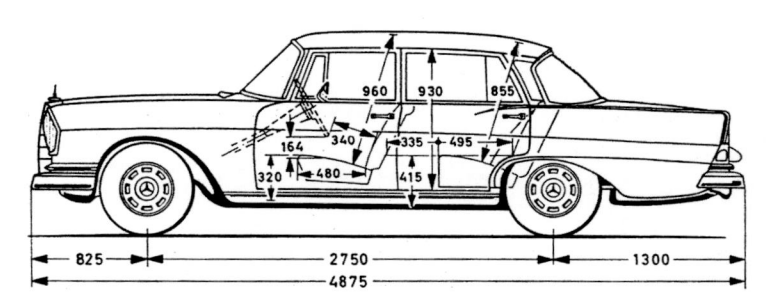

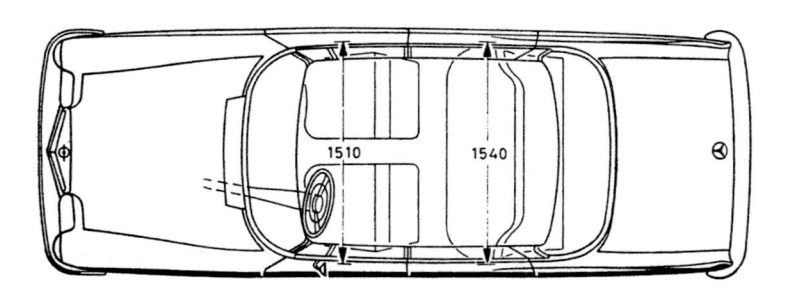

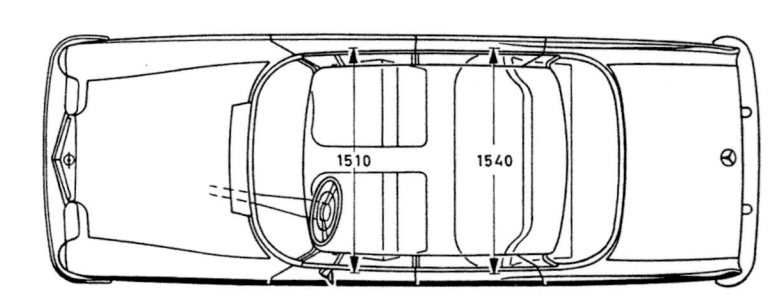

### 220 Sb/220 SEb/230 S

**DATEN & FAKTEN**

# 300 SE

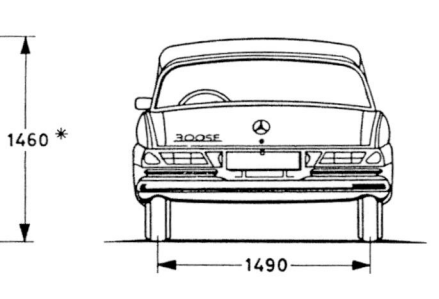

# 300 SE lang

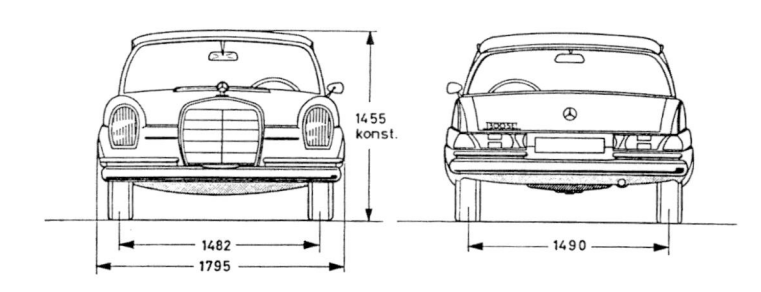

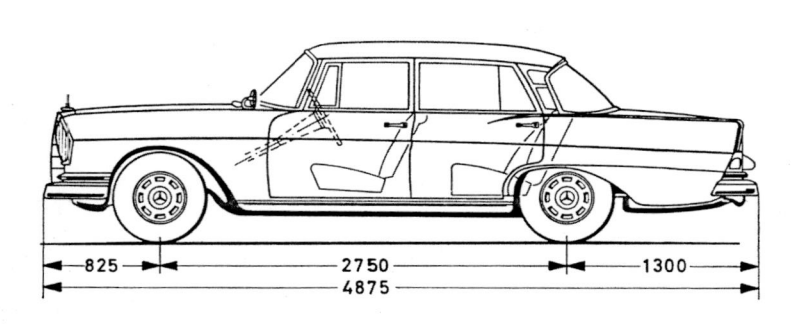

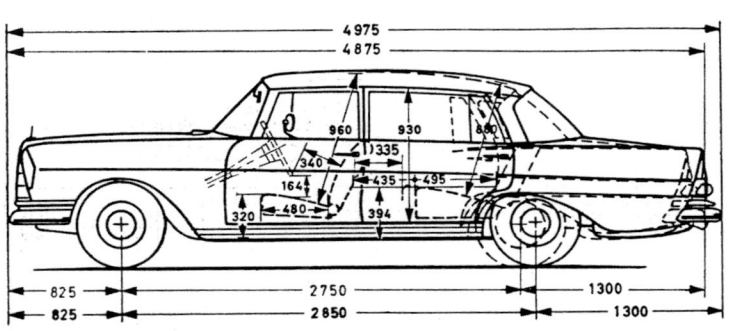

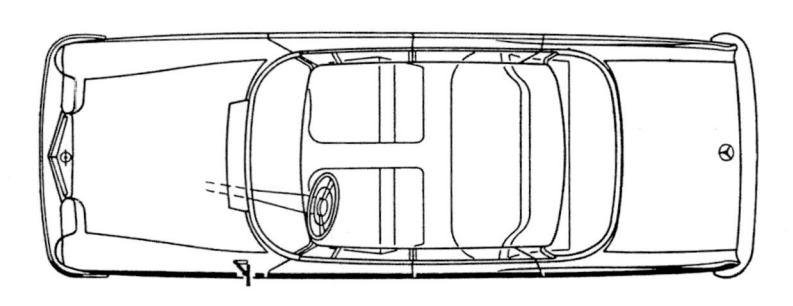

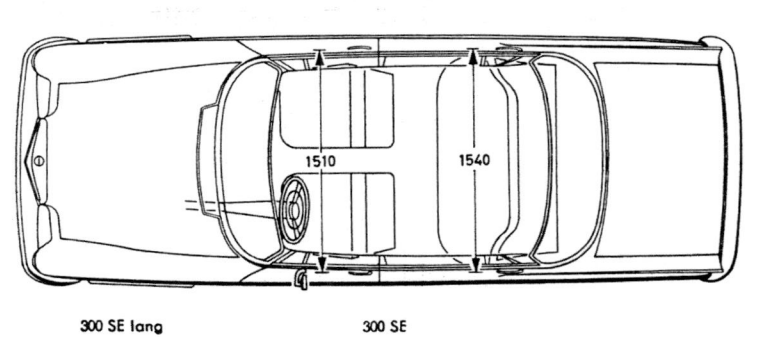

300 SE lang    300 SE

Mercedes-Benz **HECKFLOSSE**

**DETAILINFORMATION: KAROSSERIEANSICHTEN**

## Karosserien: Formen und Dimensionen

### 220 SEb Coupé
### 250 SE Coupé
### 280 SE Coupé

### 220 SEb Cabriolet
### 250 SE Cabriolet
### 280 SE Cabriolet

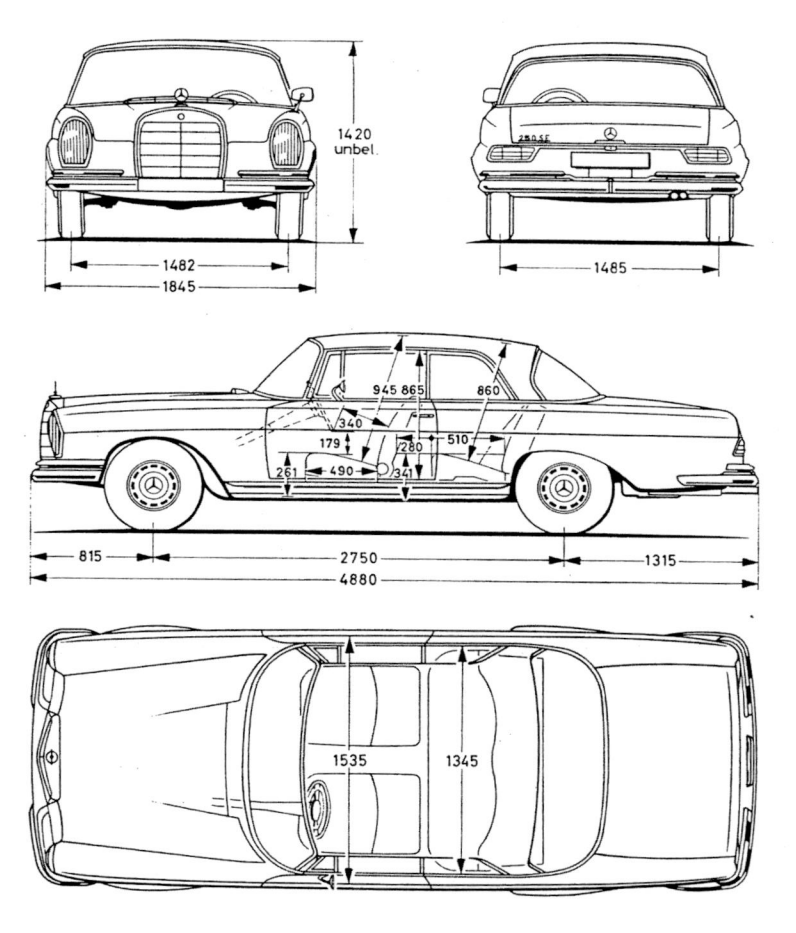

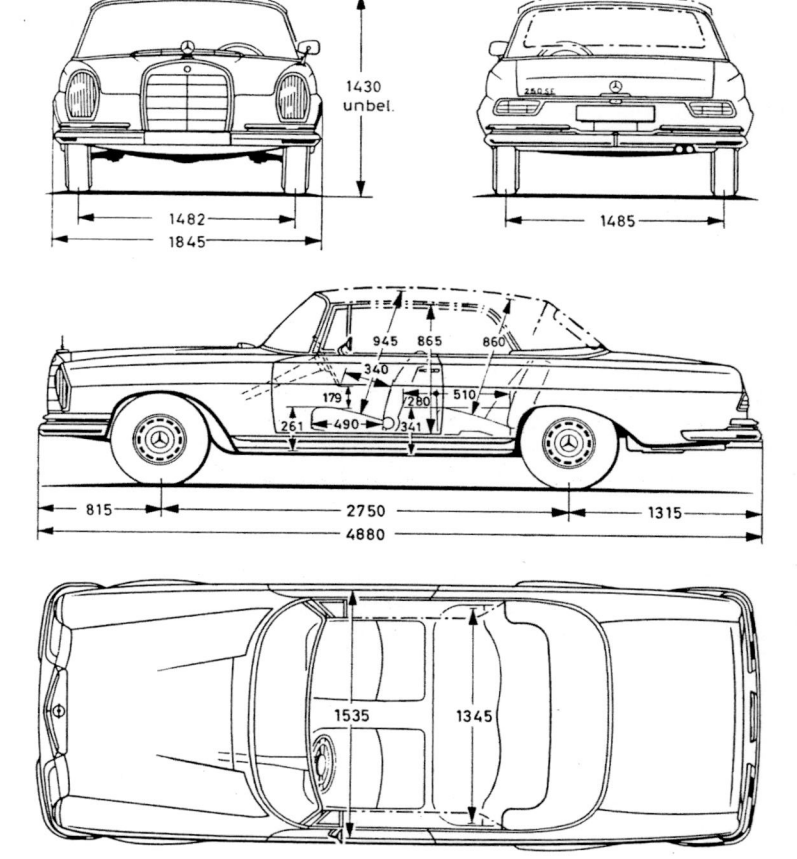

240 Mercedes-Benz **HECKFLOSSE**

**DATEN & FAKTEN**

# 300 SE Coupé

# 300 SE Cabriolet

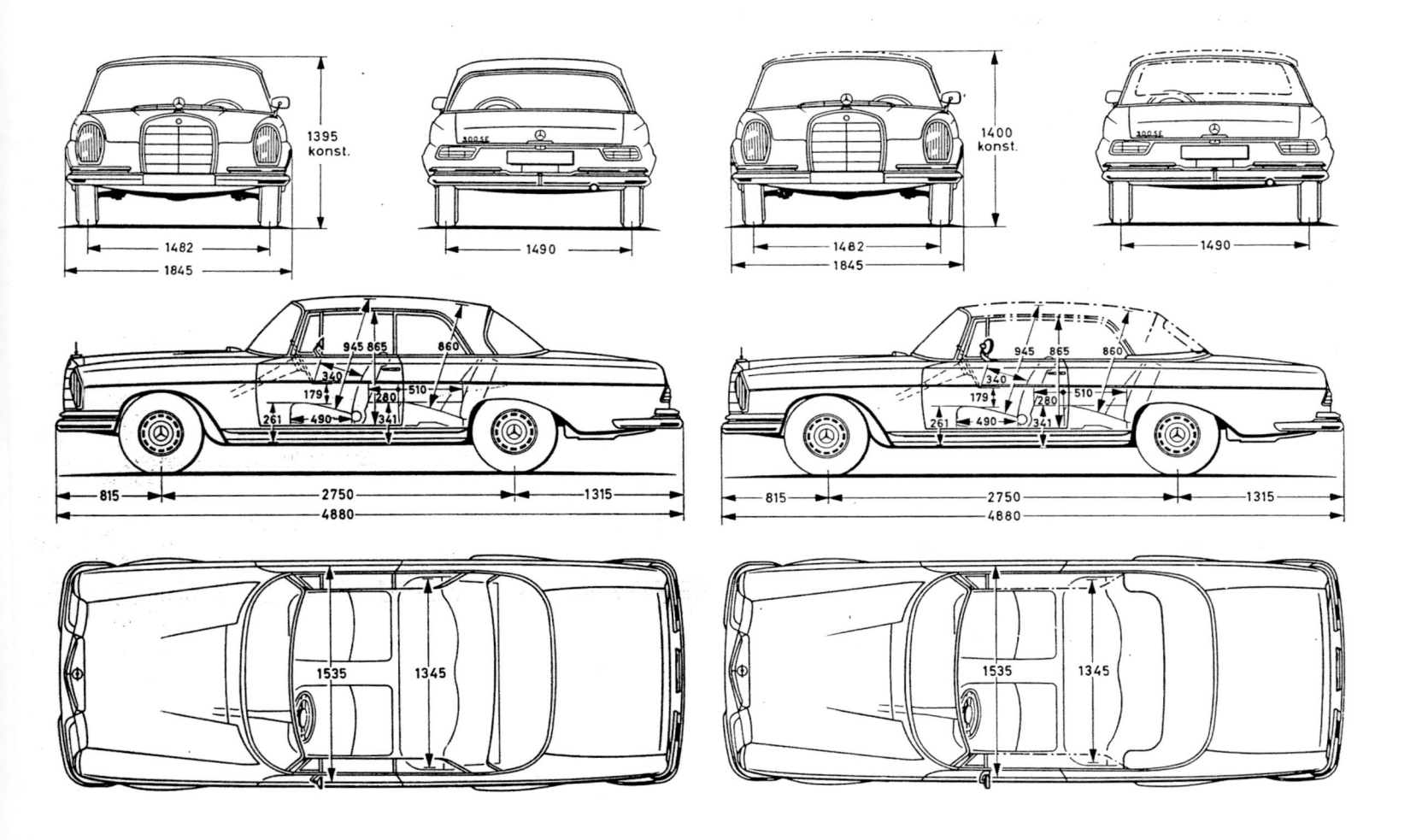

Mercedes-Benz **HECKFLOSSE** 241

**DETAILINFORMATION: KAROSSERIEANSICHTEN**

# Karosserien: Formen und Dimensionen

## 280 SE 3.5 Coupé

## 280 SE 3.5 Cabriolet

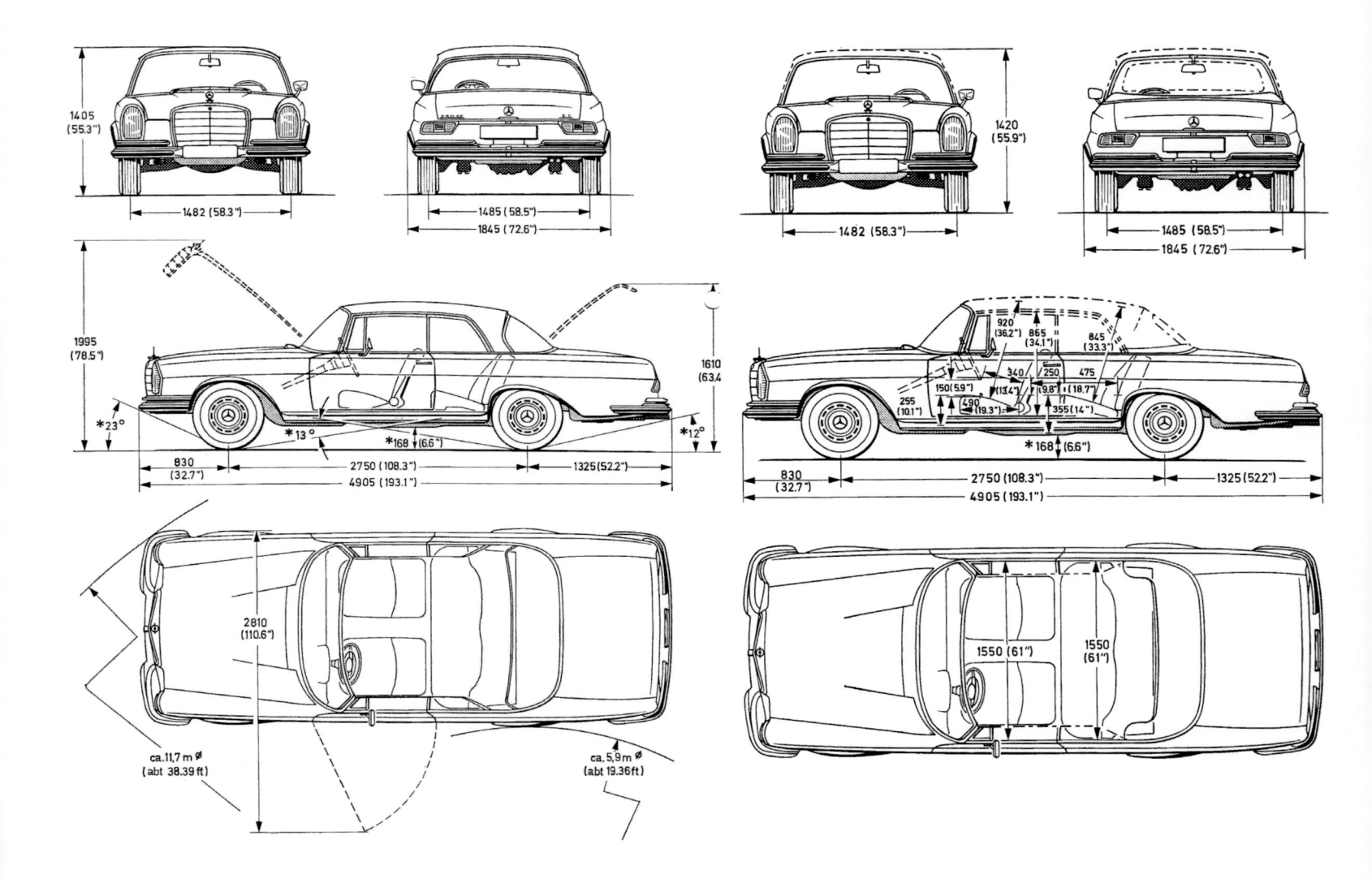

**DATEN & FAKTEN**

# UNIVERSAL 200 D

# UNIVERSAL 230 S

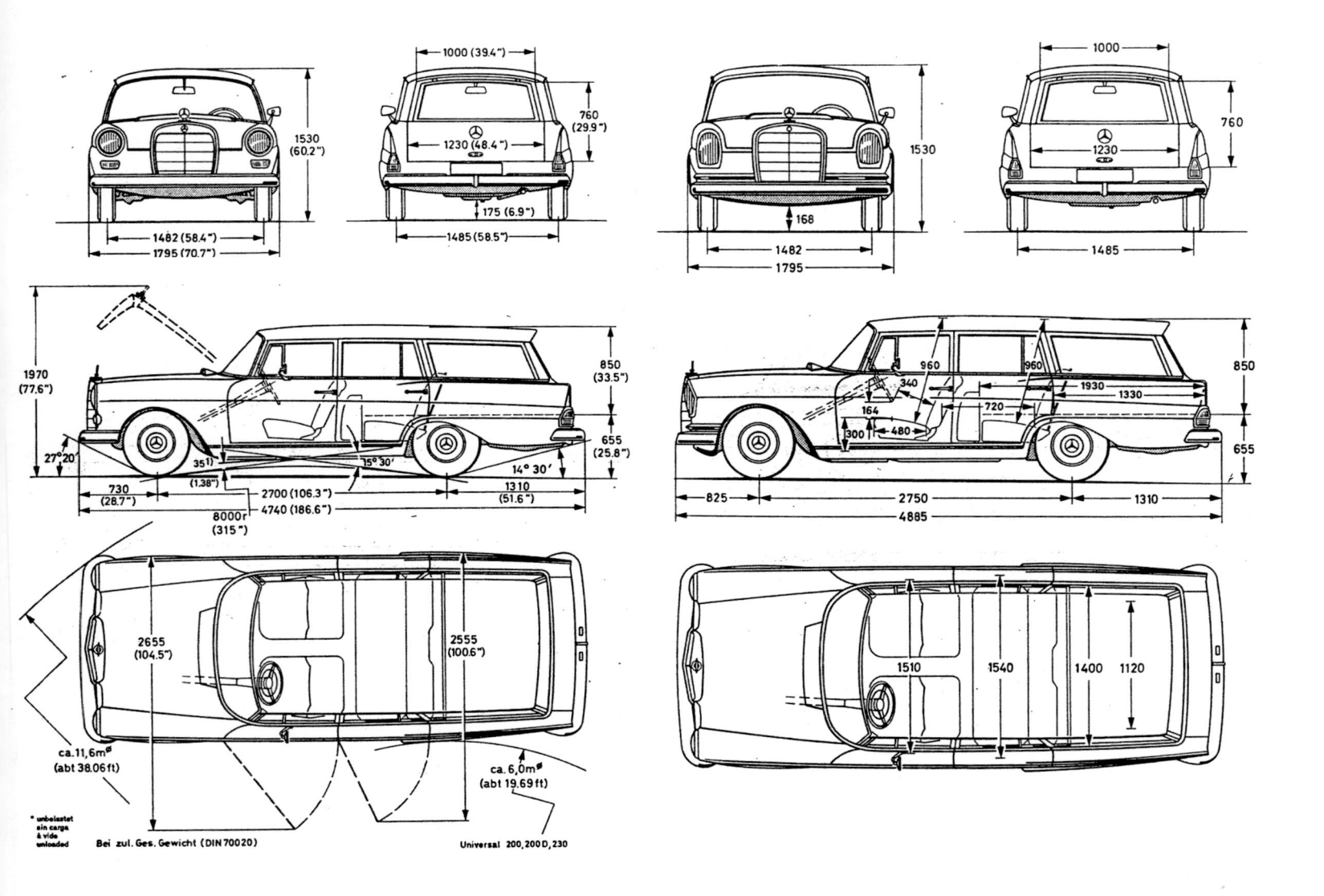

Mercedes-Benz **HECKFLOSSE** 243

**ZAHLENSPIELE**

# Die Produktionszahlen der Heckflossen-Mercedes

Fast drei Jahre lang erfolgte die Produktion der Heckflossen-Nachfolger 250 S/250 SE/300 SE/300 SEL der Baureihen W 108 respektive W 109 parallel: Während die ersten Exemplare der neuen Baureihen im Juli/August 1965 in Sindelfingen gefertigt wurden, liefen dort die letzten Exemplare der Baureihe W 110 (200, 200 D und 230) bis Februar 1968 vom Band, während die Produktion der W 111-Limousine (230 S) schon im Januar 1968 eingestellt worden war. Das Bild zeigt auf dem Hof des Sindelfinger Werkes Exemplare aus der Modellpalette – vom 200er über W 111-Coupés und -Cabriolets bis zum 230 S – aus der Endphase der Heckflossenzeit.

## DIE PRODUKTIONSZAHLEN DER HECKFLOSSEN-MERCEDES

Vom August 1959 bis zum Januar 1968 entstanden im Werk Sindelfingen insgesamt 344.751 Limousinen und Fahrgestelle der Baureihen 111 und 112. Auf noch höhere Produktionszahlen brachte es die „kleine" Heckflosse der Baureihe W 110 mit Vierzylindermotoren (und dem 230 als Sechszylinder): Als im Februar 1968 die Produktion der letzten Heckflossen-Modelle endete, hatten in der sechseinhalbjährigen Produktionszeit seit August 1961 insgesamt 622.453 Limousinen und 5.859 Fahrgestelle mit Teilkarosserie das Werk Sindelfingen verlassen. Die genauen Produktionszahlen der „Universal"-Modelle und der Limousinen mit verlängertem Radstand sind leider nicht separat dokumentiert.

Die Produktion von Coupés und Cabriolets der „großen" Heckflosse lief weiter und endete im Juli 1971. Damit ging die mehr als 10 Jahre währende Ära der Coupés und Cabriolets der Baureihen 111 und 112 zu Ende. Insgesamt waren in Sindelfingen 28.918 Coupés und 7.013 Cabriolets entstanden. Zum exklusivsten Vertreter dieser Modellfamilie wurde das 300 SE Cabriolet mit 708 produzierten Einheiten, gefolgt vom 250 SE Cabriolet (954 Stück), dem 280 SE 3.5 Cabriolet (1.232 Stück) und dem 280 SE Cabriolet (1.390 Stück). Die höchste Produktionsstückzahl innerhalb der Modellfamilie erreichte das 220 SEb Coupé mit 14.173 Einheiten.

**DATEN & FAKTEN**

## Produktionsstatistik Heckflossen-Limousinen*

| Typ | 220 b | 220 Sb | 220 SEb | 230 S | 300 SE/ 300 SE lang | 190 c | 190 Dc | 200 | 200 D | 230 |
|---|---|---|---|---|---|---|---|---|---|---|
| Werksbezeichnung | W 111/1 | W 111/2 | W 111/3 | W 111 I A | W 112/3 | W 110 B I | W 110 D I | W 110 B II | W 110 D II | W 110 B III |
| Produktionsbeginn** | 8.1959 | 8.1959 | 8.1959 | 7.1965 | 4.1961/ 12.1962 | 4.1961 | 4.1961 | 7.1965 | 7.1965 | 7.1965 |
| Produktionsende | 8.1965 | 7.1965 | 8.1965 | 1.1968 | 7.1965 | 8.1965 | 8.1965 | 2.1968 | 2.1968 | 2.1968 |
| 1959 | 3.375 | 7.267 | 1.579 | | | | | | | |
| 1960 | 13.127 | 26.642 | 9.247 | | 13 | | | | | |
| 1961 | 14.842 | 32.238 | 10.761 | | 2.769 | 9.249 | 12.882 | | | |
| 1962 | 11.618 | 26.077 | 10.786 | | 1.382 | 31.275 | 45.414 | | | |
| 1963 | 10.492 | 26.236 | 12.848 | | 1.687 | 35.457 | 60.784 | | | |
| 1964 | 11.327 | 28.732 | 14.336 | | 897 | 33.776 | 64.422 | | | |
| 1965 | 4.910 | 13.927 | 6.529 | 12.621 | | 20.797 | 42.143 | 16.864 | 30.937 | 8.548 |
| 1966 | | | | 17.230 | | | | 26.842 | 61.707 | 14.951 |
| 1967 | | | | 11.176 | | | | 26.169 | 68.399 | 16.441 |
| 1968 | | | | 80 | | | | 332 | 575 | 318 |
| SUMMEN | 69.691[2] | 161.119 | 66.086 | 41.107[3] | 6.748[4] | 130.554[5] | 225.645[6] | 70.207[7] | 161.618[8] | 40.258[9] |
| GESAMTSUMME | | | | | 973.033 | | | | | |

* alle Zahlen inkl. Vorserienfahrzeuge; ** exkl. Vorserienfahrzeuge; 2) davon 3 Fahrgestelle; 3) davon 341 Fahrgestelle; 4) davon 300 SE lang: 1.546; 5) davon 724 Fahrgestelle; 6) davon 1.825 Fahrgestelle; 7) davon 418 Fahrgestelle; 8) davon 1.970 Fahrgestelle und 283 Fahrgestelle mit verlängertem Radstand; 9) davon 233 Fahrgestelle und 406 Fahrgestelle mit verlängertem Radstand.

## Produktionsstatistik Heckflossen-Coupés und -Cabriolets*

| Typ | 220 SEb Coupé | 220 SEb Cabriolet | 250 SE Coupé | 250 SE Cabriolet | 280 SE Coupé | 280 SE Cabriolet | 280 SE 3.5 Coupé | 280 SE 3.5 Cabriolet | 300 SE Coupé | 300 SE Cabriolet |
|---|---|---|---|---|---|---|---|---|---|---|
| Werksbezeichnung | W 111/3 | | W 111/III A | | W 111 E 28 | | W 111 E 35/1 | | W 112/3 | |
| Produktionsbeginn | 2.1961 | | 9.1965 | | 2.1968 | | 11.1969 | | 2.1962 | |
| Produktionsende | 10.1965 | | 12.1967 | | 5.1971 | | 7.1971 | | 12.1967 | |
| 1959 | | | | | | | | | | |
| 1960 | 2 | | | | | | | | | |
| 1961 | 2.537 | | | | | | | | | |
| 1962 | 4.287 | | | | | | | | 331 | |
| 1963 | 3.755 | | | | | | | | 630 | |
| 1964 | 3.528 | | | | | | | | 706 | |
| 1965 | 2.793 | | 1.205 | | | | | | 710 | |
| 1966 | | | 3.601 | | | | | | 497 | |
| 1967 | | | 1.407 | | 55 | | | | 253 | |
| 1968 | | | | | 1.950 | | | | | |
| 1969 | | | | | 2.501 | | 176 | | | |
| 1970 | | | | | 613 | | 3.300 | | | |
| 1971 | | | | | 68 | | 1.026 | | | |
| SUMMEN | 16.902 | | 6.213 | | 5.187 | | 4.502 | | 3.127 | |
| | 14.173 | 2.729 | 5.259 | 954 | 3.797 | 1.390 | 3.270 | 1.232 | 2.419 | 708 |
| GESAMTSUMME | | | | | 35.931 | | | | | |

* inklusive Vorserienfahrzeuge; Jahresproduktionszahlen nicht nach Coupés und Cabrios aufgeschlüsselt bei der Daimler AG erhältlich.

**PREISSPIEGEL**

# Die Verkaufspreise der Heckflossen-Mercedes

## Verkaufspreise der Limousinen der Baureihe W 110

| Preisliste Nr. | vom | 190 c | 190 Dc | 200 | 200 D | 230 |
|---|---|---|---|---|---|---|
| Werksbezeichnung | | W 110 B I | W 110 D/I | W 110 B II | W 110 D II | W 110 B III |
| 11 | 8.1961 | 9.950,00 | 10.450,00 | | | |
| 12 | 4.1962 | 10.440,00 | 10.940,00 | | | |
| 13 | 7.1963 | 10.440,00 | 10.940,00 | | | |
| 14 | 9.1963 | 10.600,00 | 11.100,00 | | | |
| 15 | 8.1964 | 10.600,00 | 11.100,00 | | | |
| 16 | 8.1965 | | | 10.800,00 | 11.300,00 | 11.700,00 |
| 17 | 8.1966 | | | 11.000,00 | 11.500,00 | 11.950,00 |
| 18 | 2.1967 | | | 11.000,00 | 11.500,00 | 11.950,00 |
| 18a | 1.1968 | | | 11.220,00 | 11.715,00 | 12.210,00 |

© Hans-Peter Lange

## Verkaufspreise der Limousinen der Baureihen W 111 und W 112

| Preisliste Nr. | vom | 220 b | 220 Sb | 220 SEb | 230 S | 300 SE | 300 SE lang |
|---|---|---|---|---|---|---|---|
| Werksbezeichnung | | W 111/1 | W 111/2 | W 111/3 | W 111/IA | W 112/3 | W 112/3 |
| 9 | 8.1959 | 11.500,00 | 13.250,00 | 14.950,00 | | | |
| 10 | 2.1961 | 11.500,00 | 13.250,00 | 14.950,00 | | | |
| 11 | 8.1961 | 11.500,00 | 13.250,00 | 14.950,00 | | 24.150,00 | |
| 12 | 4.1962 | 12.000,00 | 13.750,00 | 15.450,00 | | 24.150,00 | |
| 13 | 7.1963 | 12.000,00 | 13.750,00 | 15.450,00 | | 23.100,00 | 26.400,00 |
| 14 | 9.1963 | 12.160,00 | 13.750,00 | 15.450,00 | | 23.100,00 | 26.400,00 |
| 15 | 8.1964 | 12.160,00 | 13.750,00 | 15.450,00 | | 23.100,00 | 26.400,00 |
| 16 | 8.1965 | | | | 13.750,00 | | |
| 17 | 8.1966 | | | | 14.000,00 | | |
| 18 | 2.1967 | | | | 14.000,00 | | |
| 18a | 1.1968 | | | | 14.250,00 | | |

© Hans-Peter Lange

**DATEN & FAKTEN**

Während die Heckflossen-Limousinen nur sehr moderate Preissteigerungen – in der Regel unter zehn Prozent – während ihrer Produktionszeit erlebten, stiegen die Verkaufspreise für ihre luxuriöseren Coupé- und Cabriolet-Ausführungen deutlicher an. Die Preislisten verdeutlichen diese Trends. Sie führen die in der Bundesrepublik Deutschland gültigen Händler-Verkaufspreise während der Bauzeit der jeweiligen Modelle auf.

Beachtenswert: Ab 1. Januar 1968 wurde hierzulande eine zehnprozentige Umsatzsteuer (Mehrwertsteuer) eingeführt, die in den frühen 1968er-Preislisten nicht aufgeführt ist, aber durch die Redaktion zu den Preisen hinzuaddiert wurde. Diese Preise stellen somit – im Gegensatz zu den Angaben mit elfprozentiger Mehrwertsteuer ab 1. Januar 1970, die in den offiziellen Preislisten enthalten sind – keine offizielle Werksangabe dar.

## Verkaufspreise der Coupés und Cabriolets der Baureihen W 111/W 112

| Preisliste Nr. | vom | 220 SEb Coupé | 220 SEb Cabriolet | 250 SE Coupé | 250 SE Cabriolet | 280 SE Coupé | 280 SE Cabriolet | 280 SE 3.5 Coupé | 280 SE 3.5 Cabriolet | 300 SE Coupé | 300 SE Cabriolet |
|---|---|---|---|---|---|---|---|---|---|---|---|
| Werksbezeichnung | | W 111/3 | W 111/3 | W 111/III A | W 111/III A | W 111 E 28 | W 111 E 28 | W 111 E 35/1 | W 111 E 35/1 | W 112/3 | W 112/3 |
| 11 | 8.1961 | 23.500,00 | 25.500,00 | | | | | | | | |
| 12 | 4.1962 | 23.500,00 | 25.500,00 | | | | | | | 32.750,00 | 34.750,00 |
| 13 | 7.1963 | 23.500,00 | 25.500,00 | | | | | | | 31.350,00 | 33.350,00 |
| 14 | 9.1963 | 23.500,00 | 25.500,00 | | | | | | | 31.350,00 | 33.350,00 |
| 15 | 8.1964 | 23.500,00 | 25.500,00 | | | | | | | 31.350,00 | 33.350,00 |
| 16 | 8.1965 | 23.500,00 | 25.500,00 | 24.350,00 | 26.350,00 | | | | | 31.350,00 | 33.350,00 |
| 17 | 8.1966 | | | 24.950,00 | 26.950,00 | | | | | 31.950,00 | 33.950,00 |
| 18 | 2.1967 | | | 24.950,00 | 26.950,00 | | | | | 31.950,00 | 33.950,00 |
| 18a | 1.1968 | | | 25.630,00 | 27.665,00 | | | | | 32.650,00 | 34.595,00 |
| 19 | 1.1968 | | | | | 26.510,00 | 28.545,00 | | | | |
| 20 | 5.1968 | | | | | 26.510,00 | 28.545,00 | | | | |
| 21 | 3.1969 | | | | | 26.510,00 | 28.545,00 | | | | |
| 22 | 9.1969 | | | | | 26.510,00 | 28.545,00 | | | | |
| 1 | 1.1970 | | | | | 27.861,00 | 29.914,50 | 30.636,00 | 34.132,50 | | |
| 2 | 4.1970 | | | | | 27.861,00 | 29.914,50 | 30.636,00 | 34.132,50 | | |
| 3 | 8.1970 | | | | | 29.137,50 | 31.302,00 | 32.023,50 | 35.631,00 | | |
| 4 | 1.1971 | | | | | 30.636,00 | 32.856,00 | 33.688,50 | 37.351,50 | | |
| 5 | 2.1971 | | | | | 30.636,00 | 32.856,00 | 33.688,50 | 37.351,50 | | |
| 6 | 4.1971 | | | | | 30.636,00 | 32.856,00 | 33.688,50 | 37.351,50 | | |

Angaben in D-Mark.

© Hans-Peter Lange

WUNSCHZETTEL

# Die Sonderausstattungen der Heckflossen-Mercedes

Die Gegner und Befürworter von extra zu bezahlenden Sonderwünschen kommen nie auf einen Nenner: Während die Fürsprecher argumentieren, dass es über die Wunschlisten möglich ist, ein (relativ) preiswertes Grundmodell nach den persönlichen Vorstellungen individuell zu gestalten, stellen die Kritiker eher die Nachteile der Aufpreis-Politik in den Vordergrund: „Da verdient sich der Daimler an jeder kleinen Selbstverständlichkeit noch eine goldene Nase", lautet ein in der Klassiker-Szene oft kolportierter Satz. Wie auch immer: In den frühen 1950er-Jahren wurden von den Auto-Herstellern üblicherweise sogar die Preise für die Reifen extra zum Grundpreis addiert …
In den Tabellen sind nur die Sonderausstattungen der W 110- und W 111-Limousinen ausführlich aufgeführt – die entsprechenden Tabellen für die W 112-Typen sowie für die Coupés und Cabriolets nennen eine Auswahl der wichtigsten Sonderausstattungen, um den Rahmen dieses Buches nicht zu sprengen.

**Anmerkungen:** Genannt sind Preise für die Bundesrepublik Deutschland ab Werk Sindelfingen in D-Mark, wie sie in Verbindung mit dem Kauf eines Neufahrzeugs berechnet wurden. Aufgeführt sind aus Gründen der Übersichtlichkeit jeweils die Preise kurz nach Serienbeginn und kurz vor Serienende. Ausstattungsdetails wurden gelegentlich vom Hersteller unterschiedlich bezeichnet – der Verfasser hat dann die Bezeichnung der jeweils jüngsten Ausgabe der Preisliste verwendet. Wichtig: Der konkrete Einsatzzeitpunkt von Sonderausstattungen war produktionsseitig auf relativ enge Zeitfenster festgelegt. Die Preislisten waren daraufhin ausgerichtet und stellten das Angebot an den Endkunden dar. Dazwischen wurden zahlreiche Kundendienstinformationen herausgegeben, die dem Vertrieb zur fallweisen Kundeninformation dienten. Sie waren intern zu behandeln und sind hier nicht dargestellt. Die Codes der Sonderausführungen wurden in den Original-Unterlagen teils als dreistellige Ziffernfolgen, teils als dreistellige, durch Schrägstriche nach der zweiten Ziffer getrennte Kombinationen aufgeführt. In der Tabelle wurde nach Möglichkeit die am häufigsten in den Original-Unterlagen verwendete Bezeichnung gewählt, selbst wenn in späteren Jahren sich immer mehr die dreistellige Schreibweise ohne Schrägstrich durchsetzte. Einschränkungen der Lieferbarkeit von Sonderausstattungen bei Kombinationen mehrerer Sonderausführungen wurden nicht berücksichtigt.

| | Die aufpreispflichtigen Sonderausstattungen der W 110- und W 111-Limousinen | | | | | | | | | |
|---|---|---|---|---|---|---|---|---|---|---|
| Code | Benennung | 190 c/190 Dc | | 200/200 D | | 230/230 S | | 220 b | | 220 Sb/220 SEb | |
| | Datum der Sonderausstattungs-Preisliste | 8.1961 | 11.1964 | 8.1965 | 2.1967 | 8.1965 | 2.1967 | 8.1959 | 11.1964 | 8.1959 | 11.1964 |
| 909 | Abschleppvorrichtung hinten | - | - | - | 50 | - | 50 | - | - | - | - |
| 53/1 | Antenne, automatisch (bei Radioeinbau) | 180 | 180 | 210 | 210 | 210 | 210 | 140 | 180 | 140 | 180 |
| 53/2 | Antenne, automatisch, ohne Radioeinbau | 210 | 210 | 240 | 240 | 240 | 240 | 170 | 210 | 170 | 210 |
| 279 | Antenne, mechanisch (ohne Radioeinbau) | - | 40 | 40 | 40 | 40 | 40 | - | 40 | - | 40 |
| 58/1 | Armlehne vorn, einsteckbar | - | - | - | - | - | - | 60 | - | - | - |
| 58/3 | Armlehne, klappbar Fondmitte | 130 | 130 | 130 | 130 | Ga | Ga | 130 | Ga | sm | Ga |
| 58/7 | Armlehne, klappbar vorn Stoff | - | 80 | 80 | 80 | 80 | 80 | - | 80 | - | 80 |
| 58/7 | Armlehne, klappbar vorn MB-Tex | - | 105 | 105 | 105 | 105 | 105 | - | 105 | - | 105 |

## DATEN & FAKTEN

| Code | Benennung | 190 c/190 Dc | | 200/200 D | | 230/230 S | | 220 b | | 220 Sb/220 SEb | |
|---|---|---|---|---|---|---|---|---|---|---|---|
| | Datum der Sonderausstattungs-Preisliste | 8.1961 | 11.1964 | 8.1965 | 2.1967 | 8.1965 | 2.1967 | 8.1959 | 11.1964 | 8.1959 | 11.1964 |
| 58/7 | Armlehne, klappbar vorn Leder | - | 115 | 115 | 115 | 115 | 115 | - | 115 | - | 115 |
| 570 | Armlehne, klappbar vorn | - | - | - | - | - | - | - | - | - | - |
| 480 | Ausgleichfeder hydropneumatisch (Lieferbeginn 1966) | - | - | 165 | 165 | 165/Ga | 165/Ga | - | - | - | - |
| 50/2 | Außenspiegel, rechts | - | -15 | 15 | 15 | 15 | 15 | - | 15 | - | 15 |
| 67/3 | Batterie mit größerer Kapazität | - | 22 | 25 | 25 | 25 | 25/25 | - | 22 | - | 22/15 |
| 219 | Bremsgerät stärker | - | - | - | 50 | - | 50/Ga | - | - | - | - |
| 62/2 | D-Schild (montiert) | 8 | 8 | 10 | 3 | 10 | 3 | 8 | 8 | 8 | 8 |
| 533 | Entstörung für nachträgl. Radio und Funk | - | 60/25 | 60/25 | 60/25 | 60 | 60 | - | 60 | - | 60/50 |
| 278 | Fahrerlehne orthopädisch links | - | 45 | 45 | 45 | 45 | 45 | - | 45 | - | 45 |
| 302 | Fahrerlehne orthopädisch rechts | - | 45 | 45 | 45 | 45 | 45 | - | 45 | - | 45 |
| 887 | Fahrersitz li. verstärkt | - | 15 | 15 | 15 | 15 | 15 | - | 15 | - | 15 |
| 890 | Fahrersitz re. verstärkt | - | 15 | 15 | 15 | 15 | 15 | - | 15 | - | 15 |
| 275 | Fahrersitze niedriger | - | 80 | oM | oM | oM | oM | - | 80 | - | 80 |
| 45/2 | Fanfare Zweiklang | - | 95 | 95 | 120 | 95 | 120 | - | 95 | - | 95 |
| 48/2 | Federn Stoßdämpfer härter | - | 40 | 25 | 25 | 25 | 25 | - | 40 | - | 40 |
| 57/4 | Felgenringe, verchromt (5 Stück) | 45 | - | - | - | - | - | 45 | - | sm | Ga |
| 235 | Fensterheber elektrisch 2-fach | - | - | - | 530 | - | 530 | - | - | - | - |
| 236 | Fensterheber elektrisch 4-fach | - | - | - | 910 | - | 910 | - | - | - | - |
| 836 | Feuerlöscher montiert | 60 | 60 | 60 | 60 | 60 | 60 | - | 60 | - | 60 |
| 876 | Fondbeleuchtung | - | - | - | - | - | - | - | - | - | Ga |
| 876 | Fondbeleuchtung und Türkontakt Fondtüren | - | 40 | 40 | 40 | 40 | 40 | - | 40 | - | - |
| 269 | Gepäckgalerie | - | 160 | 160 | 195 | 160 | 195 | - | 160 | - | 160 |
| 270 | Plane für Gepäckgalerie | - | 95 | 95 | 100 | 95 | 100 | - | 95 | - | 95 |
| 286 | Gepäcknetz Fahrersitze (2 Stück) | - | 28 | 28 | 28 | 28 | 28 | - | 28 | - | - |
| 42/1 | Getriebe, DB-automatisch Lenkradschaltung | - | 1.400 | 1.400 | - | 1.400 | - | - | 1.400 | - | 1.400 |
| 42/1 | Getriebe, MB-automatisch Lenkradschaltung | - | - | - | 1.400 | - | 1.400 | - | - | - | - |
| 42/0 | Getriebe, DB-automatisch Knüppelschaltung | - | 1.400 | - | - | - | - | - | 1.400 | - | 1.400 |
| 42/0 | Getriebe, DB-automatisch Mittelschaltung | - | - | - | 1.400 | - | 1.400 | - | - | - | - |
| 42/4 | Getriebe, mechanisch Knüppelschaltung | - | - | - | - | oM | - | - | oM | - | oM |
| 42/4 | Getriebe, mechanisch Mittelschaltung | - | - | oM | oM | - | oM | - | - | - | - |
| 42/5 | Getriebe, mechanisch Lenkradschaltung | - | Ga | Ga | Ga | Ga | Ga | - | Ga | - | Ga |
| 42/5 | Getriebe DB-automatisch Lenkradschaltung | - | 1.400 | - | - | - | - | - | - | - | - |

Zeichenerklärung:
- = nicht in den Preislisten aufgeführt; kann bedeuten: nicht lieferbar oder auch: serienmäßig
Ga = Grundausstattung; in frühen Preislisten: sm = serienmäßig
oM = auf Wunsch ohne Mehrpreis
1) bei Lederpolsterung ohne Mehrpreis

Mercedes-Benz **HECKFLOSSE** 251

## DIE SONDERAUSSTATTUNGEN DER HECKFLOSSEN-MERCEDES

| | Die aufpreispflichtigen Sonderausstattungen der W 110- und W 111-Limousinen | | | | | | | | | |
|---|---|---|---|---|---|---|---|---|---|---|
| Code | Benennung | 190 c/190 Dc | | 200/200 D | | 230/230 S | | 220 b | | 220 Sb/220 SEb | |
| | Datum der Sonderausstattungs-Preisliste | 8.1961 | 11.1964 | 8.1965 | 2.1967 | 8.1965 | 2.1967 | 8.1959 | 11.1964 | 8.1959 | 11.1964 |
| 875 | Haftsuchscheinwerfer (Haftsucher mit blendfreier Glühlampe) | 50 | 50 | 60 | 60 | 60 | 60 | 40 | 50 | 40 | 50 |
| 54/2 | Handschuhkastenschloss (Handschuhkasten, abschließbar) | 15 | 15 | 15 | 15 | 15/Ga | 15/Ga | sm | Ga | sm | Ga |
| 839 | Handschuhkasten, beleuchtet | - | 25 | 25 | 25 | 25/Ga | 25/Ga | - | 25 | - | 25 |
| 248 | Heckscheibe elektrisch beheizbar | - | 205 | 205 | 205 | 205 | 205 | - | 205 | - | 205 |
| 297 | Halteriemen aus Leder für Koffer mit Befestigungsmaterial und Montage | 40 | 40 | 40 | - | 40 | - | 25 | 40 | - | 40 |
| 44/1 | Horn für Stoßfänger vorn | - | 25 | 25 | 25 | 25/- | 25/- | - | - | - | - |
| 44/2 | Horn für Stoßfänger hinten | - | 25 | 25 | 25 | 25/- | 25/- | - | 25 | - | - |
| 285 | Katacolorglas Heckscheibe | - | 50 | - | - | - | - | - | 50 | - | 50 |
| 282 | Koffer, 6-teilig, 3 Kleiderkoffer, 2 Wäschekoffer mittel, 1 Hutkoffer | 495 | 535 | 535 | 565 | 535 | 565 | 462 | 535 | 462 | 535 |
| 291 | Einzelkoffer, Kleiderkoffer | 95 | 95 | 95 | 105 | 95 | 105 | 85 | 95 | 85 | 85 |
| 292 | Einzelkoffer, Wäschekoffer, mittel | 80 | 80 | 80 | 85 | 80 | 85 | 65 | 80 | 65 | 80 |
| 293 | Einzelkoffer, Wäschekoffer, klein | 75 | 75 | 75 | 80 | 75 | 80 | 63 | 75 | 63 | 75 |
| 294 | Einzelkoffer, Hutkoffer | 50 | 50 | 50 | 55 | 50 | 55 | 42 | 50 | 42 | 50 |
| 295 | Einzelkoffer, Necessairekoffer | 75 | 75 | 75 | 80 | 75 | 80 | 63 | 75 | 63 | 75 |
| 306 | und 305: Kühlanlage mit Lüfterkupplung | - | - | - | 1.930 | - | 1.830 | - | - | - | - |
| 306 | Kühlanlage | - | - | - | - | - | - | - | 1.490 | - | 1.490 |
| 224 | Kofferraumbeleuchtung | - | 35 | - | - | - | - | - | 35 | - | 35 |
| 835 | Kokosmatten 4-teilig | - | 55 | - | - | - | - | - | 55 | - | 55 |
| 835 | Kokosmatten 4-teilig naturfarben | - | - | 65 | 65 | 65 | 65 | - | - | - | - |
| 57/2 | Kopfstütze vorn links | 85 | 85 | 85 | 85 | 85 | 85 | 85 | 85 | 85 | 85 |
| 57/1 | Kopfstütze vorn rechts | 85 | 85 | 85 | 85 | 85 | 85 | 85 | 85 | 85 | 85 |
| 879 | Kopfstütze Fond links | - | - | - | 85 | - | 85 | - | - | - | - |
| 880 | Kopfstütze Fond rechts | - | - | - | 85 | - | 85 | - | - | - | - |
| 60/3 | Kühlerjalousie | - | 40 | 40 | 40 | - | -/40 | - | - | - | - |
| 264 | Kupplung stärker | - | 48 | 50 | 50 | - | - | - | - | - | - |
| 49/2 | Kupplung, automatisch (Hydrak) | - | - | - | - | - | - | 450 | - | 450 | - |
| 38/1/ohne | Lackierung, Sonderlackierung einfarbig | 140 | 140 | 140 | 140 | 140 | 140 | 140 | 140 | 140 | 140 |
| 38/2/ohne | Lackierung, Sonderlackierung zweifarbig | 180 | 180 | 180 | 180 | 180 | 180 | 180 | 180 | 180 | 180 |
| 811 | Lautsprecher im Fond mit Überblendregler | - | 95 | 95 | 95 | 95 | 95 | - | 95 | - | 95 |
| 55/1 | Lenkrad elfenbeinfarbig | 12 | 12 | 12 | 12 | 12 | 12 | 12 | 12 | 12 | 12 |
| 877 | Leseleuchten im Fond (2 Stück) | - | 45 | 50 | 35 | 50 | 35 | - | 45 | - | 45 |

## DATEN & FAKTEN

| Code | Benennung | Die aufpreispflichtigen Sonderausstattungen der W 110- und W 111-Limousinen ||||||||||
|---|---|---|---|---|---|---|---|---|---|---|---|
| | | 190 c/190 Dc || 200/200 D || 230/230 S || 220 b || 220 Sb/220 SEb ||
| | Datum der Sonderausstattungs-Preisliste | 8.1961 | 11.1964 | 8.1965 | 2.1967 | 8.1965 | 2.1967 | 8.1959 | 11.1964 | 8.1959 | 11.1964 |
| 911 | Lichtmaschine 300 W nicht entstört | - | 70 | - | - | - | - | - | 175 | - | 175 |
| 305 | Lüfterkupplung Viskose | - | - | - | 130 | - | 130 | - | - | - | - |
| 59/1 | Nebellampen (Glühlampen weiß) | - | 95 | - | - | - | - | sm | Ga | sm | Ga |
| 278/302 | Orthopädische Vordersitze (je Sitz) | - | 45 | - | - | - | - | 45 | - | 45 | - |
| 39/1 | Polsterung, MB-Tex | - | 175 | 125 | 125 | 125 | 125 | - | 175 | - | 175 |
| 405 | Polsterung MB Tex in Halbpfeifen | 75 | - | - | - | - | - | 75 | - | 175 | - |
| 406 | Polsterung MB-Tex in Vollpfeifen | 175 | - | - | - | - | - | - | - | - | - |
| 39/2 (39/4) | Polsterung, Leder | 930 | 930 | 930 | 930 | 930 | 930 | 930 | 930 | 930 | 930 |
| 51/4 | Radio Becker Europa L, M und UKW | 435/390 | 410 | - | - | - | - | - | - | - | - |
| 51/4 | Radio Becker Europa TR (LMKU) | 490/450 | 490/450 | 490/450 | - | 490 | - | - | 490 | - | 490 |
| 51/4 | Radio Becker Europa (LMKU) | - | - | - | 490/450 | - | 490 | - | - | - | - |
| 51/6 | Radio Becker Grand Prix L, M und UKW | - | 675 | - | - | - | - | - | - | - | - |
| 51/6 | Radio Becker Grand Prix LMU | - | 650/620 | 650/620 | 650/620 | 650 | 650 | - | 650 | - | 650 |
| 516 | Radio Becker Grand Prix LKMU | - | 600 | - | - | - | - | - | - | - | - |
| 511 | Radio Becker Mexico M und UKW | 615/585 | 600 | - | - | - | - | - | - | - | - |
| 51/1 | Radio Becker Mexico TR (LMKU) | - | 630/600 | 630/600 | - | 630 | - | - | 630 | - | 630 |
| 51/1 | Radio Becker Mexico (LMKU) | - | - | - | 630/600 | - | 630 | - | - | - | - |
| 574 | Radzierblenden | - | - | - | 25 | - | 25/Ga | - | - | - | - |
| 5/74 | Radzierblenden, 4-fach | - | 25 | 25 | - | 25/Ga | - | - | 25 | - | Ga |
| 64/0 | Reifen mit Schlauch | oM | oM | - | - | - | - | - | oM | - | oM |
| 64/2 | Reifen (5-fach) schwarz, schlauchlos | sm | - | - | - | - | - | 20 | - | 25 | - |
| 64/8 | Reifen, Weißwand mit Schlauch | - | 65 | - | - | - | - | - | 80 | - | 100 |
| 64/1 | Reifen, Weißwand | - | 85 | 105/85 | - | 105/120 | - | - | 95 | - | 120 |
| 64/1 | Reifen, Weißwand 5-fach | - | - | 105/85 | 105/90 | 105/120 | 105/120 | 90 | - | - | - |
| 64/4 | Reifen, Weißwand, schlauchlos (5fach) | 65 | 90 | - | - | - | - | 120 | - | 115 | - |
| 63/1 | Reifen, Nylon-Sport | - | - | - | - | - | - | - | 75 | - | Ga |
| 64/5 | Reifen, M+SE, 4-fach | - | 290 | 160/220 | 160/220 | 160/170 | 160/170 | - | 355 | - | 295 |
| 645 | Reifen, M+SE, 4-fach (schwarz) | 28 | - | - | - | - | - | - | - | - | - |
| 63/0 | Reifen, Gürtelreifen, z. Zt. Michelin X | - | 35 | -/35 | oM/65 | -/35 | oM/40 | - | 60 | - | oM |
| 306 | Reifen, (5-fach) Gummi-Zierringe, weiß | - | - | - | - | - | - | 48 | - | 48 | - |

Zeichenerklärung:
- = nicht in den Preislisten aufgeführt; kann bedeuten: nicht lieferbar oder auch: serienmäßig
Ga = Grundausstattung; in frühen Preislisten: sm = serienmäßig
oM = auf Wunsch ohne Mehrpreis
1) bei Lederpolsterung ohne Mehrpreis

## DIE SONDERAUSSTATTUNGEN DER HECKFLOSSEN-MERCEDES

| Die aufpreispflichtigen Sonderausstattungen der W 110- und W 111-Limousinen | | | | | | | | | | | |
|---|---|---|---|---|---|---|---|---|---|---|---|
| Code | Benennung | 190 c/190 Dc | | 200/200 D | | 230/230 S | | 220 b | | 220 Sb/220 SEb | |
| | Datum der Sonderausstattungs-Preisliste | 8.1961 | 11.1964 | 8.1965 | 2.1967 | 8.1965 | 2.1967 | 8.1959 | 11.1964 | 8.1959 | 11.1964 |
| 56/2 (56/6) | Ruhesitz links | 95 | 95 | 60 | 60 | 60 | 60 | 95 | 95 | sm | Ga |
| 56/1 (56/5) | Ruhesitz rechts | 95 | 95 | 60 | 60 | 60 | 60 | 95 | 95 | sm | Ga |
| 56/3 | Ruhesitz Sitzbank | 115 | 115 | 115 | 115 | 115 | 115 | - | 115 | - | Ga |
| 351 (41/1) | Schiebedach (Stahlschiebedach) (mechanisch) | 550 | 550 | 550 | 550 | 550 | 550 | 550 | 550 | 550 | 550 |
| 410 | Schiebedach elektrisch | - | - | - | 790 | - | 790 | - | - | - | - |
| 249 | Schonbezug elektrisch heizbar vorn links | - | 140 | - | - | - | - | - | 140 | - | 150 |
| 250 | Schonbezug elektrisch heizbar vorn rechts | - | 140 | - | - | - | - | - | 140 | - | 150 |
| 45/1 | Servobremse | 170/- | Ga | - | - | - | - | 300 | - | sm | - |
| 42/2 | Servolenkung, DB - | - | 500 | 500 | - | 500 | - | - | 500 | - | 500/550 |
| 42/2 | Servolenkung, MB - | - | - | - | 500 | - | 500 | - | - | - | - |
| 831 | Sicherheitsgurte vorn links | 80 | - | - | - | - | - | 120 | - | 120 | - |
| 888 | Sicherheitsgurte vorn links | 80 | - | - | - | - | - | 120 | - | 120 | - |
| 891 | Sicherheitsgurte Fond links | 80 | - | - | - | - | - | 120 | - | 120 | - |
| 892 | Sicherheitsgurte Fond rechts | 80 | - | - | - | - | - | 120 | - | 120 | - |
| 43/0 | Sicherungsgurte (Sicherheitsgurte) 4-fach | - | 220 | 220 | - | 220 | - | - | 220 | - | 220 |
| 43/0 | Sicherheitsgurte vorn und hinten 4 Stück | - | - | - | 220 | - | 220 | - | - | - | - |
| 43/2 | Sicherungsgurte (Sicherheitsgurte) hinten links und rechts | - | 110 | 110 | - | 110 | - | - | 110 | - | 110 |
| 43/2 | Sicherheitsgurte hinten 2 Stück | - | - | - | 110 | - | 110 | - | - | - | - |
| 43/1 | Sicherungsgurte (Sicherheitsgurte) vorn links und rechts | - | 110 | 110 | - | 110 | - | - | 110 | - | 110 |
| 43/1 | Sicherheitsgurte vorn 2 Stück | - | - | - | 110 | - | 110 | - | - | - | - |
| 45/2 | Signalanlage, Zweiklang-Fanfare | - | - | - | - | - | - | 85 | - | 85 | - |
| 45/3 | Signalanlage, Dreiklanghorn | 65 | - | - | - | - | - | - | - | - | - |
| 40/2 | Sitzbank | oM | oM | oM | oM | oM | oM | - | oM | - | oM |
| 893 | Sitzbank verstärkt | - | - | 20 | 20 | 20 | 20 | - | - | - | 20 |
| 274 | Sitzschienen versetzt vorn (bei Sitzbank) | - | 30 | 30 | - | 30 | - | - | 30 | - | 30 |
| 274 | Sitzschienen vorn, nach hinten versetzt, bei Sitzbank | - | - | - | 15 | - | 15 | - | - | - | - |
| 289 | Skihalter | - | 65 | 70 | 70 | 70 | 70 | - | 65 | - | 65 |
| 44/1 | Stoßstangenhörner vorn und hinten | 65 | - | - | - | - | - | - | - | - | - |
| 44/2 | Stoßstangenhörner hinten | - | - | - | - | - | - | 25 | - | - | - |
| 287 (45/4) | Tankschloß | 8 | 8 | 8 | 8 | 8/Ga | 8/Ga | - | Ga | - | Ga |

**DATEN & FAKTEN**

| Code | Benennung | Die aufpreispflichtigen Sonderausstattungen der W 110- und W 111-Limousinen ||||||||||
|---|---|---|---|---|---|---|---|---|---|---|---|
| | | 190 c/190 Dc || 200/200 D || 230/230 S || 220 b || 220 Sb/220 SEb ||
| | Datum der Sonderausstattungs-Preisliste | 8.1961 | 11.1964 | 8.1965 | 2.1967 | 8.1965 | 2.1967 | 8.1959 | 11.1964 | 8.1959 | 11.1964 |
| 244 | Teppich-Bodenbelag vorn und hinten | - | - | - | 30 | - | 30 | - | - | - | - |
| 220 | Türkontakt Fondtüren | - | 20 | 20 | 20 | 20 | 20 | - | 20 | - | 20 |
| 219 | Türverriegelung mit Zusatzsicherung | 16 | - | - | - | - | - | 16 | - | 16 | - |
| 337 | Ventilator Fondraum | - | 80 | 80 | - | 80 | - | - | 80 | - | 80 |
| 222 | Verbandkasten | 30 | - | - | - | - | - | - | - | - | - |
| 222 | Verbandkasten montiert | - | 30 | 30 | 30 | 30 | 30 | - | 30 | - | 30 |
| 45/1 | Windschutzscheibe Sigla | - | 50 | 50 | - | 50 | - | - | Ga | - | Ga |
| 451 | Verbundglas Frontscheibe | - | - | - | 50 | - | 50 | - | - | - | - |
| 228 | wärmedämmendes Glas Seiten- oder Heckscheibe | - | - | 75 | - | 75 | - | - | - | - | - |
| 59/7 | wärmedämmendes Glas Front-, Seiten- und Heckscheibe | - | - | - | 195 | - | 195 | - | - | - | - |
| 59/6 | wärmedämmendes Glas Seitenscheiben und Heckscheibe | - | - | - | 80 | - | 80 | - | - | - | - |
| 59/4 | wärmedämmendes Glas Front- und vordere Seitenscheiben | - | - | - | 140 | - | 140 | - | - | - | - |
| 59/3 | wärmedämmendes Glas Heckscheibe | - | - | - | 25 | - | 25 | - | - | - | - |
| 229 | wärmedämmendes Glas Frontscheibe | - | - | 145 | - | 145 | - | - | - | - | - |
| 249 | wärmedämmendes Glas Heckscheibe, elektrisch heizbar | - | - | - | 325 | - | 325 | - | - | - | - |
| 59/4 | und 249: wärmedämmendes Glas Front-, Seiten- und Heckscheibe heizbar | - | - | - | 495 | - | 495 | - | - | - | - |
| 59/2 | und 249: wärmedämmendes Glas Seiten- und Heckscheibe heizbar | - | - | - | 380 | - | 380 | - | - | - | - |
| 49/2 | Wärmetauscher größer | - | 12 | 12 | 30 | 12 | 30 | - | 12 | - | 12 |
| 221 | Zentralverriegelung | - | - | - | - | - | - | - | - | - | -/220 |
| 60/2 | Zusatzsicherung für Türverriegelung | 16 | 16 | 15 | 15 | 15 | 15 | - | 16 | - | 16 |
| 54/0 | Zwischenpolster Stoff | - | 30 | 30 | 30 | 30 | 30 | - | 30 | - | 30 |
| 54/0 | Zwischenpolster MB-Tex | - | 50 | 50 | 50 | 50 | 50 | - | 50 | - | 50 |
| 54/0 | Zwischenpolster Leder | - | 70 | oM[1] | oM[1] | oM[1] | oM[1] | - | 70 | - | 70 |

Zeichenerklärung:
- = nicht in den Preislisten aufgeführt; kann bedeuten: nicht lieferbar oder auch: serienmäßig
Ga = Grundausstattung; in frühen Preislisten: sm = serienmäßig
oM = auf Wunsch ohne Mehrpreis
[1] bei Lederpolsterung ohne Mehrpreis

© Hans-Peter Lange

# DIE SONDERAUSSTATTUNGEN DER HECKFLOSSEN-MERCEDES

## Ausgewählte Sonderausstattungen für die Limousine W 112 und die späten Coupés und Cabriolets W 111 und W 112

Preise für die Bundesrepublik Deutschland ab Werk Sindelfingen in D-Mark plus Umsatzsteuer von 10 % ab Januar 1968 bzw. von 11% ab Januar 1970

| Code | Benennung | 300 SE / 300 SE lang | | 250 SE Coupé/ Cabriolet | | 280 SE Coupé/ Cabriolet | | 280 SE 3.5 Coupé/ Cabriolet | | 300 SE Coupé/ Cabriolet | |
|---|---|---|---|---|---|---|---|---|---|---|---|
| | Datum der Sonderausstattungs-Preisliste | 8.1961 | 8.1965 | 8.1965 | 2.1967 | 1.1968 | 4.1971 | 1.1970 | 4.1971 | 8.1962 | 2.1967 |
| 550 | Anhängevorrichtung mit festsitzendem Kugelkopf, 1500 kg Anh. | - | - | - | - | - | 310 | 285 | 310 | - | - |
| 58/7 | Armlehne, klappbar vorn Leder | - | oM | 115 | Ga | 165 | 220 | 185 | 220 | sm | Ga |
| 50/2 | Außenspiegel, rechts (vorn auf Kotflügel) | - | 15 | 15 | 15 | 14 | 18 | 14 | 18 | - | 15 |
| 250 | Autotelefonanlage, 15 Kanäle, Becker-Telefunken | - | - | - | - | - | 8.950 | 7.850 | 8.950 | - | - |
| 267 | Autotelefonanlage, 15 Kanäle, TeKaDe | - | - | - | - | - | 8.950 | 7.850 | 8.950 | - | - |
| 67/3 | Batterie mit größerer Kapazität | - | - | 25 | - | 23 | 27 | 24 | 27 | - | - |
| 219 | Bremsgerät stärker | - | - | - | Ga | - | - | - | - | - | Ga |
| 256 | Ausgleichgetriebe / Differential mit begrenztem Sperrwert | - | - | - | 160 | 160 | 195 | 160 | 195 | - | 160 |
| 533 | Entstörung für nachträgl. Radio und Funk | - | Ga | 60 | Ga | 55 | 65 | - | Ga | - | Ga |
| 278 | Fahrerlehne orthopädisch links | - | 45 | 45 | 45 | 42 | 50 | - | 50 | - | 45 |
| 302 | Fahrerlehne orthopädisch rechts | - | 45 | 45 | 45 | 42 | 50 | - | 50 | - | 45 |
| 275 | Fahrersitze niedriger, Code 339 / 340: je Sitz | - | - | - | - | - | 80 | - | 80 | - | 80 |
| 45/2 | Fanfare Zweiklang | - | 95 | 95 | 120 | 110 | 125 | 115 | 125 | 85 | 120 |
| 887/890 | Federkasten verstärkt, Vordersitz links / rechts | - | - | - | - | - | - | - | - | 15 | - |
| 235 | Fensterheber elektrisch 2-fach | - | - | - | - | 450 | 395 | 375 | 395 | - | - |
| 236 | Fensterheber elektrisch 4-fach | - | - | - | Ga | 780 | 710 | 675 | 710 | - | Ga |
| 245 | Fondsitzheizung | - | 580 | - | - | - | - | - | - | - | - |
| 60/1 | Gebläse (1 Stück) | sm | - | - | - | - | - | - | - | - | - |
| 286 | Gepäcknetz Fahrersitze (2 Stück) | - | Ga | - | 28 | 26 | 30 | 27 | 30 | - | 28 |
| 42/1 | Getriebe, DB-automatisch Lenkradschaltung | - | 1.400 | 1.400 | 1.400 | 1.300 | 1.300 | sm | sm | sm | 1.400 |
| 42/0 | Getriebe, MB-automatisch Mittelschaltung | - | - | - | 1.400 | 1.300 | 1.300 | oM | oM | - | - |
| 42/4 | Getriebe, mechanisch Knüppel-, später: Mittelschaltung | - | - | Ga | oM | oM | oM | - | - | - | oM |
| 42/5 | Getriebe, mechanisch Lenkradschaltung | - | Ga | - | - | - | - | - | - | - | - |
| 230 | und 232: Getriebe 5-Gang | - | - | - | - | - | - | - | - | - | 1200 |
| 232 | Hinterachsübersetzung 1: 4,08 | - | - | - | - | - | - | - | - | - | Code 230 |
| 428 | und 212: Getriebe 5-Gang | - | - | - | - | - | 525 | - | - | - | - |
| 541 | Halogen-Abblend- und Fernlicht in Leuchteinheit (ohne Nebellampen) | - | - | - | - | - | 190 | - | 190 | - | - |
| 616 | Halogen-Nebellampen rund (neben Leuchteinheit) | - | - | - | - | - | 125 | - | 125 | - | - |
| 305 | Haltestangen | sm | - | - | - | - | - | - | - | - | - |
| 54/2 | Handschuhkastenschloss (Handschuhkasten, abschließbar) | - | Ga | Ga | Ga | Ga | Ga | sm | Ga | sm | Ga |
| 248 | Heckscheibe elektrisch beheizbar | - | 205 | 205 / - | 205 / - | 190 / - | 220 / - | - | 220 / - | - | 205 / - |
| 212 | Hinterachsübersetzung 1 : 3,92 | - | - | - | sm | - | - | - | - | - | sm |

**DATEN & FAKTEN**

| Code | Benennung | 300 SE / 300 SE lang | | 250 SE Coupé/ Cabriolet | | 280 SE Coupé/ Cabriolet | | 280 SE 3.5 Coupé/ Cabriolet | | 300 SE Coupé/ Cabriolet | |
|---|---|---|---|---|---|---|---|---|---|---|---|
| | Datum der Sonderausstattungs-Preisliste | 8.1961 | 8.1965 | 8.1965 | 2.1967 | 1.1968 | 4.1971 | 1.1970 | 4.1971 | 8.1962 | 2.1967 |
| 255 | Hinterachsübersetzung 1 : 3,69 | - | - | - | Ga | - | - | - | - | - | Ga |
| 306 | Kühlanlage (Klimaanlage), nur mit Code 305, ab 05/68 | - | 1.490 | - | 1700 | 1.800 | - | - | - | - | 1940 |
| 306 / 580 | und 305: Kühlanlage mit Lüfterkupplung | - | - | - | - | - | 1.890 | 1.800 | 1.890 | - | - |
| 305 | Lüfterkupplung Viscose | - | - | - | Ga | - | - | - | - | - | - |
| 305 | Lüfterkupplung elektrisch Ga, hydraulisch bei Klimaanlage Mehrpreis | - | 190 | - | - | - | - | - | - | - | 240 |
| 57/2 | Kopfstütze vorn links | - | 85 | 120 | 160 | 110 | 90 | 90 | 90 | 160 | 160 |
| 57/1 | Kopfstütze vorn rechts | - | 85 | 120 | 160 | 110 | 90 | 90 | 90 | 160 | 160 |
| 879 | Kopfstütze Fond links | - | 85 | - | - | - | - | - | - | - | - |
| 880 | Kopfstütze Fond rechts | - | 85 | - | - | - | - | - | - | - | - |
| 38/1/ ohne | Lackierung, Sonderlackierung einfarbig | oM | oM | oM | oM | oM | oM | oM | oM | oM | oM |
| 38/2/ ohne | Lackierung, Sonderlackierung zweifarbig | oM | oM | oM | oM / - | oM / - | oM / - | oM / - | oM / - | oM / - | oM / - |
| ohne | Lackierung, Metall-Lackierung einfarbig | - | 670 | 410 / 380 | 590 / 510 | 555 / 480 | 760 / 630 | 635 / 520 | 760 / 630 | - | 590 / 510 |
| ohne | Lackierung, Metall-Lackierung zweifarbig | - | 810 | 540 / - | 730 / - | 680 / - | 910 / - | 770 / - | 910 / - | - | 730 / - |
| 811 | Lautsprecher im Fond mit Überblendregler | - | 95 | 95 / - | 95 | 85 | 100 | 90 / - | 100 | - | 95 |
| 251 | bei Mittelwand empfohlen: Radio einschl. Fernbedienung | - | 710 | - | - | - | - | - | - | - | - |
| 55/1 | Lenkrad elfenbeinfarbig | oM | oM | oM | oM | oM | oM | oM | oM | oM | oM |
| 263 | Lichtmaschine 400 W | - | 50 | - | - | - | - | - | - | - | 50 |
| 214 | Trenn- / Mittelwand elektr. betätigt ab 07/63 DM 1.100 | - | - / 1.100 | - | - | - | - | - | - | - | - |
| 39/2 (39/4) | Polsterung, Leder | 930 | 930 | Ga | Ga | Ga | Ga | Ga | Ga | sm | Ga |
| 56/2 (56/6) | Ruhesitz links | sm | Ga | Ga | Ga | Ga | - | - | - | sm | Ga |
| 56/1 (56/5) | Ruhesitz rechts | sm | Ga | Ga | Ga | Ga | - | - | - | sm | Ga |
| 237 | Schalensitze, vorn links und rechts | - | - | - | - | - | - | - | - | sm | - |
| 238 | Schalensitze, vorn und im Fond | - | - | - | - | - | - | - | - | 350 | - |
| 41/1 | Schiebedach (Stahlschiebedach) (mechanisch) | 550 | 700 el. | 850 el. / - | - | - | - | - | - | 700 / - | - |
| 410 | Schiebedach elektrisch | - | - | - | 850 / - | 750 / - | 880 | - | 880 | - | 850 / - |
| 45/1 | Servobremse | sm | - | - | - | - | - | - | - | sm | - |
| 42/2 | Servolenkung, DB - | sm | Ga | 500 | - | - | - | Ga | - | sm | - |
| 42/2 | Servolenkung, MB - | - | - | - | 550 | 510 | 540 | - | Ga | - | Ga |
| 45/3 | Signalanlage, Dreiklanghorn | sm | - | - | - | - | - | - | - | - | - |
| 244 | Teppich-Bodenbelag vorn und hinten | - | - | - | Ga | Ga | 30 | - | - | - | Ga |
| 49/2 | Wärmetauscher größer | - | - | - | - | - | 25 | 19 | 25 | - | - |
| 221 | Zentralverriegelung | - | 220 | - | - | - | - | - | - | - | - |
| 54/0 | Zwischenpolster Leder, bei Polsterung Leder | sm | oM | oM | 70 | oM | oM | oM | oM | oM | 70 |

Anmerkung: aufgeführt sind auch hier jeweils nur die Preise kurz nach Serienbeginn und kurz vor Serienende.

Zeichenerklärung:
- = nicht in den Preislisten aufgeführt; kann bedeuten: nicht lieferbar oder auch: serienmäßig
Ga = Grundausstattung; in frühen Preislisten: sm = serienmäßig
oM = auf Wunsch ohne Mehrpreis
1) bei Lederpolsterung ohne Mehrpreis

© Hans-Peter Lange

Mercedes-Benz **HECKFLOSSE** 257

## REIFEPROZESS

# Die Modellpflege der Heckflossen-Mercedes

Während der Bauzeit erfuhren die diversen Heckflossen-Typen stetig Änderungen, die während der Produktion in die laufende Serie einflossen. Oft waren es fließende Übergänge, die nur kleine Details betrafen, manchmal auch größere Änderungen, die erwähnenswert sind. Weder der Mercedes-Benz InteressenGemeinschaft noch dem Autor sind von Daimler-Benz geführte detaillierte Listen bekannt, die aufführen, welche Änderungen bei welcher Fahrgestellnummer einsetzten.

Deshalb führt die nachfolgende Aufstellung nur die wichtigsten Modellpflegeschritte während der Bauzeit der W 110-, W 111- und W 112-Modelle auf. Da viele Umgestaltungen modellübergreifend erfolgten, sind die einzelnen Details nicht nach Typen und Modellen geordnet, sondern nach ihren Einsatzdaten.

| | |
|---|---|
| **1959, August** | Sechs Serienlackierungen, 17 Sonderlackierungen und 17 Vorschläge für Zweifarblackierungen (gegen Aufpreis) für alle W 111. Jeweils vier Stoffausstattungen für 220 b und 220 Sb/220 SEb (Serie), 16 Kunstlederausstattungen („MB-Tex") und 12 Lederausstattungen (gegen Aufpreis) für alle W 111. Radios: Becker Europa und Mexico. |
| **1960, Februar** | Zwei Haltegriffe über den Türen, Gummibeläge als Schweller-Trittschutz, Abschleppöse vorn. |
| **1960, Juli** | Mitteltunnelbelag: Teppich statt Gummimatte für 220 Sb/220 SEb, Gurte Fabrikat Klippan. |
| **1961, Januar** | Lautsprechergrill in Armaturenbrettmitte, Armaturenbrettpolster einteilig/einfarbig, Verkleidungen im Innenraum teilweise farblich angepasst (bisher sämtlich in Folie dunkelbraun), vier neue Stoffausstattungen („Hahnentritt") und mehr Chrom/Holz an den Türverkleidungen für 220 Sb/220 SEb. |
| **1961, Mai** | Drei neue Stoffausstattungen („Pepita" wie 190 c/190 Dc) für 220 b. |
| **1961, Juni** | Automatik für 220 SEb lieferbar. |
| **1961, August** | Servolenkung für alle W 111 lieferbar, Sitzbank für alle W 110/W 111 lieferbar, zusätzlich Radio Becker Grand Prix lieferbar. |
| **1961, September** | 11 neue Kunstleder- und 12 neue Leder-Ausstattungen (gegen Aufpreis) für alle W 110/W 111. |
| **1961, November** | Befestigungsmuttern für Zweipunktgurte vorn in allen Fahrzeugen, Lenkrad grau statt schwarz. |
| **1962, Februar** | Befestigungsmuttern für Zweipunktgurte hinten in allen Fahrzeugen. |
| **1962, März** | Girling-Scheibenbremsen vorn für 220 Sb/220 SEb, Differenzial mit begrenztem Schlupf (Serie) für 300 SE, neun Metallic-Lackierungen und 15 Lederausstattungen (gegen Aufpreis) nur für 300 SE. |
| **1962, April** | Rückleuchtenglas ohne horizontale Kante für 190 c/190 Dc und 220 b, Fondraumheizung mit Heckscheiben-Defroster für 300 SE lieferbar. |
| **1962, August** | Perforierter Kunststoff- statt Baumwollhimmel (gegen Aufpreis) für alle Typen. |
| **1962, November** | Automatik für 220 b/220 Sb lieferbar. |
| **1962, Dezember** | Zündschloss mit Anlasswiederholsperre und Nackenrollen mit breiterem Befestigungs-Lochabstand für alle Typen, Lederausstattung perforiert/mit einfach abgenähten Pfeifen für alle W 110/W 111, Tank 82 statt 65 Liter für 300 SE. |
| **1963, Januar** | Automatik für 190 c lieferbar, Kunststoffhimmel (Serie) für 220 Sb/220 SEb und 300 SE. |

| | |
|---|---|
| **1963, März** | Viergang-Schaltgetriebe/Lenkradschaltung lieferbar für 300 SE/SE lang. Doppelrohr-Auspuff und Visco-Lüfterkupplung für 300 SE lang, vier Velours- und vier Feincordausstattungen (Serie, später gegen Aufpreis auch für 300 SE) sowie 19 Lederausstattungen (gegen Aufpreis) für 300 SE lang. |
| **1963, August** | Außenspiegel links auf der Tür statt Kotflügel für alle Typen, Ausgleichs-Luftfeder für Hinterachse mit externer Luftzufuhr für alle W 110/W111 lieferbar, Gebläse-Dreh- statt Zugschalter und zweistufiger Scheibenwischer für 190 c/Dc, Zenith-Vergaser mit Startautomatik für 220 Sb, Doppelrohr-Auspuff und Visco-Lüfterkupplung für 300 SE, Trennwand und Zentralverriegelung für 300 SE lang lieferbar. Neues Farbprogramm mit sechs Serien-, 17 Sonder- und 11 Metalliclackierungen (Verfügbarkeit und Aufpreise wie bisher) für alle Typen. |
| **1963, September** | Ate-Scheibenbremsen vorn (später für alle Typen) und Bremskraftverstärker für 190 c/190 Dc und 220 b, Zweikreis-Bremsanlage für alle Typen, Kunststoffhimmel (Serie) für 190 Dc und 220 b. |
| **1963, November** | Gurte Fabrikat Unica. |
| **1963, Dezember** | Automatik für 190 Dc lieferbar. |
| **1964, Januar** | Sechsstempel-Einspritzpumpe (170 PS statt 160 PS) für 300 SE/300 SE lang. |
| **1964, Februar** | Behr-Klimaanlage für alle W 111/W 112 lieferbar, Nackenrollen hinten für 300 SE/300 SE lang lieferbar. |
| **1964, März** | Heizbare Heckscheibe und wärmedämmende Heckscheibe (Katacalor) für alle Typen lieferbar. |
| **1964, April** | Leseleuchte hinten und rechter Außenspiegel (auf der Tür) für alle Typen lieferbar, Hinterachsübersetzung 3,75 (Serie 3,92) für 300 SE/300 SE lang lieferbar. |
| **1964, Juni** | Lenkrad mit abgeflachtem Signalring, 13 neue Kunstlederausstattungen für 220 Sb/220 SEb, 25 neue Lederausstattungen für 220 Sb/220 SEb und 300 SE/300 SE lang, Kunstleder mit anderer Prägung und geschweißten Nähten. |
| **1964, Juli** | Neue Kunstleder- und Lederausstattungen (s. o.) für 190 c/190 Dc und 220 b. |
| **1964, September** | Servolenkung für W 110 lieferbar, Schriftzug „Automatic" links unter Typschriftzug für alle Automatikfahrzeuge (ab November abbestellbar). |
| **1964, November** | Mittelschaltung für alle W 111 lieferbar (nur Schaltgetriebe), Zentralverriegelung für 220 SEb und 300 SE lieferbar, rechter Außenspiegel auf Kotflügel statt Tür. |
| **1965, Januar** | Drehstromlichtmaschine für 220 SEb. |
| **1965, Februar** | Drehstromlichtmaschine für 220 b/220 Sb. |
| **1965, März** | Hydropneumatische Boge-Ausgleichsfeder („Nivomat") als Nachrüstung beim Händler für alle W 110/W 111 lieferbar. |
| **1965, April** | Drehstromlichtmaschine für alle Automatikfahrzeuge. |
| **1965, Juli** | Drehstromlichtmaschine für 190 c/190 Dc. |
| **1965, August** | Hydropneumatische Boge-Ausgleichsfeder für alle W 110 ab Werk lieferbar, wärmedämmendes Glas (Katacalor) für Seiten- und Heckscheiben für alle Typen lieferbar, Klimaanlage mit Visco-Lüfterkupplung für 230 S lieferbar, Mittelschaltung für 230 S lieferbar (nur Schaltgetriebe). Neues Farbprogramm mit sieben Serien- und 15 Sonderlackierungen, keine Metalliclackierungen, für alle Typen. Fünf neue Stoffausstattungen für alle Typen, Kunstleder und Leder unverändert. |
| **1965, Dezember** | Kopfstützen hinten und wärmedämmendes Glas (Katacalor mit Bandfilter) für Frontscheibe für alle Typen lieferbar (Katacalor-Glas nur bis Oktober 1966 verfügbar), Mittelschaltung für alle W 110 und Automatikfahrzeuge lieferbar, Wähl-, Schalt- und Lenksäulenhebel bei weißem Lenkrad schwarz statt weiß. |
| **1966, Mai** | Teppiche vorn/hinten (soweit nicht Serie) für alle Typen lieferbar, Klimaanlage mit Visco-Lüfterkupplung für alle W 110 lieferbar. |
| **1966, Juni** | Elektrisches Schiebedach für alle Typen lieferbar. |
| **1966, Juli** | Visco-Lüfterkupplung für alle Typen lieferbar. |
| **1966, August** | Motor 120 PS (identisch mit 230 S) für 230. |
| **1966, September** | Elektrische Fensterheber vorn/hinten für alle Typen lieferbar. |
| **1967, Februar** | Elektrische Fensterheber vorn und wärmedämmendes Glas (Colorglas heutiger Art) für alle Scheiben (einzeln und kombiniert sowie mit heizbarer Heckscheibe) für alle Typen lieferbar. |
| **1967, Juni** | Dreipunktgurte für alle Typen lieferbar. |
| **1967, Juli** | Türöffner rechteckig wie W 108/W 109 und W 114/W 115. |
| **1967, August** | Sicherheitslenksäule und Lenkrad mit großem Pralltopf wie W 108/W 109. |

## DIE LACKIERUNGEN DER HECKFLOSSEN-MERCEDES

▲
Mercedes-Benz-Fahrer bevorzugten gedeckte Farben. Das Bild aus der Endmontage verdeutlicht, dass knallbunte Lackierungen wie bei dem roten W 110 in USA-Ausführung zu den Seltenheiten gehörten. Schwarz, Grau, Beige waren die Lieblingsfarben der Sternfahrer.

**DATEN & FAKTEN**

FARBENSPIELE

# Die Lackierungen der Heckflossen-Mercedes

Als die Mercedes-Benz Heckflossen-Modelle im August 1959 in Produktion gingen, konnten die Kunden zwischen sechs Serienlackierungen, 17 Sonderlackierungen und 17 Vorschlägen für Zweifarblackierungen (gegen Aufpreis) für alle W 111 wählen. Im Laufe der Zeit kamen neue Farben für die um die Baureihen W 110 und W 112 sowie die Coupés und Cabriolets erweiterte Modellpalette hinzu. Wir führen in den Tabellen nur die Farbnummern auf, die auch in den offiziellen Daimler-Benz-Unterlagen genannt wurden. Für besondere (Groß-)Kunden gab es auf besonderen Wunsch auch ganz spezielle Farben. Deren Nennung würde den Rahmen dieses Buches sprengen. Auch zeigen wir keine Farbmuster: Die Erfahrung hat gezeigt, dass trotz aller Druck-Kunst und hochwertiger Druckverfahren die Farben nie so wiedergegeben werden können, wie sie in der Wirklichkeit am Auto wirken.

## Einfarbige Lackierungen Heckflosse W 110, W 111 und W 112

| | Lackierung | Bauzeit | | | Farbstatistik Großserie (%) | | |
|---|---|---|---|---|---|---|---|
| Code | Bezeichnung | 8.1959 – 8.1963 | 8.1963 – 8.1965 | 8.1965 – 12.1967 | 1960 | 1964 | 1967 |
| C40 | schwarz | Serie | Serie | Serie | 22,7 | 12,2 | 7,1 |
| 050 | weiß | | Sonderfarbe | Sonderfarbe | | 3,9 | 8,9 |
| 124 | arabergrau | Sonderfarbe | Sonderfarbe | Sonderfarbe | 0,6 | 3,3 | 2,7 |
| 140 | hellgrau | Serie | Serie | | 18,1 | 11,0 | |
| 158 | weißgrau | Sonderfarbe | Sonderfarbe | Serie | 5,1 | 12,1 | 18,4 |
| 162 | blaugrau | | Sonderfarbe [1] | Sonderfarbe | | 1,2 | 0,9 |
| 166 | blaugrau | Sonderfarbe | | | 1,8 | | |
| 181 | hellbeige | | Sonderfarbe [1] | Sonderfarbe | | 2,5 | 2,8 |
| 186 | zementgrau | Sonderfarbe | | | 0,4 | | |
| 190 | graphitgrau | Serie | Serie | Serie | 21,3 | 11,7 | 4,2 |
| 213 | perlmuttgrün | Sonderfarbe | | | 0,3 | | |
| 226 | moosgrün | Serie | Serie | | 3,8 | 2,0 | |
| 268 | dunkelgrün | Sonderfarbe | Sonderfarbe | Sonderfarbe | 1,1 | 3,4 | 3,6 |
| 270 | blaugrün | Sonderfarbe | | | 0,3 | | |
| 291 | dunkeloliv | | | Sonderfarbe | | | 2,3 |
| 304 | horizontblau | Sonderfarbe | Sonderfarbe | Serie | 1,5 | 3,4 | 7,6 |

[1] 300 SE lang bereits ab 3.1963

## DIE LACKIERUNGEN DER HECKFLOSSEN-MERCEDES

# Einfarbige Lackierungen Heckflosse W 110, W 111 und W 112, Teil 2

| Lackierung | | Bauzeit | | | Farbstatistik Großserie (%) | | |
|---|---|---|---|---|---|---|---|
| Code | Bezeichnung | 8.1959 – 8.1963 | 8.1963 – 8.1965 | 8.1965 – 12.1967 | 1960 | 1964 | 1967 |
| 332 | dunkelblau | | Sonderfarbe (1) | Sonderfarbe | | 1,6 | 3,2 |
| 334 | hellblau | Sonderfarbe | Sonderfarbe | Sonderfarbe | 2,6 | 2,0 | 1,6 |
| 335 | blau | Sonderfarbe | Sonderfarbe | Sonderfarbe | 1,4 | 1,4 | 1,1 |
| 350 | mittelblau | Serie | Serie | Serie | 7,1 | 5,8 | 4,4 |
| 380 | delphinblau | Sonderfarbe bis 12.1959 | | | | | |
| 408 | havannabraun | Sonderfarbe | Sonderfarbe | Sonderfarbe | 0,3 | 1,7 | 1,2 |
| 412 | beige | Sonderfarbe | | | 0,4 | | |
| 439 | creme | Sonderfarbe | | | 0,6 | | |
| 460 | dunkelrotbraun | | Sonderfarbe (1) | Sonderfarbe | | 0,4 | 0,4 |
| 501 | rot | | | Sonderfarbe | | | 1,1 |
| 516 | mittelrot | Serie | Serie | | 2,8 | 2,5 | |
| 519 | hellrot | Sonderfarbe | Sonderfarbe | Sonderfarbe | 0,5 | 0,3 | 0,8 |
| 542 | dunkelrot | | | Serie | | | 3,6 |
| 573 | dunkelbordeauxrot | | Sonderfarbe (1) | | | 3,0 | |
| 608 | elfenbein | Sonderfarbe | | | 2,4 | | |
| 658 | hellelfenbein | Sonderfarbe bis 12.1959 | Sonderfarbe (2) | | | | |
| 670 | hellelfenbein | | Sonderfarbe | Serie | | 4,0 | 7,7 |
| 716 | graubeige | Sonderfarbe | Sonderfarbe | Sonderfarbe | 0,5 | 1,4 | 1,6 |
| 717 | papyrusweiß | | Sonderfarbe (1) | Sonderfarbe | | 5,5 | 10,3 |
| 824 | seegrün | Sonderfarbe | | | 0,4 | | |
| 172 | anthrazitgrau | Metallic ab 9.1961 | Metallic | Metallic | | Metallic-Lackierungen insgesamt | 2,6 |
| 178 | mittelgrau | | Metallic (1) | Metallic | | | |
| 180 | silbergrau | | Metallic | Metallic | | | |
| 387 | blau | Metallic ab 9.1961 | Metallic | Metallic | | | |
| 396 | mittelblau | Metallic ab 9.1961 | Metallic | Metallic | | | |
| 461 | bronzebraun | Metallic ab 9.1961 | Metallic | Metallic | | | |
| 462 | beige | Metallic ab 9.1961 | Metallic | Metallic | keine Angabe | | |
| 463 | kupfer | Metallic ab 9.1961 | Metallic | Metallic | | | |
| 567 | lasurrot | Metallic ab 9.1961 | Metallic | Metallic | | | |
| 571 | rot | Metallic ab 9.1961 | Metallic | Metallic | | | |
| 834 | moosgrün | Metallic ab 9.1961 | Metallic | Metallic | | | |

(1) 300 SE lang bereits ab 3.1963
(2) nur 300 SE lang 3.1963–8.1963, dann 670
Metallic ab 9.1961 nur für 220 SEb Coupé/Cabriolet und 300 SE Limousine sowie 300 SE Coupé/Cabriolet ab 3.1962 und 300 SE lang ab 3.1963
300 SE lang bereits ab 3.1963 nur in den neuen Farben (übriges Programm ab 8.1963) lieferbar (Ausnahme: 270 bis 8.1963)
190 c/Dc, 200/D, 220 b/Sb/SEb, 230/S Lim. lieferbar in Serienlackierungen ohne Aufpreis, in Sonderlackierungen (ein- und zweifarbig) gegen Aufpreis, nicht in Metalliclackierungen
220 SEb/250 SE Coupé/Cabriolet, 300 SE Lim./lang/Coupé/Cabriolet lieferbar in Serien- und Sonderlackierungen (ein- und zweifarbig) ohne Aufpreis, in Metalliclackierungen (ein- und zweifarbig) gegen Aufpreis
Universal lieferbar in Serienlackierungen ohne Aufpreis, in Sonderlackierungen (nur einfarbig) gegen Aufpreis; Restbestände nach 1.68 ausgeliefert in bisherigen Serien- bzw. Sonderlackierungen

## Zweifarbige Lackierungen Heckflosse W 110, W 111 und W 112

| Zweifarbige Lackierung | | | | | Bauzeit | | |
|---|---|---|---|---|---|---|---|
| **Unterteil** | | **Oberteil** | | 8.1959 – 8.1961 | 8.1961 – 8.1963 | 8.1963 – 8.1965 | 8.1965 – 12.1967 |
| 040 | schwarz | 140 | hellgrau | Sonderfarbe | | | |
| 040 | schwarz | 190 | graphitgrau | Sonderfarbe | | | |
| 040 | schwarz | 226 | moosgrün | Sonderfarbe | | | |
| 040 | schwarz | 516 | mittelrot | Sonderfarbe | | | |
| 040 | schwarz | 670 | hellelfenbein | | | Sonderfarbe | |
| 050 | weiß | 040 | schwarz | | | Sonderfarbe | Sonderfarbe |
| 050 | weiß | 190 | graphitgrau | | | Sonderfarbe | |
| 050 | weiß | 332 | dunkelblau | | | Sonderfarbe | Sonderfarbe |
| 050 | weiß | 408 | havannabraun | | | Sonderfarbe | |
| 050 | weiß | 460 | dunkelrotbraun | | | Sonderfarbe | Sonderfarbe |
| 124 | arabergrau | 158 | weißgrau | Sonderfarbe | Sonderfarbe | Sonderfarbe | |
| 140 | hellgrau | 040 | schwarz | Sonderfarbe | Sonderfarbe | Sonderfarbe | |
| 140 | hellgrau | 162 | blaugrau | | | Sonderfarbe | |
| 140 | hellgrau | 190 | graphitgrau | Sonderfarbe | Sonderfarbe | Sonderfarbe | |
| 140 | hellgrau | 332 | dunkelblau | | | Sonderfarbe | |
| 140 | hellgrau | 350 | mittelblau | Sonderfarbe | Sonderfarbe | Sonderfarbe | |
| 140 | hellgrau | 516 | mittelrot | Sonderfarbe | | | |
| 158 | weißgrau | 040 | schwarz | | | Sonderfarbe | |
| 158 | weißgrau | 124 | arabergrau | | | Sonderfarbe | Sonderfarbe |
| 158 | weißgrau | 190 | graphitgrau | | Sonderfarbe | Sonderfarbe | Sonderfarbe |
| 158 | weißgrau | 408 | havannabraun | | | Sonderfarbe | Sonderfarbe |
| 158 | weißgrau | 460 | dunkelrotbraun | | | Sonderfarbe | Sonderfarbe |
| 162 | blaugrau | 140 | hellgrau | | | Sonderfarbe | |
| 162 | blaugrau | 304 | horizontblau | | | Sonderfarbe | |
| 162 | blaugrau | 350 | mittelblau | | | Sonderfarbe | |
| 162 | blaugrau | 717 | papyrusweiß | | | Sonderfarbe | |
| 181 | hellbeige | 408 | havannabraun | | | Sonderfarbe | Sonder |
| 181 | hellbeige | 460 | dunkelrotbraun | | | Sonderfarbe | Sonder |
| 190 | graphitgrau | 040 | schwarz | Sonderfarbe | | | Sonder |
| 190 | graphitgrau | 140 | hellgrau | Sonderfarbe | Sonderfarbe | Sonderfarbe | |
| 190 | graphitgrau | 158 | weißgrau | | | Sonderfarbe | |
| 190 | graphitgrau | 608 | elfenbein | Sonderfarbe ab 12.1959 | | | |
| 190 | graphitgrau | 658 | hellelfenbein | Sonderfarbe bis 12.1959 | | | |
| 190 | graphitgrau | 717 | papyrusweiß | | | Sonderfarbe | |
| 213 | perlmuttgrün | 268 | dunkelgrün | Sonderfarbe | Sonderfarbe | | |
| 226 | moosgrün | 040 | schwarz | Sonderfarbe | | | |
| 226 | moosgrün | 716 | graubeige | | | Sonderfarbe | |
| 268 | dunkelgrün | 040 | schwarz | | | Sonderfarbe | Sonderfarbe |
| 291 | dunkeloliv | 040 | schwarz | | | | Sonderfarbe |

# Zweifarbige Lackierungen Heckflosse W 110, W 111 und W 112, Teil 2

| Zweifarbige Lackierung | | | | Bauzeit | | | |
|---|---|---|---|---|---|---|---|
| **Unterteil** | | **Oberteil** | | 8.1959 – 8.1961 | 8.1961 – 8.1963 | 8.1963 – 8.1965 | 8.1965 – 12.1967 |
| 304 | horizontblau | 162 | blaugrau | | | Sonderfarbe | Sonderfarbe |
| 304 | horizontblau | 335 | blau | Sonderfarbe | Sonderfarbe | Sonderfarbe | |
| 304 | horizontblau | 350 | mittelblau | | | Sonderfarbe | Sonderfarbe |
| 304 | horizontblau | 717 | papyrusweiß | | | Sonderfarbe | |
| 332 | dunkelblau | 040 | schwarz | | | Sonderfarbe | Sonderfarbe |
| 332 | dunkelblau | 717 | papyrusweiß | | | Sonderfarbe | |
| 334 | hellblau | 158 | weißgrau | | Sonderfarbe | | |
| 334 | hellblau | 717 | papyrusweiß | | | Sonderfarbe | |
| 335 | blau | 717 | papyrusweiß | | | Sonderfarbe | |
| 350 | mittelblau | 140 | hellgrau | Sonderfarbe | Sonderfarbe | Sonderfarbe | |
| 350 | mittelblau | 158 | weißgrau | | Sonderfarbe | Sonderfarbe | |
| 350 | mittelblau | 717 | papyrusweiß | | | Sonderfarbe | |
| 408 | havannabraun | 181 | hellbeige | | | Sonderfarbe | |
| 408 | havannabraun | 439 | creme | | Sonderfarbe | | |
| 408 | havannabraun | 670 | hellelfenbein | | | Sonderfarbe | |
| 412 | beige | 408 | havannabraun | | Sonderfarbe | | |
| 439 | creme | 408 | havannabraun | | Sonderfarbe | | |
| 501 | rot | 040 | schwarz | | | | Sonderfarbe |
| 516 | mittelrot | 040 | schwarz | Sonderfarbe | Sonderfarbe | Sonderfarbe | |
| 516 | mittelrot | 140 | hellgrau | Sonderfarbe | | | |
| 516 | mittelrot | 158 | weißgrau | | | Sonderfarbe | |
| 516 | mittelrot | 670 | hellelfenbein | | | Sonderfarbe | |
| 519 | hellrot | 040 | schwarz | | | Sonderfarbe | |
| 519 | hellrot | 670 | hellelfenbein | | | Sonderfarbe | |
| 542 | dunkelrot | 040 | schwarz | | | | Sonderfarbe |
| 573 | dunkelbordeauxrot | 040 | schwarz | | | Sonderfarbe | |
| 573 | dunkelbordeauxrot | 158 | weißgrau | | | Sonderfarbe | |
| 573 | dunkelbordeauxrot | 670 | hellelfenbein | | | Sonderfarbe | |
| 608 | elfenbein | 040 | schwarz | | Sonderfarbe | | |
| 670 | hellelfenbein | 040 | schwarz | | | Sonderfarbe | Sonderfarbe |
| 670 | hellelfenbein | 408 | havannabraun | | | Sonderfarbe | Sonderfarbe |
| 716 | graubeige | 268 | dunkelgrün | | | Sonderfarbe | |
| 716 | graubeige | 291 | dunkeloliv | | | | Sonderfarbe |
| 717 | papyrusweiß | 040 | schwarz | | | Sonderfarbe | Sonderfarbe |
| 717 | papyrusweiß | 162 | blaugrau | | | Sonderfarbe | Sonderfarbe |
| 717 | papyrusweiß | 190 | graphitgrau | | | Sonderfarbe | Sonderfarbe |
| 717 | papyrusweiß | 268 | dunkelgrün | | | Sonderfarbe | Sonderfarbe |
| 717 | papyrusweiß | 332 | dunkelblau | | | Sonderfarbe | Sonderfarbe |
| 717 | papyrusweiß | 350 | mittelblau | | | Sonderfarbe | Sonderfarbe |
| 824 | seegrün | 158 | weißgrau | Sonderfarbe | Sonderfarbe | | |

Vorschläge gemäß Musterheften, weitere Kombinationen aus allen Serien- und Sonderfarben möglich
ab 8.1963 bis 12.1967 je nach Modell unterschiedliche Anzahl von Vorschlägen gelistet (bis zu 54 Stück)
Anteile zweifarbig (%): 1960 3,6 %; 1964 4,2 %; 1967 1,7 %

## Standardlackierungen 220 SEb/300 SE Coupé/Cabriolet

| Ein-/zweifarbige Lackierung | | | | Bauzeit | |
|---|---|---|---|---|---|
| **Unterteil** | | **Oberteil** | | 2.1961 – 8.1963 | 8.1963 – 4.1964 |
| 040 | schwarz | | wie Unterteil | Coupé/Cabriolet | Coupé/Cabriolet |
| 050 | weiß | | wie Unterteil | Coupé/Cabriolet | Coupé/Cabriolet |
| 158 | weißgrau | | wie Unterteil | Cabriolet | Cabriolet |
| 181 | hellbeige | | wie Unterteil | | Cabriolet |
| 268 | dunkelgrün | | wie Unterteil | Coupé/Cabriolet | Coupé/Cabriolet |
| 270 | blaugrün | | wie Unterteil | Cabriolet | |
| 304 | horizontblau | | wie Unterteil | Cabriolet | Cabriolet |
| 317 | graublau | | wie Unterteil | Cabriolet | |
| 334 | hellblau | | wie Unterteil | Cabriolet | Cabriolet |
| 350 | mittelblau | | wie Unterteil | Coupé/Cabriolet | Coupé/Cabriolet |
| 439 | creme | | wie Unterteil | Cabriolet | |
| 516 | mittelrot | | wie Unterteil | Coupé/Cabriolet | Coupé/Cabriolet |
| 573 | dunkelbordeauxrot | | wie Unterteil | | Cabriolet |
| 670 | hellelfenbein | | wie Unterteil | | Cabriolet |
| 717 | papyrusweiß | | wie Unterteil | Coupé/Cabriolet | Coupé/Cabriolet |
| 158 | weißgrau | 190 | graphitgrau | Coupé | Coupé |
| 181 | hellbeige | 460 | dunkelrotbraun | | Coupé |
| 270 | blaugrün | 040 | schwarz | Coupé | |
| 304 | horizontblau | 162 | blaugrau | | Coupé |
| 304 | horizontblau | 317 | graublau | Coupé | |
| 317 | graublau | 040 | schwarz | Coupé | |
| 334 | hellblau | 350 | mittelblau | Coupé | Coupé |
| 439 | creme | 460 | dunkelrotbraun | Coupé | |
| 573 | dunkelbordeauxrot | 040 | schwarz | | Coupé |
| 670 | hellelfenbein | 040 | schwarz | | Coupé |

Cabriolet ab 9.1961
ab 4.1964 keine gesonderten Standardlackierungen mehr gelistet (Palette wie Limousinen)

MERCEDES-BENZ INTERESSENGEMEINSCHAFT

# Nicht jeder Liebhaber ist Kenner

Die Mercedes-Benz InteressenGemeinschaft –
Heimat für Mercedes-Liebhaber

Was Gotthold Ephraim Lessing (1729–1781), deutscher Schriftsteller, Kritiker und Philosoph der Aufklärung, in seiner Hamburger Dramaturgie in den Jahren 1767/68 knapp formulierte, trifft auch auf die Mitglieder der Mercedes-Benz InteressenGemeinschaft e.V., kurz MBIG genannt, zu. Nicht jedes der mittlerweile weit über 2.200 Mitglieder des 1979 als IG Ponton-Mercedes gegründeten Clubs ist ein intimer Kenner der Objekte des Interesses und der Zuneigung, die in den Jahren 1953 bis 1991 gebaut wurden. Aber: Jeder IGler ist ein Liebhaber – als Mitglied einer eingeschworenen Gemeinschaft von Enthusiasten, die klare Ziele hat: Den Stern ihrer Autos leuchten zu lassen, die Fahrzeuge zu genießen, deren Tradition und Geschichte zu pflegen und zu bewahren – genau wie ihre Autos. Und wer will, kann mit Hilfe des Clubs auch zum Kenner oder gar Connaisseur werden. Denn seit Gründung kümmert sich die MBIG um die Pflege, Ersatzteilversorgung, originalgetreue Erhaltung und Dokumentation klassischer Mercedes-Benz-Fahrzeuge – und stellt den angeschlossen Enthusiasten Zugang zu vielen exklusiven Informationen zur Verfügung. In all den Jahren hat der Club ein dichtes Netz von Kontakten entwickelt und kann einen umfangreichen Service bieten.

- Über dreißig Fach- und Typreferenten helfen bei Problemen weiter.
- Spezialisten initiieren und organisieren Nachfertigungsaktionen wichtiger und knapper Teile.
- Jedes Mitglied bekommt bei der Daimler AG satte Rabatte beim Teilekauf und kann den Electronic Parts Catalog EPC jederzeit kostenlos nutzen.
- Viermal jährlich erscheint das Clubmagazin „PontonKurier", prall gefüllt mit Technik-Berichten, Artikeln über Fahrzeughistorien, Reisen und das Clubleben.
- Der Club vertreibt im Eigenverlag über den eigenen Shop ein umfangreiches Literaturprogramm von Farbkarten über Kaufberatungen und Werkstattliteratur bis hin zu kompletten Fahrzeugdokumentationen – und seit neuestem das derzeit informativste Buch über Heckflossen-Mercedes.
- Regelmäßige Höhepunkte sind die überregionalen Jahres-, Herbst- und Baureihentreffen an wechselnden Orten.
- Die MBIG ist ein anerkannter Markenclub der Daimler AG. Neben der „Mercedes-Benz ClubCard" bekommt jedes Mitglied dreimal im Jahr kostenlos die Zeitschrift „Mercedes-Benz Classic".
- Über 40 regionale Stammtische laden zu Benzin- und Biergesprächen ein. Häufig sind die Ehepartner mit dabei. Hier werden gemeinsame Ausfahrten, Besichtigungen oder Teilnahmen an anderen Veranstaltungen geplant.
- Man pflegt einen lockeren Umgangston. Und auch Johann Wolfgang von Goethe, (1749–1832), deutscher Dichter der Klassik, Naturwissenschaftler und Staatsmann, hat dazu ein passendes Bonmot parat: „Hier bin ich Mensch, hier darf ich's sein."

Sie haben Interesse am Club bekommen? Auf der Internet-Seite www.mbig.de gibt's weitere Infos. Anmeldungen und Bewerbungen nimmt die Club-Geschäftsstelle (Adresse siehe Impressum auf Seite 272) gerne entgegen.

## LITERATURVERZEICHNIS

| Zeitschrift | Land | Ausgabe/Datum | Artikel | Titel | Verfasser |
|---|---|---|---|---|---|
| | Motorsport/Tuning |||||
| Automobil Illustrierte | D | 14/1966 | Bericht 6h-Rennen Nürburgring (Klassensieg 300 SE) | Räder und Reifen brachten ... die Entscheidung | Rainer Braun |
| Das Auto, Motor und Sport | D | 4/1960 | Bericht Rallye Monte Carlo 1960 (Gesamtsieg 220 SEb) | 1-2-3 für Mercedes-Benz | Richard von Frankenberg |
| Das Auto, Motor und Sport | D | 8/1961 | Bericht Flugplatzrennen Pferdsfeld (220 SEb) | Aufgalopp in Pferdsfeld | Ulf von Malberg |
| Das Auto, Motor und Sport | D | 4/1962 | Bericht Rallye Monte Carlo 1962 (2. Platz 220 SEb) | Monte Carlo Rallye Notizen | Heinz-Ulrich Wieselmann |
| auto motor und sport | D | 15/1963 | Bericht Rallye Wiesbaden (Gesamtsieg 300 SE) | | Richard von Frankenberg |
| auto motor und sport | D | 4/1964 | Bericht Rallye Monte Carlo 1964 (8. Platz 300 SE) | Diesmal 4000 km zu lang | Joachim Springer |
| auto motor und sport | D | 10/1965 | Bericht East African Safari Rallye 1965 (4. Platz 190 c) | Von 85 kamen 16 zurück | Heinz-Ulrich Wieselmann |
| auto motor und sport | D | 15/1966 | Bericht 6h-Rennen Nürburgring (Klassensieg 300 SE) | Entschieden die Felgen? | Georg Bohlender |
| Bunte Illustrierte | D | 11/1961 | Bericht GP von Argentinien (Doppelsieg 220 SEb) | Manchmal war die Hölle los | Helmut Sohre |
| rallye racing | D | 8/1969 | Vorstellung AMG | Sternfahrer mit Zusatzschub | Hartwig Mades |
| | W 110: 190 c, 190 Dc, 200, 200 D, 230 |||||
| Automobil Illustrierte | D | 16/1961 | Test 190 Dc | | Olaf von Fersen |
| Automobil Illustrierte | D | 15/1962 | Test 190 c | | Olaf von Fersen |
| Automobil Illustrierte | D | 22/1965 | Test 200 Automatik | Sicher - komfortabel - schnell - leise | Jürgen Stockmar |
| Automobil Illustrierte | D | 23/1965 | Test 200 D | Stabil - bequem - behäbig - sparsam | Jürgen Stockmar |
| Automobil Illustrierte | D | 3/1967 | Test 230 Aut. | Hohe Fahrleistungen sind Trumpf | Gerhardt Koop |
| Das Auto, Motor und Sport | D | 18/1961 | Fahrbericht 190 c und 300 SE | Schlager und Traumwagen | Reinhard Seiffert |
| Das Auto, Motor und Sport | D | 22/1961 | Test 190 c | | Reinhard Seiffert |
| Das Auto, Motor und Sport | D | 1/1962 | Fahrbericht 190 Dc | | Reinhard Seiffert |
| Das Auto, Motor und Sport | D | 4/1962 | Zusätzliche Verbrauchsmessung 190 Dc | | Reinhard Seiffert |
| Das Auto, Motor und Sport | D | 23/1962 | Fahrbericht 190 c Automatik | | Reinhard Seiffert |
| auto motor und sport | D | 10/1965 | Automobil-Report 190 c | Nimbus mit Hintergrund | Klaus Kulkies |
| auto motor und sport | D | 13/1965 | Fahrbericht 190 Dc Automatik | | Reinhard Seiffert |
| auto motor und sport | D | 15/1965 | Automobil-Report 190 c/Peugeot 404/Fiat 1800 B/BMW 1500 | Vergleich: Die obere Mittelklasse | Klaus Kulkies |
| auto motor und sport | D | 24/1965 | Test 200, 230 und 230 S | | Reinhard Seiffert |
| auto motor und sport | D | 8/1966 | Automatik-Vergleichstest 200/BMW 2000/Ford 20m/Rekord 1900 | | Reinhard Seiffert |
| auto motor und sport | D | 14/1966 | Automobil-Report 190 Dc/220 Sb/BMW 1800/Kapitän, Admiral (Teil 1) | | Klaus Kulkies |
| auto motor und sport | D | 15/1966 | Automobil-Report 190 Dc/220 Sb/BMW 1800/Kapitän, Admiral (Teil 2) | | Klaus Kulkies |
| auto motor und sport | D | 16/1966 | Automobil-Report 190 Dc/220 Sb/BMW 1800/Kapitän, Admiral (Teil 3) | | Klaus Kulkies |
| auto motor und sport | D | 20/1966 | Fahrbericht 200 Universal | | Reinhard Seiffert |
| Auto-Parade | D | 1/1966 | Fahrbericht 200 | Am Steuer des Mercedes-Benz "200" | |
| Autocar | GB | 05.02.1965 | Test 190 Dc | | |
| Autocar | GB | 11.03.1966 | Test 230 Automatik | | |
| hobby - Das Magazin der Technik | D | 10/1961 | Fahrbericht 300 SE und 190 Dc (Karl Kling) | 300 SE - das perfekteste Auto Europas | K. H. |
| hobby - Das Magazin der Technik | D | 26/1962 | Test 190 c Automatik | Von Hamburg bis Wien ohne zu schalten | Heinz Kranz |
| hobby - Das Magazin der Technik | D | 26/1963 | Vergleichstest 190 c/Citroen DS 19 (Teil 1: Afrika-Fahrt) | Super-Test | |
| hobby - Das Magazin der Technik | D | 1/1964 | Vergleichstest 190 c/Citroen DS 19 (Teil 2: Bergtest) | Bergtest in Europa und Afrika | |
| hobby - Das Magazin der Technik | D | 2/1964 | Vergleichstest 190 c/Citroen DS 19 (Teil 3: Technische Prüfung und Bilanz) | Anatomie zweier Autos | |
| hobby - Das Magazin der Technik | D | 23/1965 | Test 200 Automatik | | Heinz Kranz |
| hobby - Das Magazin der Technik | D | 14/1967 | Vergleichstest 230 Automatik/BMW 2000 Automatik (Teil 1: Fahrkomfort) | Super-Test | |
| hobby - Das Magazin der Technik | D | 15/1967 | Vergleichstest 230 Automatik/BMW 2000 Automatik (Teil 2: Fahrleistungen) | Super-Test | |

| Zeitschrift | Land | Ausgabe/Datum | Artikel | Titel | Verfasser |
|---|---|---|---|---|---|
| hobby - Das Magazin der Technik | D | 16/1967 | Vergleichstest 230 Automatik/BMW 2000 Automatik (Teil 3: Wirtschaftlichkeit) | Super-Test | |
| Krafthand | D | 26/1961 | Test 190 Dc | | |
| mot - Auto Kritik | D | 21/1965 | Fahrbericht 200, 200 D und 230 | | Engelbert Männer |
| mot - Auto Kritik | D | 15/1966 | Modellhistorie/-übersicht/Kaufberatung 170 D/DS/S-D, 180 D/Db/Dc, 190 D/Db, 190 Dc, 200 D | Test Diesel | E. Männer/P. Simsa/K. Freund |
| mot - Auto Kritik | D | 17/1966 | Hinweise Eigenschaften und Fahrweise 190 Dc, 200 D und Automatik | Umgang mit Mercedes Diesel | |
| mot - Auto Kritik | D | 17/1967 | Modellhistorie/-übersicht/Kaufberatung 170, 180/a/b/c, 190/b, 190 c, 200 | Gebrauchte Mercedes Benzin-Vierzylinder | E. Männer/K. Freund |
| mot - Auto Kritik | D | 18/1967 | Vergleich 200 D/Peugeot 404 D | Nicht nur Mercedes baut Diesel | |
| mot - Auto Kritik | D | 19/1967 | Hinweise Eigenschaften und Fahrweise 190 c, 200 und Automatik | Umgang mit Vierzylinder-Benzin-Mercedes | P. Simsa/E. Männer/R. Traub |
| mot - Auto Kritik | D | 17/1970 | Modellhistorie/-übersicht/Kaufberatung 190 Dc und 200 D | | Engelbert Männer |
| Motor Tourist | D | 3/1963 | Test 190 c Automatik | Ein Pedal fehlt... | |
| Motor Tourist | D | 3/1966 | Test 200 Automatik | | Rudolf Crusius |
| Motor Trend | USA | 1/1963 | Test 190 Dc | | |
| Stern | D | Dez. 1965 | Fahrbericht 200 D Automatik | Diesel muß man lieben - oder leiden | Fritz B. Busch |
| **W 111: 220 b/Sb/SEb, 230 S, 250 SE Coupé/Cabriolet, 280 SE Coupe/Cabriolet, 280 SE 3.5 Coupe/Cabriolet** | | | | | |
| Automobil Illustrierte | D | 1/1964 | Test 220 Sb Automatik | | Clauspeter Becker |
| Automobil Illustrierte | D | 17/1964 | Fahrbericht 220 SEb Automatik | Die Automatik und ich | Clauspeter Becker |
| Das Auto, Motor und Sport | D | 19/1959 | Test 220 Sb | | Dieter Korp |
| Das Auto, Motor und Sport | D | 10/1960 | Fahrbericht 220 SEb | | Heinz-Ulrich Wieselmann |
| Das Auto, Motor und Sport | D | 6/1961 | Vorstellung 220 SEb Coupé | | Heinz-Ulrich Wieselmann |
| Das Auto, Motor und Sport | D | 8/1961 | Test 220 SEb Coupé | | Reinhard Seiffert |
| auto motor und sport | D | 9/1964 | Fahrbericht 220 SEb (mit 220 Sb und 300 SE) | | Reinhard Seiffert |
| auto motor und sport | D | 7/1965 | Wintererfahrungen mit 220 SEb Automatik | Gips, Winter und DB-Automatik | Reinhard Seiffert |
| auto motor und sport | D | 24/1965 | Test 200, 230 und 230 S | | Reinhard Seiffert |
| auto motor und sport | D | 14/1966 | Automobil-Report 190 Dc/220 Sb/BMW 1800/Kapitän, Admiral (Teil 1) | | Klaus Kulkies |
| auto motor und sport | D | 15/1966 | Automobil-Report 190 Dc/220 Sb/BMW 1800/Kapitän, Admiral (Teil 2) | | Klaus Kulkies |
| auto motor und sport | D | 16/1966 | Automobil-Report 190 Dc/220 Sb/BMW 1800/Kapitän, Admiral (Teil 3) | | Klaus Kulkies |
| Automobil Revue | CH | 29/1960 | Test 220 b, 220 Sb und 220 SEb | | |
| Autocar | GB | 06.11.1959 | Test 220 SEb | | |
| Autocar | GB | 27.10.1961 | Test 220 SEb Coupé | | |
| Autocar | GB | 07.05.1965 | Test 220 SEb Automatik | | |
| Autovisie | NL | 12/1971 | Test 280 SE 3.5 Coupé Automatik | | |
| Car and Driver | USA | 9/1970 | Test 280 SE 3.5 Coupé Automatik | | |
| hobby - Das Magazin der Technik | D | 9/1959 | Vorstellung/Fahrbericht 220 Sb | Star unter Sternen | Hans-Günther Wolf |
| hobby - Das Magazin der Technik | D | 4/1961 | Fahrbericht 220 SEb Coupé | Traum-Coupé | Hans-Günther Wolf |
| hobby - Das Magazin der Technik | D | 13/1963 | Vergleichstest 220 SEb Coupé/Ford Thunderbird | Zwei Autos - zwei Welten | Günter Gebhardt |
| hobby - Das Magazin der Technik | D | 2/1970 | Test 280 SE 3.5 Coupé | Schwabenpfeil | Heinz Kranz |
| Motor Life | USA | 2/1961 | Test 220 Sb | | |
| The Motor | GB | 20.03.1965 | Test 220 b Automatik | | |
| The Observer | GB | 19.02.1961 | Test 220 Sb | 1.000 mile Road Test | Gordon Wilkins |
| Road & Track | USA | 4/1960 | Test 220 SEb | | |
| Road & Track | USA | 11/1961 | Test 220 SEb Coupé | A celebrated star of the road | |
| Road & Track | USA | 11/1969 | Vorstellung C 111/I und 3.5-Liter-Typen | | |
| Road & Track | USA | 9/1970 | Test 280 SE 3.5 Coupé Automatik | | |
| Sports Cars Illustrated | USA | 12/1959 | Test 220 Sb und 220 SEb | | jla |

## LITERATURVERZEICHNIS/IMPRESSUM

| Zeitschrift | Land | Ausgabe/Datum | Artikel | Titel | Verfasser |
|---|---|---|---|---|---|
| **W 112: 300 SE** | | | | | |
| Automobil Illustrierte | D | 17/1964 | Vorstellung/Fahrbericht 300 SE lang | | Wolfgang Hocke |
| Das Auto, Motor und Sport | D | 18/1961 | Fahrbericht 190 c und 300 SE | Schlager und Traumwagen | Reinhard Seiffert |
| Das Auto, Motor und Sport | D | 18/1961 | Automatik und Servolenkung im 300 SE | Daten und Taten | J. F. Drkosch |
| Das Auto, Motor und Sport | D | 14/1962 | Test 300 SE | | Reinhard Seiffert |
| auto motor und sport | D | 19/1963 | Fahrbericht 300 SE lang Schaltgetriebe | | Reinhard Seiffert |
| Autocar | GB | 30.10.1964 | Test 300 SE lang | | |
| hobby - Das Magazin der Technik | D | 10/1961 | Fahrbericht 300 SE und 190 Dc (Karl Kling) | 300 SE - das perfekteste Auto Europas | K. H. |
| hobby - Das Magazin der Technik | D | 9/1962 | Vorstellung 300 SE Coupé/Cabriolet | Sportliche Staatskarosse | H. K. |
| Road & Track | USA | 3/1963 | Test 300 SE | A prestige automobile in compact form... | |

## IMPRESSUM

ISBN 978-3-9815090-2-1

1. Auflage 2016

Copyright: © MBIG Clubservice GmbH, Maria-Juchacz-Ring 17, 66564 Ottweiler

Herausgeber: Mercedes-Benz InteressenGemeinschaft e.V. (MBIG), Im Hang 16, 52428 Jülich, www.mbig.de

Autor und Redaktion: Hermann Ries

Redaktionelle Mitarbeit/Lektorat: Carsten Becker, Günter Engelen, Bernd Korittke, Hans-Peter Lange, Günter Lehmann

Druck und Layout: Warlich Mediengruppe / Warlich Druck RheinAhr GmbH, 53474 Bad Neuenahr-Ahrweiler

Fotos: Mercedes-Benz Classic Archiv / Daimler AG; Julius Weitmann (†) / Motor Presse Stuttgart; Christian Gebhardt; Dieter Großblotekamp; Markus Bolsinger; Archiv Carsten Becker; Archiv Hermann Ries

Nachdruck, auch einzelner Teile, ist verboten. Das Urheberrecht und sämtliche weiteren Rechte sind vorbehalten. Übersetzung, Speicherung, Vervielfältigung und Verbreitung einschließlich Übernahme auf elektronische Datenträger wie CD-ROM, Bildplatte usw. sowie Speicherung in elektronischen Medien, wie Bildschirmtext, Internet usw. ist ohne vorherige schriftliche Genehmigung des Autors unzulässig und strafbar.